Anna Badora

VOM STÜRZEN UND WIEDERAUFSTEHEN

Geständnisse aus dem Frauengefängnis

ueberreuter

Anmerkung: Im Sinne der authentischen Darstellung der porträtierten Straftäterinnen, ihrer Sprechweise und ihres Denkens wurde in ihren Aussagen bewusst auf einheitliches Gendern der Sprache verzichtet und die Diktion bei Zitaten im Originalton großteils unverändert beibehalten. Das soll auch anzeigen, wie verinnerlicht die „männliche" Betrachtungsweise ist – gerade wenn die Frauen über sich selbst sprechen und dabei oft das generische Maskulinum verwenden. So sollen sich LeserInnen ein möglichst realitätsnahes Bild dieser Frauen machen können.

1. Auflage 2024

ISBN 978-3-8000-7859-2 (print)
ISBN 978-3-8000-8233-9 (e-book)

FSC www.fsc.org
MIX
Papier | Fördert gute Waldnutzung
FSC® C014138

Lektorat: Caroline Metzger
Fotos: © Thomas Finkenstädt
Umschlag- & Covergestaltung: Saskia Beck, s-stern.com
Satz: Lisa Wilfinger, Carl Ueberreuter Verlag GmbH
Druck und Bindung: Finidr Ltd Český Těšín

www.ueberreuter.at

Inhalt

Vorwort

Wenn es gut läuft für eine Gefangene, wird aus „Wie konnte das passieren?“ ein „Wie konnte ich das tun, und warum habe ich das getan?“. Sie hat dann die Verantwortung für ihre Straftat übernommen, den ersten Schritt in die erfolgreiche Resozialisierung getan. Denn jede Täterin wird wieder in die Freiheit zurückkehren, selbst die Mutter, die ihre behinderte Tochter umgebracht oder die Kaufsüchtige, die ihren Gläubiger erstochen hat, selbst die Autofahrerin, die mit ihrem Freund auf der Motorhaube über die Autobahn raste. Auch für sie muss das Leben nach der Haft weitergehen. „Natürlich gab es Frauen bei uns im Gefängnis“, sagt die frühere Insassin Zora, „die von Grund auf bösartig und psychisch so krank waren, dass ihnen kaum mehr zu helfen war. Es gab aber auch viele, die wirklich etwas ändern, besser machen wollten, die Hilfe brauchten. Die das bisschen Gespür in sich fürs Leben, fürs Überleben noch nicht ganz verloren haben.“

Genau darum geht es in diesem Buch: um Frauen in Gefängnissen, die falsche Entscheidungen getroffen haben, manche mehrere, falsch abgebogen sind, den falschen Mann geheiratet und plötzlich ihr bisheriges Leben ohne Vorwarnung in Trümmern vorgefunden haben. Sie kommen oft aus der Mitte der Gesellschaft, aus Familien, die Kriminalität sonst nur aus dem *Tatort* oder Netflix-Serien kennen. Einige von ihnen lebten vor ihrer Tat in privilegierten Verhältnissen, in Eigenheimen, angesagten Stadtvierteln. Mit Ehemännern in gehobenen Positionen, die ihren Familien vieles boten – Geld, Reisen, Privatschulen, Oberklassewägen, gepflegte Vorgärten –, außer Zeit und Aufmerksamkeit. Manche dieser Frauen jagten dem eigenen Anspruch nach Selbstoptimierung hinterher, wollten perfekt im Beruf, als Mutter und Ehefrau sein. Warnsignale ihres Körpers ignorierten sie, schluckten Schmerz-, Schlaf- oder Aufputschmittel in rauen Mengen, um immer weiter funktionieren zu können. Andere wurden kaufsüchtig, weil sie mit ihren FreundInnen Schritt halten wollten. Oder versuchten, wenn sie aus fremden Kulturkreisen kamen, ihre kulturelle Prägung mit den westlichen Werten ihrer neuen Heimat in Einklang zu bringen. Wie unter einem Vergrößerungsglas sieht man in der Herleitung ihrer Straftaten dunkle Aspekte unserer Gesellschaft.

Über ihre Taten haben bereits die Gerichte geurteilt. Wenn sie abgebüßt wurden, darf ihr Umfeld – ihre Familie, ihre Nachbarschaft, ihre Vorgesetzten und KollegInnen sie nicht erneut verurteilen und durch Stigmatisierung weiter büßen lassen. Das versperrt den Weg zu einer erfolgreichen Rückkehr in die Gesellschaft.

„Damit das Leben nach der Haft gelingen kann", schreibt Beate Peters, die Leitende Regierungsdirektorin aus Nordrhein-Westfalen, in ihrem Beitrag, „sind faire Chancen unerlässlich, wie auch eine Perspektive, die wegführt vom abstrakten Bild der ‚Verbrecherin', hin zu einer konkreten Person in ihrem sozialen Kontext. Und vielleicht ermutigt die Lektüre dieses Buches, Vorurteile nicht nur zu hinterfragen, sondern sogar aufzugeben."

Insassinnen aus der JVA Willich II vor der Gefängnismauer

Der Mann auf der Motorhaube

Eni K., Justizvollzugsanstalt Willich II, Nordrhein-Westfalen

Das wutentbrannte Gesicht eines Mannes, seine Fäuste trommeln auf ihre Seitenscheibe, sie muss ihm entkommen. Sie gibt Gas, wechselt den Gang, aber sie bewegt sich keinen Meter vorwärts. Es wird nebelig im Auto. Sie sieht nichts, sie kann nicht atmen, der Rauch, woher kommt er? Jetzt rüttelt der Wagen heftig, dann kippt er um ...

Sie schreckt aus dem Schlaf hoch. Aber der Albtraum geht weiter. Sie liegt auf der Pritsche in einer engen Gefängniszelle, wie in US-Fernsehserien. Eine Frau bläst ihr Zigarettenqualm ins Gesicht: „Hey du, wach auf! Wo hast du dein Geld versteckt? Oder hast du Wertsachen mit rein geschmuggelt? Du musst sie mir geben. Ich schwöre, sonst bringe ich dich um." Sie fuchtelt mit einer abgebrochenen Gabel vor Eni herum. Jetzt schluchzt sie, fleht: „Bitte, bitte, bitte! Meine Medikamente! Die muss ich bezahlen!" Die beiden anderen Insassinnen schauen regungslos zu, rauchen, kommentieren alles in einer ihr unverständlichen Sprache. Eni hat zu Hause gelernt, den Menschen zu vertrauen. Nein zu sagen, wenn Menschen in Not sind, hat man ihr nicht beigebracht. Sie greift nach dem goldenen Kettchen an ihrem Fußknöchel, gibt es der Frau. Jetzt springen die beiden anderen interessiert auf ...

Es war kein Traum. Sie ist wach.

Diese Geschichte ihrer ersten Nacht im Gefängnis erzählt Eni Jahre später, als ich sie zu unserem ersten Interview in der Justizvollzugsanstalt Willich II in Nordrhein-Westfalen besuche.

Am Anrather Bahnhof angekommen, er besteht aus zwei Gleisen und einer Tafel mit dem Ortsnamen mitten in Äckern und Feldern, frage ich nach dem Weg.

„Ach, Sie wollen in den Knast?"

Unter den neugierigen Blicken der Ortansässigen überquere ich den Parkplatz, am „Palast der Träume" vorbei, einer pittoresken Eventlocation mit kitschiger Außenfassade, gehe fast endlos an einer grauen Gefängnisaußenmauer entlang. Irgendwo hängt daran ein Schild: Einbahnstraße. Das ist es wohl für einige Insassinnen auch, kommt mir in den Sinn. Ich schließe meine Tasche mit meinem Handy in einem Schließfach außerhalb der JVA ein, betrete den Besuchereingang, registriere mich beim Justizvollzugsbeamten, passiere zwei Schleusen mit hohen, durch Panzerglas gesicherten Türen, die so langsam nacheinander auf- und zugehen, dass gehetzte Menschen von „draußen" notgedrungen einen Gang runterschalten müssen. Dann nimmt mich Frau S., die Gefängnispsychologin, die mir schon durch die Scheiben ermunternd zugewunken hat, in Empfang. Wir gehen durch die nicht enden wollenden Gefängnisgänge, überqueren einen Innenhof, wechseln die Stockwerke. Immer wieder zieht Frau S. einen Bund Schlüssel aus der Tasche, sperrt schwere Eisentüren auf und hinter uns wieder zu. Schließlich betreten wir ihr Büro, das für meine Interviews mit den Insassinnen vorgesehen ist.

Über Eni weiß ich gar nichts. Ich kenne nicht einmal ihren vollen Namen. Datenschutz wird in deutschen Justizstrafanstalten sehr ernst genommen. Frau S. hat mir von meiner Gesprächspartnerin noch gar nichts verraten. Weder ihre Herkunft noch das Vergehen, für das sie eingesperrt wurde. Für wie lange? Auch das weiß ich nicht. Ich weiß nur, dass sie „sehr gut" in das von mir beschriebene Profil passt. „Du sollst dir kein Bildnis machen ..." – das zweite Gebot aus dem Alten Testament fällt mir ein. Hier gilt es. Entsprechend habe ich keine bestimmte Erwartung und werde überrascht, staune, als meine Gesprächspartnerin hereinkommt: eine wache, unaufdringliche Frau mit positiver Ausstrahlung und dem beherrschten Auftreten einer Managerin. Ihre Erscheinung passt nicht zu diesem Ort. Auch ihre Biografie nicht, wie ich später immer wieder feststellen werde. Sie hat traditionelle bürgerliche Werte bereits mit der Muttermilch verinnerlicht.

Sie erzählt von ihrer strengen Erziehung in einem kleinem nordrhein-westfälischen Ort. Vater Berufskraftfahrer, nur an Wochenenden zu Hause, Mutter Schneiderin, de facto alleinerziehend. Die beiden Töchter, Eni und ihre vier Jahre jüngere Schwester, lernen strikte Verhaltensregeln: wenig und nur an Sonntagen fernsehen, Mitverantwortung für die Haushaltsführung, keine kurzen Röcke, abends kein Ausgang.

„Damals als Kind fand ich das blöd", sagt Eni, „wir durften nichts, und Geld war immer knapp. Modische Kleidung wie andere Kinder? Davon konnten wir nur träumen. Heute finde ich es gar nicht so schlecht. Wir waren kaum konsumorientiert, jeder nach langem Sparen endlich gekaufte Wunschartikel bekam dadurch einen ganz besonderen Wert. Wir lernten, anderen Menschen mit Vertrauen zu begegnen, hilfsbereit zu sein und daraus Freude zu schöpfen." Sie erzählt von ihrer Großmutter, die ihren Mann im Krieg verloren, allein zwei Kinder großgezogen und ein Haus gebaut hat. „Sie war immer gut gelaunt, hat immer viel gelacht, ihre positive Grundhaltung war für mich ein Vorbild", schwärmt sie. Von ihr lernt sie, „immer, immer weiterzumachen und aus jeder Situation das Beste rauszuholen".

Enis Mutter erweitert die Lebensphilosophie der Oma um eigene, sehr preußisch anmutende Grundsätze: „Man muss alles akzeptieren, was auch kommt, sich selber immer hinten anstellen, darf sich nie auflehnen, soll die eigene Meinung für sich behalten." Auseinandersetzungen, Diskussionen gibt es in Enis Elternhaus nicht, nicht einmal über alltägliche Themen, schon gar nicht über Wirtschaft oder Politik. Kritik wird als Störung der Familienharmonie angesehen, Veränderungen oder Innovationen als Bedrohung. „Die Mutter hat bestimmt, und wir hatten zu gehorchen", sagt Eni. Jedem Versuch, aus dieser Ordnung auszubrechen, setzt ihre Mutter irgendein altes Sprichwort entgegen, das Lebenserfahrung ausdrückt und entsprechend nicht zu hinterfragen ist. Es gab viele davon.

Enis Fragen zu ihrer Ausbildung? – „Lehrjahre sind keine Herrenjahre. Da musste durch. Faust in der Tasche ballen und weiter."

Ihr Wunsch nach modischerer Kleidung? – „Der Mensch ist wichtig, nicht die Hülle."

Lust, sich auszuprobieren, eigene Vorstellungen durchzusetzen? – „Solange du deine Füße unter unseren Tisch streckst, tust du, was wir sagen."

Doch Eni hat eigene Vorstellungen, träumt von einem eigenen Leben, von Freiheit. Also muss sie ihre Füße unter dem elterlichen Tisch hervorziehen und gehen. Nach dem Realschulabschluss absolviert sie eine Lehre als Friseurin und zieht in ein Städtchen um, wo sie niemanden kennt, 25 Kilometer von ihrem Elternhaus entfernt. Sie mietet ihre ersten eigenen vier Wände. An ihre damalige Euphorie erinnert sie sich noch heute: „Frei entscheiden zu dürfen, was ich mache, wie ich es mache, wie ich mich anziehe, wie lange ich wegbleiben kann, das war unglaublich befreiend. Und der Friseurberuf war so kreativ!" Sie jobbt am Wochenende zusätzlich als Kellnerin. „Da habe ich natürlich sehr schnell unglaublich viele Bekanntschaften gemacht, Freunde gewonnen. Das war toll, das war eine schöne Zeit. Richtig, richtig schön!", schwärmt sie. Sie denkt an einen eigenen kleinen Frisiersalon. Später plant sie, nach einer Fortbildung zur Visagistin als Maskenbildnerin beim Theater unterzukommen. Sie verdient ganz gut, bessert ihren Lohn zusätzlich durch „ein bisschen Haare schneiden da und dort" auf.

Eines Tages entdeckt sie Rötungen, Schwellungen, Bläschen und Schuppenbildung an den Händen, eine akute Ekzemreaktion, die sie lange ignoriert. Diese entwickelt sich zu einer chronischen Allergie, die sie zwingt, ihren Beruf aufzugeben. Ihre positive Lebenshaltung verhindert, dass sie mit ihrem Schicksal hadert. Sie beginnt sofort in Düsseldorf an einer Handels- und Wirtschaftsschule eine Umschulung zur Bürokauffrau, wird nach ihrem Abschluss von einer örtlichen Immobilienfirma angestellt. Und wieder macht ihr der neue Job, der Umgang mit der Kundschaft große Freude: „Ich arbeite für mein Leben gern, Arbeit ist für mich eine Erfüllung und keine Pflicht. Ich bin ein Arbeitstier durch und durch. Auch Überstunden machen mir nichts aus", erzählt sie.

Bei einer Wohnungsbesichtigung lernt sie ihren späteren Ehemann kennen. Er kommt aus einer vermögenden Familie, arbeitet in einer der Autofirmen seiner Eltern. Die beiden ziehen zusammen, heiraten, bekommen zwei Kinder. Eni lernt plötzlich „ein ganz anderes Leben" kennen: „Locker und lustig, ohne diese Strenge wie bei mir zu Hause, und es war alles in Hülle und Fülle da." Sie erzählt darüber so begeistert, dass man in ihr dabei plötzlich die junge Frau von damals sieht: „Mein Leben war auf der Sonnenseite: Ein liebender Mann, gesunde Kinder, wir waren der Inbegriff einer glücklichen Familie. Ich bekam in der Firma meines Mannes einen tollen Job, der sich gut mit meinen Mutterpflichten vereinbaren ließ. Wir hatten über dem Autohaus eine riesige 300-Quadratmeter-Wohnung. Ich hatte wunder-, wunderbare Schwiegereltern, wirklich toll, und mein Leben war super. Mein Leben war wirklich super!"

Auch ihr Freundeskreis ist groß, die meisten sind wie sie junge Eltern. An Wochenenden trifft man sich, unternimmt viel gemeinsam. Das genießt sie: „Wir waren nie lange zu Hause, immer unterwegs, in Freizeitparks, auf Spielplätzen." Nur ihr Mann ist leider zu selten dabei: „Zu seiner Firma gehörte auch ein Abschleppdienst, er musste ständig erreichbar sein. Wenn er nicht gerade unterwegs war, saß er in seinem Büro fest. Handys gab es damals noch nicht; er war auf ein Telefon mit Kabel an der Wand angewiesen", erklärt sie, fast ungläubig, dass es so eine handylose Zeit tatsächlich einmal gab. „Bis zur letzten Minute, bis zur Abfahrt, war nie klar, ob er mit uns auf einen Ausflug mitkommen würde".

Diese Situation belastet sie immer mehr. „Bis auf große Familienfeiern wie Weinachten war ich im Prinzip immer mit den Kindern allein, war für alles allein verantwortlich, musste mich um alles Familiäre allein kümmern. Da habe ich gemerkt: So toll ist unser Familienleben ja doch nicht. Und irgendwann haben wir dann gemeinsam beschlossen, nach elf Jahren Ehe, dass es so keinen Zweck mehr hat. Dann haben wir uns räumlich getrennt, aber sind supergute Freunde geblieben. Wir haben uns wirklich gut verstanden, auch mit den Eltern. Feste wie Weihnachten, Silvester, Ostern oder so haben wir immer zusammen gefeiert, wie früher. Eigentlich war der einzige Unterschied, dass ich mit den Kindern jetzt in einer anderen Wohnung lebte. Ja, und ich war noch immer in seiner Firma angestellt, schmiss mich da immer noch voll rein. So lief es die ganzen nächsten Jahre, und die waren super, alles war supergut. Neun Jahre lebte ich praktisch allein. Meine Kinder wuchsen heran und zogen irgendwann aus. Dann lernte ich einen netten Mann kennen."

Er ist gebürtiger Pole, Kfz-Mechaniker, arbeitet in einem Lager. Bald schon zieht er zu Eni in ihre Eigentumswohnung. Sie kann mit Geld gut umgehen, lebt sparsam, gibt wenig für Kleidung und Freizeit aus. Da sie in der Firma ihres Ex-Mannes auch noch recht ordentlich verdient, ist ihre Wohnung inzwischen abbezahlt.

Ihr neuer Freund Pawel gibt ihr im Überfluss all das, wonach sie sich in ihrer ersten Ehe so verzehrt hat: gemeinsame Zeit. „Ich kannte das gar nicht, ich fand das supertoll", sagt Eni. „Ich dachte, Mensch, du hast so ein Glück, du hast wirklich jemanden gefunden, der jede Minute mit dir zusammen verbringen möchte. Ich war so glücklich, glücklich, glücklich. Und wir haben dann auch alles Mögliche zusammen gemacht. Urlaube, die ich vorher gar nicht kannte, weil ich immer nur gearbeitet habe." Gereist ist sie auch schon mit ihren Eltern selten. Ihr Vater, beruflich ständig auf Achse, war froh, wenn er endlich „in seinem eigenen Bett schlafen konnte". Seine beiden Töchter verbrachten ihre Schulferien entsprechend immer zu Hause. Jetzt fährt sie mit Pawel nach Polen, nach Österreich, Kroatien, Thailand. Mit einem in Eigenarbeit umgebauten Wohnmobil besucht sie mit ihm an den Wochenenden Auto- und Motorradrennen, macht Ausflüge nach Holland. Sie entscheiden spontan, wo sie Halt machen möchten. „Die Kinder waren ja nicht mehr im Haus. Ich musste auf sie keine Rücksicht mehr nehmen, ich war frei." Ihr Ex-Mann hat keine neue Partnerin, Eni ist „die Liebe seines Lebens", er bleibt mit ihr befreundet, beschäftigt sie nach wie vor in seiner Autofirma, lernt ihren neuen Partner kennen. „Alles war wunderbar", erzählt sie, „Pawel war voll in die Familie integriert. Die Kinder mochten ihn auch. Es war alles super."

Nur ein Problem gibt es. Sie hält inne, bevor sie weitererzählt: „Der Alkohol." Ihr Traumpartner Pawel trinkt. Nüchtern ist er charmant, liebevoll, fürsorglich. Seine Spontaneität, sein Abenteuergeist vermitteln ihr ein bis dato unbekanntes Lebensgefühl, das sie schweben lässt. Betrunken verwandelt er sich dagegen in einen extrem eifersüchtigen, zu Gewaltausbrüchen neigenden Choleriker. Wie Dr. Jekyll und Mr. Hyde. Und Eni ist so verliebt in Dr. Jekyll, dass sie akzeptiert, auch mit Mr. Hyde umgehen zu müssen. Sie beruhigt ihre skeptischen FreundInnen, die seine „Verwandlungen“ miterleben, verharmlost sie, erklärt sie als seltene, „komische Ausrutscher“. Wie auch Pawel selbst, der seine Saufexzesse als „Kavaliersdelikte“ sieht. Er brüstet sich vor seinen Freunden, dass er auch noch volltrunken ein Auto steuern kann. Sie lachen darüber, und Eni stimmt ein. Sie will ihre Gemeinsamkeit nicht verlieren, die sie, trotz aller Irritationen, beglückend schön findet. Dann aber tut sich überraschenderweise noch ein Problem mit ihrer Arbeitsstelle auf: Die Zahlung ihres Monatsgehaltes bleibt plötzlich aus. Im darauffolgenden Monat kommt wieder nichts. „Ich sprach meinen Ex-Mann mehrmals darauf an, aber er hat immer nur so um die Ecke geredet: ‚Nächste Woche, jetzt ist gerade schlecht, hab Geduld.‘ Irgendwann fehlten mir dann drei volle Gehälter. Dann musste ich natürlich einen Anwalt nehmen. Und dann hat er gesagt: ‚Du bist von der Arbeit freigestellt, du brauchst nicht mehr zu kommen.‘ Kurz darauf kam die schriftliche Kündigung. Ja, und das war's.“

Anfangs macht sie sich keine großen Sorgen; sie ist überzeugt, dass sie rasch und problemlos einen anderen Job findet. Auch ihr Freundeskreis hat daran gar keinen Zweifel. Sie gilt als Powerfrau, als hervorragende Fachkraft. Aber die Arbeitssuche gestaltet sich schwierig. Auf ihre Bewerbungen hagelt es Absagen, eine für sie völlig ungewohnte, demütigende Situation. Ob es an ihren hohen Gehaltsforderungen liegt? Sie weiß es nicht. Aber sie will sich auch nicht unter Wert verkaufen. Sie fällt in ein tiefes Loch, kann nicht mehr durchschlafen, fühlt sich gesundheitlich angegriffen. Ihr Arzt überweist sie daraufhin nach Köln in eine psychosomatische Reha.

Frau S. kommt herein, und ich merke, dass ich unsere vereinbarte Interviewzeit weit überschritten habe und dringend zum Zug muss. Ich greife nach meinem Mantel, Notizblock, Aufnahmegerät, verabschiede mich kurz von Eni, die für den Weg zurück in ihre Zelle abgeholt wird. Beim Hinausgehen dreht sie sich plötzlich noch einmal um und fragt: „Sie wollen doch sicher wissen, was ich angestellt habe? Suchen Sie im Internet nach ‚Mann auf der Motorhaube‘, da werden Sie staunen, was dort alles über mich und meine Straftat zu finden ist.“

Tatsächlich! Ich lese: „Frau rast mit Mann auf Motorhaube über Autobahn“, „Frau aus dem Kreis Viersen mit Mann auf Motorhaube“, „Fahrt mit Mann auf der Motorhaube“ – diese und noch viel reißerische Schlagzeilen geisterten Ende Dezember 2019 durch beinahe die gesamte deutsche Medienlandschaft. Ich versuche, mir daraus ein Bild über Enis Delikt zu machen.

Im Umfeld ihrer Gerichtsverhandlungen titelten die Medien „Angeklagte kann sich an wilde Autofahrt nicht mehr erinnern“ und „Sieben Jahre Haft für Fahrt mit Partner auf der Motorhaube“. So erfahre ich auch, dass sie „einem Gutachter zufolge (...) zum Tatzeitpunkt zwar mit einem Blutalkoholwert von 2,3 Promille stark alkoholisiert, aber dennoch weder in ihrer Steuerungs- noch ihrer Schuldfähigkeit eingeschränkt“ war. Das scheint ungewöhnlich. Bei unserem nächsten Gespräch schildert Eni den „Unfall“ aus ihrer Perspektive.

Es ist der 27. Dezember 2019. An diesem Tag wollen Pawel und sie eigentlich eine Party veranstalten und ihre frisch renovierte Wohnung feiern, die sie mit eigenen Händen umgestaltet, modernisiert und verschönert haben. Die Party aber muss ausfallen. Die Wohnung ist doch nicht fertig geworden. Stattdessen fahren sie nach Köln, um Enis noch fehlende Dokumente persönlich in die Reha-Klinik zu bringen. „Dann sind wir noch auf dem Klinikgelände rumgelaufen, haben die Bowlingbahn angeguckt, das Schwimmbad. Alles wunderbar. ‚Wenn du mich am Wochenende besuchst oder mit den Kindern kommst‘, sagte ich zu Pawel, ‚dann wissen wir, wo wir hingehen können. Wunderbar. Alles klar.‘“

Beim Verlassen des Klinikgeländes werden sie von einigen Männern gegrüßt; ob es Reha-Patienten oder Besucher sind, weiß sie nicht. Sie winken ihnen freundlich zurück und gehen zum Auto. Eni will eigentlich direkt nach Hause, Pawel würde aber gerne noch etwas unternehmen. „Er bat mich, ins Handy zu gucken, ob es noch irgendwo einen Weihnachtsmarkt gibt“, erzählt sie, „er hörte von Düsseldorf.“ Sie ist skeptisch: „Ende Dezember?“ Aber laut Handy hat Pawel recht. Also fahren sie nach Düsseldorf.

Auf dem Markt trinken sie Glühwein. Unzählige Becher. Sie braucht sich ja nicht zurückzuhalten, Pawel würde wie immer das Steuer übernehmen. „Je mehr ich trinke, desto besser fahre ich", zitiert sie seinen Lieblingsspruch. „Irgendwann sind wir auf der Autobahn, fahren nach Hause. Ich seufze: ‚Mensch, in zweieinhalb Wochen beginnt schon meine Reha. Ganz allein, ohne dich muss ich da hin.' Da kriegt er plötzlich einen Eifersuchtsanfall und rastet aus, rastet richtig aus, rastet sowas von aus ..." Was Eni weiter beschreibt, wirkt wie ein Ausschnitt aus einem surrealen Film, mit überzeichneten, grellen Szenen, dazwischen Standbilder und Leerläufe: Neben ihr auf dem Fahrersitz scheint plötzlich Mr. Hyde zu sitzen. Sie sieht sein wutverzerrtes Gesicht, seine hasserfüllten Augen. Er schreit irgendwas von „diesen Typen von der Reha", auf die sie „sicher scharf" sei. Brüllend fährt er von der Autobahn ab auf einen Parkplatz, stellt den Motor aus, fordert sie auf, den Wagen zu verlassen. „Ich zeige dir, was man in Polen mit Weibern wie dir macht", schreit er, steigt selbst aus, läuft zur Beifahrerseite, will sie aus dem Wagen zerren. Schnell drückt sie von innen die Zentralverriegelung herunter. Er beginnt, mit den Fäusten auf den Wagen zu hämmern, auf die Scheiben, auf das Dach. „Er hat mich wie bescheuert angeschrien, ich solle sofort rauskommen. Das kannst du nicht, dachte ich, er schlägt dich kaputt."

„So habe ich gewartet, lange gewartet", erzählt sie. „Es war ja dunkel und kalt draußen. Er hat sich auf die Motorhaube gesetzt, geraucht. ‚Was machst du jetzt? Was machst du jetzt bloß?', habe ich gemurmelt, wie ein Gebet. Ich habe wieder gewartet. Ich kann heute nicht mehr einschätzen, wie lange. Wir hatten doch beide getrunken. Schließlich sprang er von der Motorhaube runter, lief wieder um das Auto rum, schlug wieder auf das Dach, auf die Scheiben. Mich packte plötzlich solche Angst, ich dachte, wenn er den Wagen aufkriegt, wenn die Scheiben brechen, komme ich nicht mehr lebend raus. Ich sah den Schlüssel stecken – meine einzige Chance. Bin dann rübergekrabbelt auf den Fahrersitz, hab das Auto gestartet. Hab ihn noch schreiend an der Seite gesehen, und hab nur noch Gas gegeben. Durch den vielen Glühwein an dem Abend musste ich mich sehr konzentrieren; ich bin noch nie, nie alkoholisiert Auto gefahren. Zur Firma meines Ex-Mannes, wo ich arbeitete, gehörte doch ein Abschleppdienst. Für uns als ‚Partner' der Polizei wäre Alkohol hinterm Steuer undenkbar; ich hätte niemals meine Arbeitsstelle aufs Spiel gesetzt. Niemals. Aber in dem Moment bin ich losgefahren."

Laut Eni passierte dann das Folgende: Sie fährt los, sieht noch durch die Scheibe ihren tobenden Partner, drückt aufs Gas ... und dann weiß sie nichts mehr. Blackout, Filmriss. Irgendwann klingelt ihr Handy und holt sie in die Wirklichkeit zurück. Sie sieht sich auf der Autobahn in ihrem Auto am Steuer, wo genau, weiß sie nicht. Der Anrufer ist Gerd, ihr Ansprechpartner bei der Polizei. „Hallo Eni, bist du zu Hause?" – „Nein, ich bin unterwegs", wiederholt sie den damaligen Dialog. „Im Auto unterwegs?" – „Ja." – „Wie lange brauchst du noch bis nach Hause? Kannst du dann gleich zur Wache kommen?" – „Ja, natürlich, klar." Sie versucht, sich auf den Weg zu konzentrieren: „Gucken, gucken, wo musst du hinfahren, wo musst du hin?" Sie erkennt einige Schilder, weiß jetzt ungefähr, wo sie ist. Eine Strecke, die sie selten fährt, nicht allzu weit von ihrem Wohnort entfernt. „Ich bin den Schildern gefolgt bis nach Hause", erzählt sie, „hab das Auto abgestellt, den Hund aus dem Kombi-Kofferraum geholt und ging mit dem Hund direkt zur Wache, bin gar nicht erst in meine Wohnung gegangen. Für mich war nur klar: Ich habe meinen Freund auf dem Parkplatz zurückgelassen. Auf der Wache fragt mich Gerd: ‚Eni, der Pawel hat einen Unfall gehabt, weißt du was davon?'"

Ihr erster Gedanke ist, dass ihr Lebensgefährte sich, sturzbetrunken wie er war, mit jemandem auf dem Parkplatz gestritten und geprügelt hat. Der Unfall passierte aber anscheinend auf der Autobahn, wie man ihr jetzt mitteilt. Pawel, erfährt sie, wird gerade in der Klinik operiert. „Hast du Alkohol getrunken?", fragt Gerd. Sie bejaht, er macht bei ihr einen Alkoholtest. „Ich muss dich jetzt festnehmen", sagt er. – „Wie, festnehmen?" Eni schildert ihre damalige Fassungslosigkeit. Zwei Polizisten von der Wache wollen sie verhören, fragen, ob sie dazu einen Anwalt möchte. Sie versteht nicht, was sie mit einem Anwalt soll, es handelt sich doch bloß um eine Lappalie. Sie wird nach ihrem Sohn gefragt: „Hat er kurze Haare? Breite Schultern? Ist er Anfang 20? Geben Sie doch zu, Ihr Sohn ist Ihren Wagen gefahren?" – „Was? Ist er nicht! Das ist völlig absurd." Sie denkt, alles klärt sich gleich auf und sie darf endlich nach Hause.

Das darf sie aber nicht; ihre Wohnung wird sie nie wieder betreten. Die erste Nacht verbringt sie in Polizeigewahrsam, versucht, herauszukriegen, was man ihr eigentlich vorwirft. Am folgenden Morgen, ausgenüchtert, wird sie dem Haftrichter vorgeführt. Spätestens da merkt sie, dass es ernst ist, bittet um einen Anwalt, bekommt einen Pflichtverteidiger. Sie weiß inzwischen, was man ihr vorwirft, hält es aber für ein Missverständnis, hofft auf rasche Aufklärung, telefoniert mit ihrem Ex-Mann. Er verspricht ihr, sich darum zu kümmern. Die Sache mit ihrem Sohn als Fahrer klärt sich zwar tatsächlich schnell auf; die Zeugen im Auto hinter ihr, die für den Verletzten auch Hilfe holten, hatten fälschlicherweise behauptet, in ihrem Wagen junge Männer gesehen zu haben. Nach den Zeitungsberichten korrigieren sie ihre Aussagen. Aber Eni selbst bleibt in Untersuchungshaft.

Zellengang in der JVA Dinslaken

So erzählt es Eni. Und dann gibt es noch die andere Version, die im Gerichtsurteil nachzulesen ist, die offizielle Deutung der verhängnisvollen Ereignisse vom Abend des 27. Dezember 2019. Das Urteil schließt die Möglichkeit eines Filmrisses der Angeklagten völlig aus, mit Pawel als Nebenkläger werden die Vorgänge so beschrieben: „Die Angeklagte hatte Angst, kletterte auf den Fahrersitz und fuhr los. Der Nebenkläger versuchte, dies zu verhindern, indem er wiederum auf die Motorhaube sprang und sich dort festhielt. Die Angeklagte verließ mit dem Nebenkläger auf der Motorhaube den Parkplatz, wobei der Nebenkläger auf dem Bauch mit dem Kopf in Richtung Windschutzscheibe lag und sich im Bereich der Scheibenwischer festhielt. Die Angeklagte fuhr zuerst in Richtung Autobahnkreuz Mönchengladbach. Wobei sie mehrmals stark, bis zu einer Geschwindigkeit von jedenfalls über 130 km/h, beschleunigte und dann abbremste und kontrollierte Schlangenlinien fuhr, um den Nebenkläger von der Motorhaube zu befördern. Sie hielt es dabei für möglich und nahm es billigend in Kauf, dass dieser dadurch sterben könnte. Nach etwa 3 Kilometern geriet die Angeklagte gegen 22:27 Uhr nach erneutem Abbremsen ins Rutschen, wobei sich ihr Fahrzeug mit der Front gegen einen Poller drehte, der auf dem rechts neben der Autobahn befindlichen Grünstreifen angebracht war. Der Nebenkläger fiel dabei von der Motorhaube auf die Fahrbahn. Die Angeklagte, deren Pkw quer zur rechten Fahrspur und zum Standstreifen zum Stehen gekommen war, setzte dann zurück und fuhr weiter, ohne sich um den Nebenkläger zu kümmern. (...) Hieraus erschließt sich, dass der Angeklagten, die ihr Ziel, den Geschädigten von der Motorhaube zu befördern, erreicht hatte, das Schicksal des Nebenklägers gleichgültig war."

Eine äußerst bittere Behauptung für Eni, die sich mit Pawel emotional stark verbunden fühlt. Ihre Schilderung seines Ausrasters auf dem Parkplatz wird zwar von einem Zeugen bestätigt, der einen blauen Mercedes Kombi sah, „um den ein Mann wütend und aufgebracht gestikulierend und brüllend herumgelaufen sei, mehrfach gegen das Beifahrerfenster geschlagen, sich dann auf die Motorhaube gelegt und dort geraucht habe". Der Zeuge sah aber keine weiteren Personen, fuhr auch gleich wieder weiter, und letztendlich spielt diese Szene für die Gesamtbewertung der Situation kaum eine Rolle. Ausschlaggebend ist Enis Behauptung, einen Blackout gehabt zu haben, und diese wird vom Gericht nicht anerkannt. Ihre Ahnungslosigkeit auf der Polizeiwache wird als gespielt, als eine strategisch eingesetzte „bloße Schutzbehauptung" angesehen. Laut Gerichtsurteil habe sie zwar auf der Wache „teilweise gelallt", sei „zur Blutprobenentnahme zur Behandlungsliege gewankt" und habe „auf der Liege keinen sicheren Sitz" gefunden. Den Anweisungen „hat sie allerdings folgen können". Und „man hat weder eine Rötung der Augen oder eine Alkoholfahne noch Ausfallerscheinungen feststellen können. So ist die Angeklagte etwa problemlos die Stufen zur Wache hochgelaufen".

Die „Schlangenlinien", die sie über die ganze Breite der Autobahn fuhr, werden vom Sachverständigen als „gewollt" und „daher nicht als Ausfallerscheinung" gewertet. „Die fahrerische Leistung, durch welche die Angeklagte ihr Ziel, den Geschädigten von der Motorhaube zu befördern, letztendlich erreicht hat, zeigt, dass sie intellektuell noch so weit auf der Höhe war, auch die grundsätzliche Lebensgefährlichkeit ihres Tuns zu erkennen", lautet die Einschätzung des Gerichtes. „So hat sie, den Geschädigten auf der Motorhaube transportierend, nicht nur Richtungs- und Tempowechsel einschließlich kontrolliertem Schlangenlinienfahren ausführen können. Sie war darüber hinaus auch intellektuell in der Lage, nachdem sie nach der Tat scheinbar orientierungslos herumkurvte und einen erheblichen Umweg fuhr, weiterhin ihre Heimatadresse anzusteuern."

Enis Albtraum geht auch bei ihrer Gerichtsverhandlung weiter. Pawels Schwester und drei seiner Freunde treten als ZeugInnen auf. Eni war immer gut mit ihnen, sie lobten früher ihre positive Kraft, ihren Humor. Jetzt, vor Gericht aber sprechen sie, so scheint es Eni, von einer völlig anderen Frau, einer dummen, auf sich bezogenen Säuferin. Sie habe bei Zusammenkünften, die allerdings in den letzten Monaten vor der Tat nicht häufig gewesen seien, „stets Alkohol bei sich geführt" oder sei „zumindest angetrunken gewesen", geben sie zu Protokoll. Sie habe auch den Nebenkläger „zu übermäßigem Alkoholkonsum animiert“. Pawel selbst beschreiben sie als „nicht aufbrausend oder aggressiv“. Ihrer Einschätzung nach neigte er lediglich zu „Eifersuchtsreaktionen bis hin zu Tätlichkeiten“, und darauf habe die Angeklagte anscheinend zu wenig Rücksicht genommen, meinen sie.

Eni ist fassungslos. Vom Gericht angeordnete weitere Untersuchungen von Haar- und Blutproben schließen zwar ihre Alkoholabhängigkeit aus, aber stimmungsmäßig schaden ihr diese Aussagen enorm. Sie erfährt nebenbei von der kriminellen Vergangenheit ihres Freundes: Er ist mehrfach vorbestraft und wurde erst kurz vor ihrem Kennenlernen aus dem Gefängnis entlassen.

Und dann erleidet sie einen wahren Schock, als sie im Rahmen der Verhandlung die Diagnose der ärztlichen Gutachterin hört: Durch seine Schädelfrakturen wird ihr Lebensgefährte für immer ein Pflegefall bleiben. Sie bricht in Tränen aus, erklärt sich vor Gericht bereit, für ihren Freund zu sorgen, entschuldigt sich bei dessen Schwester, wird aber nur von ihr beschimpft. „Alles, was mir immer vollkommen fremd war, was überhaupt nicht zu mir, zu meinen Leben passte, passierte mir jetzt, wie in einem falschen Film. Richtig tragisch“, so Eni.

Das Urteil trifft sie hart. Eni wird schuldig gesprochen wegen „des versuchten Totschlags in Tateinheit mit gefährlicher Körperverletzung, gefährlichen Eingriffs in den Straßenverkehr, vorsätzlicher Trunkenheit im Verkehr und unerlaubtem Entfernen vom Unfallort“. Sie wird zu sieben Jahren Gefängnis verurteilt. Darüber hinaus soll sie der Schwester des Geschädigten eine größere Summe Schmerzensgeld zahlen. Ihre Familie, die damals von ihrem Unfall zuerst aus Zeitungen erfuhr, unterstützt sie. Ihr Sohn kümmert sich um den Verkauf ihrer Eigentumswohnung, regelt alle notwendigen Formalitäten.

Bei unserem Gespräch hat Eni bereits drei Jahre Freiheitsstrafe hinter sich gebracht, die Untersuchungshaft mitgerechnet. „Ich ging in Berufung. Die U-Haft dauerte dadurch 20 Monate, sie war für mich eine wahre Hölle“, sagt sie. „Ich kam in eine Mehrbettzelle, war damit auch einverstanden, obwohl ich mich dort ständig bedroht fühlte. Aber damals hätte man mich sonst was fragen können, ich hätte zu allem Ja gesagt. Später in meiner Einzelzelle hatte ich zwar meine Ruhe, war aber sozial völlig isoliert. Außer der Freistunde war ich 23 Stunden am Tag in meiner Zelle eingesperrt, ohne mit jemandem sprechen zu können", erzählt sie. „Um 6:00 Uhr ging die Tür auf. ‚Morgen!', schrie jemand, dann ging die Tür wieder zu. Dreimal in der Woche ging sie nach einer Stunde wieder auf: ‚Duschen!' Alle rasten in den Duschraum. Waschen, nach sieben Minuten wurde das Wasser abgestellt, wieder zurück in die Zelle, Frühstück rein, Tür zu. Mehrere Stunden passierte nichts weiter. Dann hallte über die Gänge: ‚Mahlzeit!' Die Strafgefangenen hielten ihre Teller bereit, Tür auf, sie bekamen etwas draufgeschöpft, Tür zu. Abendessen: Tür auf, Tür zu. Um 18:00 Uhr Umschluss, 20:00 Uhr Licht aus, Nachteinschluss. Keiner sprach einen vollständigen Satz mit mir. Man kann sich gar nicht vorstellen, wie grausam das ist. Ich kam damit nicht zurecht, bin extrem dünn geworden. Nach dem Prozess ging es dann ab in die geschlossene Strafanstalt nach Willich. Ich habe gedacht: Oh mein Gott, du bist hier in einem 4-Sterne-Ressort. Ich schwärmte in meinen Briefen nach Hause: ‚Hier sind Menschen, die in ganzen Sätzen mit mir reden, hier fühle ich mich wohl.'"

Sechs Monate nach ihrem Wechsel wird sie in die A3 verlegt, die großzügigste Abteilung in der geschlossenen Strafanstalt. Jede Gefangene bekommt einen Schlüssel zu ihrer Zelle, kann tagsüber die Tür selbst öffnen, duschen, wann es ihr gefällt, telefonieren, in der Küche etwas kochen. „Nach der Arbeit können wir die Zeit mit den anderen Abteilungsmädels im Aufenthaltsraum verbringen und zum Sport gehen. Es werden auch diverse Freizeitgruppen angeboten. Mit drei Frauen verstehe ich mich hier besonders gut", erzählt sie. „Aber keine Rechte ohne Pflichten", lacht sie. Insassinnen sind verpflichtet, die Abteilung selbst sauber zu halten; drei Mal wöchentlich wird geputzt. Und sie sollen gut miteinander auskommen, Konflikte in Gesprächen regeln. „Das funktioniert hier wirklich gut", meint Eni, „alle geben sich Mühe, sind hilfsbereit. Sie wissen, sie werden noch viel Zeit miteinander verbringen müssen." Für sie ist es eine Vorstufe zum offenen Strafvollzug, in den sie bald verlegt zu werden hofft. Bei guter Führung kann sie das nach etwa drei Viertel ihrer verbüßten Gefängnisstrafe beantragen, also nach viereinhalb Jahren. Sie könnte dann draußen arbeiten, ihre Familie besuchen. Darauf freut sie sich ganz besonders.

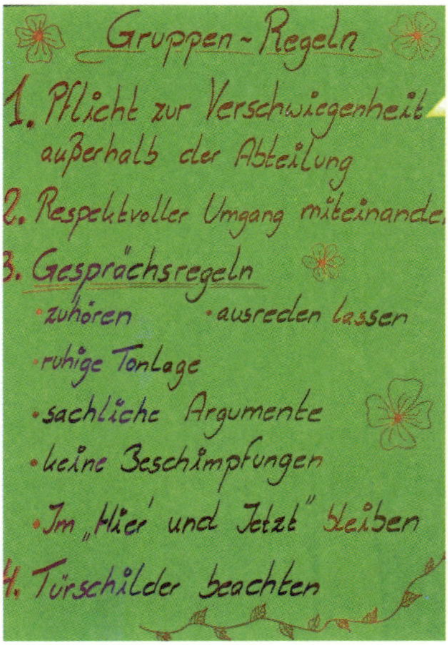

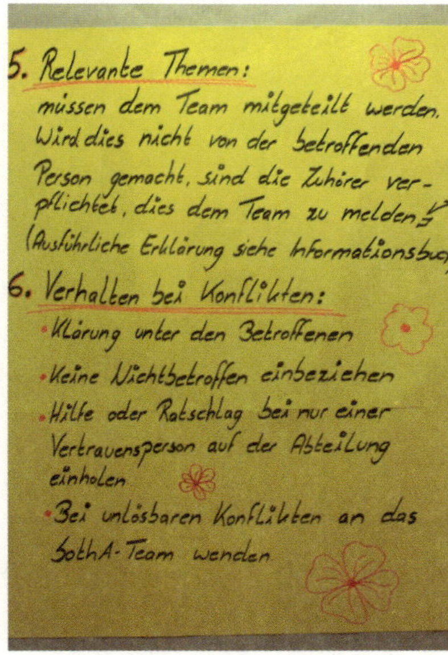

Verhaltensregeln in der Sozialtherapeutische Abteilung (SOTA) in der JVA Willich II

Während ihrer Haft erkrankt ihr Ex-Mann schwer und stirbt kurz darauf. Ihr gemeinsamer Sohn übernimmt mit 24 Jahren die Firma. „Zum Glück hatte er bereits seinen Kfz-Meisterbrief in der Tasche und wurde von seinen Großeltern väterlicherseits auch gut gecoacht", erzählt sie. Auch ihre Tochter schließt eine Ausbildung ab und erfährt dabei volle Unterstützung ihres Vorgesetzten und ihres Freundes, trotz des „Makels" einer Mutter im Gefängnis. „Innerhalb kürzester Zeit haben sich meine Kinder von sorglosen Jugendlichen zu verantwortungsvollen Erwachsenen entwickelt. Ich bin so unendlich stolz auf sie." Sie strahlt, wenn sie über ihre Kinder spricht. „Was blieb ihnen aber auch anderes übrig", ergänzt sie, „Vater tot, Mutter im Knast." Sie nimmt sich vor, viel Zeit mit ihrer Familie zu verbringen, mit den Kindern, aber auch mit ihrem eigenen alten Vater, der sie in der Haft wunderbar unterstützt, dem es aber in letzter Zeit „nicht so gut" geht. „Ich würde ihm so gerne etwas davon zurückgeben, was ich von ihm selbst bekam", beteuert sie.

Trotzdem will sie mit ihrem Antrag für die Verlegung in die „Offene" noch etwas warten. Sie macht gerade eine Lehre zur Modeschneiderin und möchte diese unbedingt vorher abschließen. In ein paar Monaten hat sie ihre Gesellenprüfung. „Das ist meine große Chance auf einen Neuanfang. Ich bin so dankbar, dass ich sie hier in der Haft bekomme. Ich kann mich kreativ austoben und, wenn alles gutgeht, damit auch zukünftig meinen Lebensunterhalt verdienen. Ich werde mit einem Haufen Schulden anfangen. Meine Eigentumswohnung ging für das Schmerzensgeld an Pawel und seine Schwester drauf. Dazu kommen die immens hohen Forderungen der Krankenkasse für seine Reha- und Pflegekosten. Und die Gerichtskosten. Eine unüberschaubare Gesamtsumme. Aber mit meinem neuen Beruf und den vielen lieben Menschen, die weiterhin zu mir halten, mich unterstützen, meiner Familie, meinen Freundinnen und Freunden, werde ich es sicher schaffen", meint sie. „Ich habe gelernt, nach dem Minimumprinzip zu leben."

Im Mai 2023 besteht Eni ihre Gesellenprüfung erfolgreich. Sie wird von der Industrie- und Handelskammer abgenommen; in ihrem Zeugnis steht kein Wort von einer Gefängnisschneiderei als Ausbildungsbetrieb. Trotzdem gehört dieses Kapitel zu ihrem Leben, sagt sie. „Soll ich den Leuten vorschwindeln, dass ich sieben Jahre lang auf einer Weltreise war? Nein!" Sie will zu ihrer Tat stehen. Ihr neues Leben soll nicht mit einer Lüge beginnen. Und was ist mit Vorurteilen, denen sie als ehemalige Strafgefangene ausgesetzt ist? Hat sie keine Angst vor Stigmatisierung?

Der Umgang mit Vorurteilen scheint ihr Lebensthema zu sein. Gerade in der U-Haft ist sie damit immer wieder konfrontiert: „Da wurde an jeder Ecke getratscht, auch manche Beamten tratschen mit, und die

Beamten kannten die Vergehen von jeder Insassin in der Anstalt. Befeuert wurde das Gerede durch reißerische Medienberichte mit ihren groben Klischees. Plötzlich stand ich als eine kaltblütige Person da, die versuchte, ihren Macker mit dem Auto zu massakrieren", erinnert sie sich. „Oder mein Foto, auf der Polizeiwache geschossen, noch betrunken und übernächtig. Eine Sozialarbeiterin zeigte es mir als Beweis, dass ich doch eine Alkoholikerin bin ..." Nein, sie will sich aus Angst vor gesellschaftlichen Vorurteilen nicht einschüchtern, nicht verbiegen lassen, betont sie. Sie ist überzeugt, dass der überwiegende Teil der Menschen wie sie denkt.

Es wird wieder spät. Sie möchte mir noch eine Geschichte über Vorurteile erzählen. Eine wahre Geschichte aus ihrer Zeit in der Autofirma ihres Ex-Mannes. Sie arbeitete dort mit einem jungen Verkäufer-Team. Zum Umgang mit Kunden gehörte oft viel Geduld. Manche kamen nur, um sich neue Automodelle im Ausstellungsraum anzusehen. Sie hüpften von Fahrersitz zu Fahrersitz, öffneten Kofferräume, Motorhauben, auf und zu, immer wieder. Sie prüften die Ausstattung, verhandelten – und dann kauften sie doch nichts. Für Kundenbetreuer ein reiner Zeitvernichter. „Eines Wochentags", erzählt Eni, „ziemlich kurz vor Feierabend, kommt so ein Mann rein, angezogen wie der letzte Henker, in Gummistiefeln, in richtig abgenutzten Klamotten, sehr ungepflegt, beinah dreckig. Er kommt rein und wir denken: Ach ne, so kurz vor Feierabend, der kauft eh nix. Der guckt sich die teuersten Autos in unserem Salon an, so große Geländewagen, lässt sich alles genau erklären, fragt, unter welchen Konditionen er zwei davon haben könnte und ob er bar zahlen darf, lässt sich die Kaufvertragsformulare geben und verspricht uns, am Samstag wiederzukommen. Als er weg ist, lachen wir uns alle kaputt: So ein Idiot! Der und so viel Geld, so wie der aussieht? Aber am Samstag ist er wieder da. Mit seiner Ehefrau, unterschriebenem Kaufvertrag und Bargeld für zwei Geländewagen, jeder kostet 100.000 DM. Ein Landwirt, sehr höflich und nett. Das war mir eine Lehre fürs Leben. Seitdem beurteile ich Menschen nicht mehr nach ihrem Aussehen."

Wieder in der U-Bahn Krefeld-Düsseldorf, völlig überfüllt, Rushhour, arbeitet Enis Geschichte in mir weiter. Diese immer beherrschte Frau, die plötzlich völlig irrational ihren Gefühlen freien Lauf ließ und zur Bedrohung wurde. Ich wähne mich in *Bakchen*, einem Theaterstück von Euripides. Der ausschließlich kopfgesteuerte strenge König von Theben, Pentheus, muss erleben, wie die Frauen von Theben plötzlich irrational werden und rauschhaft töten. Seine eigene Mutter enthauptet ihn und läuft wie besinnungslos mit seinem Kopf durch Felder und Straßen. Dionysos, der antike Gott des Weines, der auch für das Triebhafte, Irrationale im Menschen steht, hatte sich an Pentheus gerächt und so seinen Einfluss auf das Denken und Handeln des Menschen auf eigene Weise eingefordert.

Ich sehe Eni vor mir, wie sie mit ihrem blauen Mercedes ziellos über die thebanischen Felder rast, auf der Motorhaube einen sich verzweifelt festhaltenden Mann, mit einem dionysischen Lächeln auf dem verzerrten Gesicht ...

Mord einer liebenden Mutter

Margit R., Justizvollzugsanstalt Willich II, Nordrhein-Westfalen

„Hier unterschreiben", deutet Peter mit dem Finger auf die Stelle, wo seine Ehefrau ihre Unterschrift hinsetzen soll, „dann kann ich unsere beiden Motorräder verkaufen und mir dafür diese Wahnsinns-Ducati holen. Einmaliges Angebot! 100 PS! Und was für ein Sound!" Während Margit ihn fassungslos anschaut, imitiert er das tiefe Brummen des Motorrads. Diese Szene findet in der Justizvollzugsanstalt Willich II in Nordrhein-Westfalen statt, im Besuchertrakt. Zum ersten Mal besucht Peter seine Frau im Gefängnis, nachdem sie zu lebenslanger Strafe für ihren „vorsätzlichen, heimtückischen Mord", wie es im Gerichtsurteil heißt, verurteilt wurde. Sie bestreitet die Tat nicht.

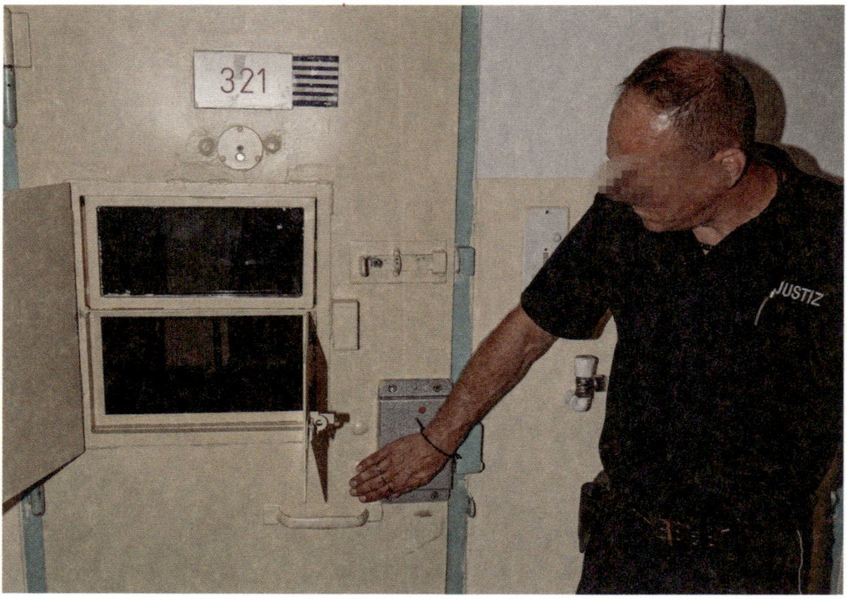

Vollzugsbeamter in der Untersuchungshaft der JVA Dinslaken

Es war vor zwölf Jahren. Lange blieben die Menschen in ihrer kleinen nordrhein-westfälischen Stadt schockiert. Wie ist es möglich, rätselten sie, dass eine angesehene Bürgerin aus der Mitte der Gesellschaft, eine liebevolle Mutter, ausgebildete Erzieherin und immer hilfsbereite Nachbarin ein solches Verbrechen begehen konnte? Auch sie selbst versteht es bis heute nicht. Fast manisch schildert sie die letzten Wochen, Tage, Stunden und Minuten vor dem Mord. Ist es ein Versuch, ihre unfassbare Tat für sich selbst zumindest ein wenig fassbarer zu machen?

Margit, eine schmale Frau um die 60, wirkt wach und energisch zupackend. Sie erzählt sofort los, viel und gerne. Auch wenn immer noch das traurige, vergeblich um Mutters Liebe kämpfende Kind in ihr zu stecken scheint, wird sie von analytischem Eifer getrieben. Sie erzählt von Orten, in denen sie lebte und so verzweifelt um ihre Selbstbestimmung, um ihre eigene Lebensvision kämpfte. Von deren kleinstädtischen BewohnerInnen, die aus Angst und Bequemlichkeit in vorgefertigten Meinungen gefangen bleiben. Die ihre Frustration in Alkohol ertränken und Schadenfreude oder sogar Hass hinter verbalen Nettigkeiten verstecken.

An ihre Hochzeitsfeier in der Kleinstadt, wo jeder jeden kennt, kann sie sich bis heute genau erinnern. Wenn sie darüber redet, muss ich an unerbittliche, aus Filmen und Schullektüren bekannte Nachbarschaftskämpfe denken, mit verfeindeten, sich bekriegenden Familienclans. Margit spricht dabei über sich selbst in der dritten Person, als ob sie Szenen aus einer TV-Serie schildern würde: „Der Sohn des Bäckereibesitzers war der begehrteste Junggeselle am Ort“, erzählt sie. „Und plötzlich heiratet er ein Mädchen, das aus der Fremde kommt, aus einem Städtchen, 40 Kilometer weit von dem heimischen entfernt, eine Unbekannte. Die Aufregung ist dementsprechend groß. ‚Da drängt sich eine auf, so ein fremdes Blut und schnappt sich den Sohn unseres Bäckers‘, wurde überall geflüstert. Mit offenen Armen wird sie also von keinem empfangen, weder sie, noch ihre aus Stuttgart und Ostdeutschland zur Hochzeit angereisten Verwandten“, setzt Margit fort. Sie bekommen es auch sofort zu spüren. Sie wollen im Ort tanken, fahren mit ihren fremden Nummernschildern zur Zapfsäule vor, und der Tankwart hängt schnell das Schild „Geschlossen“ auf.

Die Tankstellen-Szene, die verstörten Gesichter von Margits Gästen, hinter vorgehaltener Hand wird immer und immer wieder davon erzählt, es sorgt für größte Heiterkeit unter den einheimischen Geladenen. Der Braut Margit fällt von all dem noch nichts auf. Weder das spöttische Gelächter, das der Tasche ihrer Mutter aus Kunst-Krokoleder gilt, noch die Verstimmung ihrer Eltern, die am längsten von allen auf ihr Essen warten müssen und beim Anstoßen auf das junge Glück immer noch nichts in ihren Gläsern haben. Selbst der Affront mit den Hefeteilchen aus der Bäckerei ihres Schwiegervaters entgeht ihr, die, lieblos aufgetürmt, anstelle einer ordentlichen Hochzeitstorte den Tisch zieren sollen. Sie hat sich diese Hochzeit ohnehin ganz anders vorgestellt: ein Riesenfest im Vereinshaus ihres Heimatortes, mit Verwandten, aber auch mit vielen Leuten aus ihrem Sportclub, Bekannten, Freundinnen und Freunden; mit ausuferndem Buffet, mit Musik und Tanz, fröhlich, ungezwungen, offen für jede und jeden, der oder die kommen will. Die Schwiegereltern wollten es anders. Sie hat sich gefügt, hat nicht opponiert. Das junge Paar soll einmal die Bäckerei des Vaters übernehmen, und eine Auswärtsfeier würde die vorhandene Kundschaft abschrecken, so Peter, ihr Bräutigam.

Sie träumt sich in die gemeinsame Zukunft, in ihr Familienglück mit Kindern. Größere Unruhe auf der Tanzfläche holt sie aus ihrem Tagtraum. Lange waren alle Gäste bemüht, die Fassade der Harmonie aufrechtzuerhalten; den öffentlichen Eklat will keiner. Zunehmend spülen aber Wein, Bier und Schnaps die Reste der Vernunft weg. Der angestaute Frust, die verdrängte Gehässigkeit und Aggression suchen nach Wegen, auszubrechen. Beleidigungen und verbale Gegenattacken werden immer gröber. Dann fühlt sich jemand gekränkt; mehrere Männer springen auf, fest entschlossen, die Angelegenheit in bewährter Machomanier, wie seit Jahrhunderten, zu lösen: mit ihren Fäusten. Ossi gegen Wessi, Einheimische gegen Außenseiter. Ein Musiker rettet geistesgegenwärtig die Situation: Er beginnt, einen schmissigen Schlager zu spielen. „Jetzt wird getanzt“, ruft die Braut. Die Streitenden kehren an die Tische zurück, von ihren Plätzen noch einmal den Kontrahenten mit erhobenen Fäusten drohend. Nicht dazu zu gehören, fremd zu sein, gemobbt zu werden, ist in Margits Familie nichts Besonderes.

Ihr Vater kommt als 24-Jähriger aus der DDR in den Ruhrpott; er entflieht nicht nur den beengten ostdeutschen Lebensverhältnissen, wie er es damals empfindet, sondern auch den Berufsplänen seiner Eltern für ihn: Er soll Friseur werden. Er heiratet eine schwangere Witwe mit Sohn. Später erfährt er, dass da noch ein Kind aus ihrer ersten Ehe existiert, Ute, die seit mehreren Jahren bei einer Pflegefamilie lebt. Er will unbedingt diese Tochter in die Familie integrieren und holt sie schließlich, nach harten Kämpfen mit ihren Pflegeeltern, in ihre neue Heimatstadt in den Ruhrpott. Um seine wachsende Familie zu versorgen, beginnt er, unter Tage zu arbeiten, da verdient man gut. Seinen großen Traum, Gärtner zu werden, verfolgt er nur noch als Hobby und verdient sich damit etwas nebenbei dazu. Jetzt, neben den drei „fremden“ Kindern, will er auch sein eigenes haben. 1965 wird Margit geboren, ein Kind, „das ihm zusteht“. Danach kommen ungeplant noch zwei weitere Mädchen zur Welt, obwohl die Mutter alles tut, um dies zu verhindern: Sie stürzt sich hochschwanger die Treppen hinunter, schleppt in der Weberei, wo sie als Akkordarbeiterin tätig ist, täglich schwere Körbe.

Als Margit vier Jahre alt ist, erkrankt die Mutter ernsthaft: Mehrere OPs werden notwendig; eine Niere muss ihr entnommen werden. Sie verbringt viel Zeit im Krankenhaus. Margit und ihre Geschwister werden vom Vater im Kinderheim untergebracht, wo sie, mit kurzen Unterbrechungen, vier Jahre bleiben. Vom Heim aus besucht Margit einen Kindergarten; dann wird sie eingeschult. Erst als sie ins zweite Schuljahr kommt, holt ihr Vater alle sechs Kinder nach Hause zurück, obwohl er ganztägig arbeitet und seine Frau wieder in der Klinik ist. Jetzt müssen die älteren Kinder die Familie selbst am Laufen halten.

Margits älteste Halbschwester Ute hat bereits viel Übung darin. Sie versorgt seit ihrem achten Lebensjahr ihre jüngeren Geschwister, führt den Haushalt, kocht, nimmt sich besonders ihres jüngsten Schwesterchens an, das ihre Mutter auch schon mal länger in die Abstellkammer einsperrt. Lob bekommt sie dafür nie, aber öfters Schläge. Als Ute mit 16 Jahren heiratet und das Haus verlässt, muss Margit, gerade mal zehn Jahre alt, Verantwortung für ihre beiden kleinen Schwestern übernehmen. Eigentlich wäre das eine Aufgabe für ihre zwei Jahre ältere Halbschwester Steffi, die dazu aber nicht in der Lage ist. Sie benötigt selbst Betreuung. Sie gilt in der Familie als „heilige Kuh", ist erklärter Liebling der Mutter, wird vom Vater aber als „doof" und „unzuverlässig" bezeichnet. Sie wird für Margit zum „schwarzen Schatten" ihrer Kindheit. Ihr auffälliges, aggressives Verhalten, die Lust, andere zu beleidigen, bringt Margit ständig in heikle Situationen. Was Steffi verbockt, muss sie ausbügeln. Sie fühlt sich in ihrer Gegenwart konstant an ihre Grenzen gebracht.

Wenn Steffi einen Radfahrer ohne Grund übel beleidigt, wenn ein Hausverbot im Supermarkt auch sie trifft, obwohl nur Steffi es durch Ausfälligkeiten gegenüber anderen KundInnen und Angestellten provoziert hat, wenn sie von Kindern in der Schule wegen ihrer Schwester gemobbt, ausgelacht und abgelehnt wird, dann sieht sie sich wieder, wie so oft in nächtlichen Albträumen, eingesperrt hinter hohen Mauern, deren Überwindung ihr nicht gelingen will. Ihre Mutter bestraft sie mit Schlägen, weil sie Margit für Steffis Verhalten verantwortlich macht. Einmal wird es so schlimm, dass sie freiwillig zurück ins Kinderheim will.

Sie ist damals zwölf und spielt Würfeln mit Steffi und ihren beiden jüngeren Schwestern; die Eltern sind ausgegangen. Sie haben eine Telefonnummer hinterlassen, „falls etwas passieren sollte". Steffi schmeißt plötzlich der Jüngsten mit voller Kraft einen Würfel an die Schläfe, die sofort zu bluten beginnt. Die Kleine schreit, Steffi lacht, und Margit wird von Panik ergriffen, weil sie an die Worte ihrer Lehrerin denkt, wie gefährlich ein Schlag an die Schläfe sein kann. Sie rennt zum Telefon, versucht, ihre Eltern zu erreichen. Keiner hebt ab. Sie versucht, die blutende Sechsjährige selbst zu versorgen, macht ihr Eisumschläge, vergeht vor Angst, dass ihre Schwester stirbt. Die Eltern kommen sehr spät zurück, die Kleinen schlafen bereits; sie schauen nicht mal bei Margit vorbei.

In dieser Nacht entschließt sie sich, ins Heim zu gehen. Sie packt ihre Sachen und schreibt einen langen, erklärenden Brief an die Mutter. Sie legt ihn am nächsten Morgen auf den Küchentisch und geht zur Schule. Die Mutter wirft den Brief ungelesen in die Mülltonne. Es ist Margits letzter Versuch, Aufmerksamkeit und Verständnis ihrer Mutter zu erringen. Danach gibt sie auf. „Ich kann mich nicht daran erinnern, dass sie mich jemals in die Arme nahm, mir über die Haare strich, dass wir miteinander lachten, dass sie mich lobte", erinnert sie sich heute. Nachdem die Mutter ihre Krankheit überwunden hatte, schuftete sie im Akkord in der Spinnerei, fuhr einen Fabrik-Transporter, später Taxi, kellnerte abends noch in einem Gasthaus. Sie hat immer alles „fest im Griff". Sie stellt sich unter enormen Leistungsdruck und gibt diesen an die Töchter weiter, bestraft sie hart, wenn sie nicht in ihrem Sinne spuren. Wenn es wieder mal richtig kracht, flieht Margit die steile Holztreppe hoch, ein Sicherheitsabstand vor den spontanen Schlägen der Mutter, und stellt sich vor ihre Mansardenzimmertür, direkt neben einem Taubenschlag. So, von oben nach unten, fühlt sie sich für die Auseinandersetzungen mit der Mutter besser gewappnet. Wenn es vollends unerträglich wird, sperrt sie sich in den Taubenschlag ein, es ist ihr Zufluchtsort. Dort träumt sie von einem anderen Leben, ohne Mauern, mit gegenseitiger Wertschätzung und Herzlichkeit.

Mit ihrem Vater ist es anders. „Ich war sein Wunschkind, sein Liebling, das beteuerte er oft, wenn wir allein waren. Und dass er an mich glaubt, dass er viel von mir erwartet. Er war aber nur selten zu Hause. Und in meine Kämpfe mit der Mutter mischte er sich prinzipiell nicht ein, er ging familiären Streits gern aus dem Weg." Margits Schulleistungen dagegen interessieren ihn. Als sie das dritte Schuljahr wiederholen muss, beschließt er, ihr das kleine Einmaleins beizubringen. Sie soll die Reihen lernen und dann in einem bestimmten Rhythmus und großem Tempo auswendig aufsagen, ohne nachzudenken. Zum Üben erfindet er ein Spiel: Sie ist ein Bär und er der Dompteur. Für das kleinste Zögern oder gar Fehler jagt er sie durch den Raum und schlägt sie mit seinem Ledergürtel, bis sie es fehlerfrei kann. „Er hat es sicher nur aus Liebe zu mir gemacht", verteidigt Margit ihn noch heute. In der Schule wird sie dann tatsächlich besser. Vielleicht liegt es aber auch an der „Befreiung" von ihrer aggressiven, ausfälligen Halbschwester Steffi, die in eine Spezialschule versetzt wird. Auf jeden Fall lernt Margit jetzt gern, bringt gute Zeugnisse nach Hause und träumt von einem Beruf als Kindergärtnerin oder Erzieherin.

Es sind die späten 70er-Jahre, die Rolle der Frau und ihre berufliche Einordnung ändert sich spürbar. In Margits Schule werden Poster aufgehängt, die Mädchen zum Erlernen eines Berufes animieren wollen, zu mehr Selbstständigkeit: „Eine Frau ohne Beruf macht ein Leben lang Männchen", steht unter einem Bild von ängstlichen Häschen, die sich auf ihren Hinterbeinen aufrichten. Seit der Gesetzesänderung 1977 müssen Frauen ihre Ehemänner zwar nicht mehr um Erlaubnis bitten, wenn sie arbeiten wollen, sie tun es aber meistens immer noch.

Die Mutter ist für Margit, trotz ihrer erfolgreich durchgesetzten Machtposition im Haus, kein Vorbild. Sie will nicht so schuften wie sie, will mehr Zeit für ihren zukünftigen Mann und ihre Kinder haben, ihnen mehr Aufmerksamkeit und Liebe schenken können. Sie will aber auch selbst zum Unterhalt der Familie beitragen. Der Beruf der Erzieherin scheint alle diese Vorstellungen zu vereinen. Bereits im Kinderheim verrät sie ihrer Betreuerin, dass sie in der Zukunft „sowas Ähnliches wie sie" werden wolle.

Sie bekommt von ihrer Lehrerin die Empfehlung für die Realschule. Die Mutter ist strikt dagegen; all ihren Geschwistern habe die Hauptschule gereicht. „Du bist auch nichts Besseres", meint sie. Margit kämpft gegen diese Meinung an, argumentiert, bittet, droht. Die Mutter setzt wieder ihre bewährteste, von Margit so verhasste Waffe ein – Schweigen. Jegliche Kommunikation mit ihrer Tochter wird wochenlang eingestellt. Margit sucht Verbündete, sie ruft in ihrer Not das Jugendamt an. Ihr Vater ertappt sie beim Telefonieren. „Auflegen, sofort auflegen!", brüllt er und unterbricht das Telefonat.

Er macht ihr einen Vorschlag, wie sie ihr Ziel erreichen kann, ohne die Mutter zu verärgern. Nach der neunten Hauptschulklasse soll sie sich für die zweijährige Berufsschule für Hauswirtschaft und Ernährung anmelden. Der Abschluss wird als mittlere Reife anerkannt. Damit könnte sie dann ihre Erzieherinnenausbildung absolvieren. Sie folgt dem Rat ihres Vaters. Am Ende des ersten Jahres in der Hauswirtschaftsschule entscheidet ihre Mutter aber, dass sie lieber Fleischereifachverkäuferin werden soll. Margits Bruder arbeitet in einer Metzgerei; dort wird gerade ein Lehrling gesucht. Sie soll sofort ihre Schule abbrechen. Margit ist fassungslos. Beim Anblick von blutigem Fleisch wird ihr schlecht. Und wieder versucht sie, Mutters Entscheidung abzuwenden, provoziert mit ihr lautstarke Auseinandersetzungen. Der Vater ergreift wie immer vor der Mutter keine Partei.

Schließlich bringt sie die Mutter so weit, dass diese bereit ist, eine Alternative zur Metzgerlehre zu akzeptieren: Eine Stelle ohne lange Ausbildungszeit, so wie die von Steffi, die ab dem ersten Arbeitstag in der Spinnerei 1.200 D-Mark monatlich nach Hause bringt, soll es sein. Margit entscheidet sich also, Bäckerin zu werden, damals untypisch für eine Frau. Sie findet eine Lehrstelle im Nachbarort, zwölf Kilometer von ihrem Elternhaus entfernt, in einem Bäckerei-Großbetrieb. Der verantwortliche Meister hat jedoch kein Interesse an einer guten Ausbildung seiner „Stifte"; er setzt sie vor allem als billige Arbeitskräfte ein, auch in Doppel- und Nachtschichten, erzählt sie. Für Auszubildende nach dem Gesetz eigentlich nicht erlaubt. Margit fängt ihre Schicht um 3:00 Uhr morgens an, an Wochenenden auch schon mal um 20:00 Uhr des Vorabends. Zu Stoßzeiten wie vor Ostern oder Weihnachten verbringt sie 16 Stunden in der Bäckerei, mit einer nur achtstündigen Freischicht. Sie lebt noch bei ihren Eltern. Eine eigene Wohnung gibt ihr monatlicher Lehrlingslohn von 370 D-Mark nicht her, zumal sie 300 D-Mark davon für Kost und Logis an ihre Mutter abgeben muss. Zu Hause warten dann noch häusliche Pflichten auf sie: Fenster putzen, Gardinen aufhängen, Wäsche waschen. Von den übrigen 70 D-Mark geht der Hauptteil für Benzin drauf. Sie nutzt Vaters altes Moped, mit dem sie jeden Tag den Weg zur Arbeit fährt. Das geht ins Geld, das sie nicht hat. So lässt sie irgendwann das Moped stehen und geht zu Fuß oder fährt per Anhalter.

Sie wiegt in dieser Zeit etwa 52 Kilogramm, schleppt aber 50 Kilogramm schwere Mehlsäcke. Sie leidet an Nackenverspannungen, Rückenschmerzen. Ihre Kolleginnen raten ihr, mehr auf sich aufzupassen: „Du willst doch mal Kinder kriegen." Sie aber vertraut ihren Kräften. Ab und zu schluckt sie eine Schmerztablette, wie viele andere, die sie kennt, es auch tun, und macht weiter.

Nach ihrer Gesellenprüfung sucht Margit eine entsprechende Arbeitsstelle. Bäcker werden zwar händeringend gesucht, aber selten weibliche Kräfte, die ja jederzeit schwanger werden und dann ausfallen könnten. Dann wird sie doch von einem großen, modernen Betrieb, der Bäckerei und Konditorei vereint, als Gesellin angestellt. Der liegt nicht weit von ihrem Heimatort entfernt und wird später Teil einer großen Kette, mit vielen Filialen deutschlandweit. Dort lernt sie auch Peter kennen.

Er ist wie sie Bäckergeselle, leitet im gleichen Betrieb eine andere Abteilung. Parallel dazu leistet er gerade seinen Zivildienst ab, erscheint zur Arbeit nur an Wochenenden. Sein Ruf eilt ihm voraus – es ist kein besonders guter. Man nennt ihn „Junior"; sein Vater besitzt im Nachbarort eine eigene Bäckerei, und Junior benimmt sich entsprechend. Er ist laut, arrogant, eingebildet. Tatsächlich hört Margit seine durchdringende, selbstbewusste Stimme, die über alle Garderobenräume hinwegschallt, bevor sie ihn das erste Mal zu Gesicht bekommt.

Sie findet ihn entsetzlich. Als er dann ohne berechtigten Grund in ihre Abteilung platzt und „ihre" Auszubildenden anschreit, bittet sie ihn ruhig, den Raum zu verlassen. Er ist perplex. Einige Tage später lädt er sie zur Silvesterparty ein in die Villa seiner Eltern. Sie will eigentlich nicht hin, aber bei ihr zu Hause ist es an Silvester „überhaupt nicht schön", nur Stress und Streit mit ihrer Mutter, also nimmt sie die Einladung an. Ihre Einstellung zu ihm ändert das nicht. Auch seine ständigen Versuche, ihre Aufmerksamkeit zu gewinnen, sie bei der Arbeit zu necken, lassen sie kalt. Erst Wochen später, bei einem mehr oder weniger zufälligen gemeinsamen Spaziergang mit den Hunden im Schnee durch den Wald und anschließendem Café-Besuch mit heißem Cointreau-Kakao und Schlagsahne entsteht eine romantische Stimmung zwischen den beiden. Und es funkt – sie werden ein Paar.

Als Peters Mutter kurzfristig zur Kur muss, sein Vater ihr nachfährt, und ihr Freund plötzlich das Geschäft übernehmen muss, nimmt Margit unbezahlten Urlaub und hilft ihm, die bedrohte väterliche Bäckerei zu retten. Bald verbringt sie immer mehr Zeit bei seiner Familie; inzwischen wohnt sie praktisch dort. Aber die von ihr erträumte familiäre Geborgenheit findet sie auch dort nicht. Peters Eltern bekämpfen sich exzessiv, Schläge und Demütigungen sind an der Tagesordnung. Sein Vater denunziert seine Mutter vor der Kundschaft, vor MitarbeiterInnen. Sie trinkt, oft bis zur Besinnungslosigkeit. Das junge Paar will raus, ein eigenes Zuhause schaffen, harmonischer und freundlicher, die Fehler ihrer Eltern nicht wiederholen.

Sie mieten eine Wohnung. Margit plant sorgfältig die Innenausstattung, sucht Tapeten und Vorhänge aus, will selbst tapezieren. Peters Vater findet ihren Geschmack scheußlich, mischt sich bei der Wahl der Tapeten, Gardinen und Möbel ein. Peter lässt ihn gewähren. Für Margit ist es ein Verrat; sie fühlt sich hintergangen, alleingelassen. Die Kraft, um ihr neues gemeinsames Leben zu kämpfen, verlässt sie. Wieder sieht sie um sich herum die unüberwindbaren Mauern ihrer Kindheit. Sie fährt mit ihrem alten VW-Käfer zu einem einsam gelegenen Parkplatz, schluckt ein ganzes Röhrchen Schlaftabletten. Ein Hund macht sein Herrchen auf das Auto und die bewusstlose Insassin aufmerksam. Gerade noch rechtzeitig. Als sie im Krankenhaus aufwacht, ist Peter bei ihr. Sie sprechen sich aus; von ihren Eltern wollen sie sich beide stärker distanzieren. Sie wissen, sie müssen nach ihren eigenen Spielregeln leben, mit einer eigenen Familie. Sie verloben sich. Peter soll demnächst einen Meisterprüfungs-Lehrgang absolvieren. Da Margit schwanger wird, heiraten sie noch davor.

Ihre Tochter Frieda wird geboren, als ihr Mann gerade auf seinem Lehrgang ist, 150 Kilometer von zu Hause entfernt. Er versucht zwar, zum berechneten Geburtstermin da zu sein, nimmt dafür Urlaub, aber das Baby lässt sich Zeit und kommt zwei Tage später zur Welt, nachdem er bereits wieder abgereist ist. Margit ist überglücklich. Sie ahnt noch nicht, was für eine gewaltige Herausforderung mit der Geburt ihrer Tochter auf sie, ihre kleine Familie und ihre Ehe zukommt.

Mit dem Meisterbrief in der Tasche steigt Peter in die elterliche Bäckerei ein. Er plant, den Betrieb zukunftssicher zu machen, hat kühne Modernisierungspläne. An Wochenenden kreiert er Torten für Restaurants, das bringt zusätzlichen Umsatz. Doch sein Vater gesteht ihm anfangs nur ein sehr kleines Gehalt zu; die junge Familie leidet unter Geldmangel. Margit will ihren Beitrag leisten, kellnert, verkauft Bäckereiprodukte ihrer Schwiegereltern auf den umliegenden Märkten. Ihr Baby bringt sie in dieser Zeit bei ihrer Mutter unter. Anfangs klappt das auch. Margit hat große Freude, wieder unter Menschen zu sein. Dann tauchen die ersten Probleme mit ihrer Tochter auf. Mit zweieinhalb Jahren kann sie noch nicht gehen, ihre Feinmotorik ist gestört. Die Kinderärztin diagnostiziert eine Entwicklungsverzögerung, überweist das Kind zur Krankengymnastik, zeigt Margit Übungen, die sie mit ihrer Tochter jeden Tag intensiv absolviert, durchaus mit einigem Erfolg. Bald aber überschatten neue Behinderungen Friedas motorische Defizite: Sie hat massive Sprachprobleme. Sie benutzt mit drei Jahren immer noch keine verständlichen Wörter, redet in einer wirren Kunstsprache. Margit konsultiert Sprachtherapeuten, macht nach deren Anweisungen sprachaktivierende Übungen mit ihr. Sie kündigt ihre Jobs und widmet sich vollständig der Betreuung ihrer Tochter. Diese wird jetzt in einem heilpädagogischen Kindergarten im Nachbarort untergebracht. Ein spezieller Bus bringt sie täglich dorthin, aber dazu muss Margit ihrer widerstrebenden Tochter das Mitfahren im Bus beibringen. Zuerst fahren sie gemeinsam; dann begleitet sie den Bus mit ihrem Auto, damit sie die Kleine ständig im Blick hat. Das schmale, stumme, mit Tränen überströmte Kindergesicht hinter dem Busfenster verfolgt sie nachts in ihren Träumen.

Frieda wird zu ihrem Lebensinhalt. Drei Jahre nach ihrer Tochter gebärt sie einen Sohn. Er ist gesund, entwickelt sich normal; sie betreut ihn „nebenbei“ und widmet weiterhin die meiste Zeit ihrem „Problemkind“. Sie macht das alles mit sich selber aus. Mit ihrem Mann kann sie die Verantwortung für Frieda nicht teilen; er ist viel zu selten zu Hause. Mit der Übernahme der elterlichen Bäckerei, die er zusammen mit Margit betreiben wollte, klappt es schließlich doch nicht. Peter wollte nach Vorbild bekannter Großbäckereien vorgehen, plante, die ihm vom Vater ursprünglich versprochenen angrenzenden Grundstücke für den Ausbau des Betriebes zu verwenden. Doch der Vater hält dies für den falschen Weg und verweigert ihm schließlich die Grundstücke. Sie trennen sich im Streit. Auch Peters Pläne, in die ehemalige DDR zu expandieren, was ihm kurz nach der Wende erfolgversprechend erscheint, platzen. Er erhält keine ausreichenden Kredite.

Jetzt entschließt er sich zu einem ganz anderen Weg: Er lässt sich als Fachberater im Außendienst eines internationalen Unternehmens anheuern, das Zutaten für Bäckereien und Konditoreien liefert. Das Leben der jungen Familie ändert sich damit radikal; Peter ist ständig bundesweit unterwegs. Und wenn er zu Hause ist, hängt er meist am Telefon, jederzeit bereit, in den Wagen zu springen und noch spät Kunden zu besuchen. „Sie waren ihm wichtiger als seine Familie“, stellt Margit resignierend fest. Ihren Traum von einem harmonischen ehelichen Miteinander, vom Teilen der Arbeit und elterlichen Pflichten muss sie endgültig aufgeben. Sein Standardsatz „Du machst das schon“ ist für sie kein Kompliment mehr, kein Zeichen seines Vertrauens wie früher, sondern eine Weigerung, familiäre Verantwortung zu übernehmen. Zwischen ihm und seiner entwicklungsverzögerten Tochter kommt es oft zu Reibereien, Streitigkeiten. Er hat für sie weder Zeit noch Geduld.

Margit versucht, die Familie zusammenzuhalten. Um den Kontakt zu ihrem Mann nicht völlig zu verlieren, macht sie den Motorrad-Führerschein, kauft sich eine gebrauchte Maschine. Peter ist begeisterter Biker; ihre gemeinsamen Touren bringen die beiden einander wieder etwas näher.

Um ihrer Tochter besser helfen zu können, absolviert sie eine Kinderpflegerinnen-Ausbildung und bekommt im früheren heilpädagogischen Kindergarten ihrer Tochter eine Anstellung. Zum Glück ist ihr jüngerer Sohn immer noch sehr pflegeleicht, „ein richtiger Prachtkerl". Sie kann weiterhin ihre volle Aufmerksamkeit Frieda widmen, hofft auf eine Normalisierung ihres Zustands.

Dann kommt der Tag, der ihr endgültig jegliche Hoffnung auf eine mögliche „Genesung" Friedas nimmt. Sie ist sieben, als sie plötzlich extrem hohes Fieber bekommt und mit einem Rettungswagen ins Krankenhaus gebracht wird. Eine Salmonellenvergiftung wird diagnostiziert. Aber da ist noch mehr. Weitere Untersuchungen werden durchgeführt; ihr Blut wird ins humangenetische Institut nach Essen geschickt. Von dort bekommt Margit einen Anruf: Ihre Tochter leidet an einer Chromosomen-Anomalie, keine Heilungschance, keine Hoffnung auf größere Entwicklungsfortschritte. Die Familie muss sich mit dem Zustand ihres Kindes arrangieren.

Es ist ein Tiefschlag für Margit. Sie weiß jetzt, dass Frieda nie lesen, schreiben oder rechnen lernen wird, dass ihre Sprach- und Bewegungsdefizite bleiben werden. Sie wird in eine Schule für geistig behinderte Kinder aufgenommen. Margit bleibt ihre wichtigste Bezugsperson. Und entscheidet sich, weiterhin für ihre Tochter zu kämpfen, wenn schon nicht für ihre Heilung, so doch zumindest für ein Mindestmaß an Autonomie und Lebensqualität. Sie bringt Frieda nach und nach bei, sich selbst zu versorgen, die Spülmaschine auszuräumen, den Müll hinauszutragen. Sie lehrt sie Fahrradfahren, Schwimmen, grundlegende Körperhygiene. „Meine Tochter soll nie das Gefühl haben, eine Außenseiterin zu sein", nimmt sich Margit fest vor. Dafür ist sie bereit, viel zu investieren. Sie setzt beim örtlichen Pfarrer durch, mit Hinweis auf die damals propagierte Inklusion, dass Frieda nicht in einer Sonderschule konfirmiert wird, sondern in ihrer Gemeinde, mit anderen gesunden Kindern. Das finden nicht alle der anderen Eltern gut. Als Gegenleistung hilft sie bei Konfirmationsfahrten, engagiert sich in der Kirchenarbeit. Gleichzeitig versucht sie, ihre anderen familiären Aufgaben nicht zu vernachlässigen, lädt sich sogar noch eine Menge zusätzlicher Pflichten auf. Sie versorgt ihre kranken Eltern, kümmert sich um Peters gebrechlichen Onkel und seine Tante, die 50 Kilometer weit entfernt wohnen. Sie unterstützt die Pfadfindergruppe ihres Sohnes, organisiert für sie Ausflüge, fährt oft selbst mit. Sie berät ihre NachbarInnen in Erziehungsfragen, hilft ihnen in Krisensituationen und beim Ausfüllen von Formularen für städtische Ämter. Ratsuchende Halbwüchsige aus der Umgebung, die zu Hause „Stress haben", lädt sie zu sich ein und hört ihnen zu. Sogar im Hundeverein ihres Mannes ist sie aktiv, wird dort zur geschätzten Ansprechperson. Um diese Verpflichtungen, die sie alle ernst nimmt, zu erfüllen, muss sie an sich arbeiten, schneller, effizienter werden. Warnsignale ihres Körpers ignoriert sie, unterdrückt sie mit Schmerzmitteln.

Und dann ist da noch ihr Kindheitstraum. Sie holt an der Volkshochschule die mittlere Reife nach und schließt eine vierjährige Ausbildung als staatlich geprüfte Erzieherin ab. Ihr Anerkennungsjahr absolviert sie in der Einrichtung für Behinderte, in der Frieda zur Schule geht. Danach arbeitet sie als Erzieherin in einem Kinderheim. Die Arbeit mit Jugendlichen wird zu Margits Passion; sie fühlt sich dort als „die richtige Person an der richtigen Stelle". Sie plant eigentlich, Soziologie zu studieren, aber die Heimleitung bietet ihr einen sehr guten Vertrag an, und sie bleibt. Sie übernimmt Nachtbereitschaft bei Jugendlichen im Heim, arbeitet manchmal 70 Stunden die Woche. Kein Problem für sie. Geschlafen hat sie ohnehin nie viel. Jetzt hat sie zum ersten Mal das Gefühl, es geschafft zu haben.

Aber ihr Körper zeigt ihr bald Grenzen auf: Ihre Rückenschmerzen, unter denen sie bereits als Bäckerin litt, lassen sich nicht mehr mit Tabletten betäuben. Sie muss sich in stationäre Behandlung begeben. Infusionen helfen zwar, die akuten Beschwerden zu mildern. Ihr fehlt aber die Zeit, die Ursachen gründlich und systematisch zu bekämpfen.

Mit 18 Jahren schließt Frieda die Förderschule ab und beginnt, in der Behindertenwerkstatt zu arbeiten. Jetzt entscheidet sich Margit endlich, ihre Bandscheibenvorfälle operieren zu lassen. Sie nimmt sich

Zeit für eine mehrwöchige stationäre Rehabilitation. Dann kehrt sie – halbwegs kuriert – zurück zu ihrer geliebten Arbeit mit Jugendlichen im Heim und erfährt, dass sie gegen ihren Willen in eine „Kleinkindergruppe" versetzt wird. Man will ihr die auch körperlich belastende Arbeit mit den Jugendlichen nicht mehr zumuten.

Einige Monate später kommt es zu einem schicksalhaften Arbeitsunfall: Ein Kind stürzt Margit mit vollem Gewicht in den Rücken. Sie wird ohnmächtig vor Schmerzen, wird ins Krankenhaus gebracht und muss sich erneut einer Operation unterziehen. Die dauerhafte Taubheit in ihrem rechten Bein, die Diagnose lautet Fußheberparese, macht eine weitere Operation notwendig. Ihr Bein aber bleibt nur eingeschränkt funktionsfähig. Sie erhält eine Schiene. Ein Schmerztherapeut schreibt sie dauerhaft arbeitsunfähig; sie wird, trotz heftiger Proteste, in den vorzeitigen Ruhestand geschickt. Sie ist jetzt 43 Jahre alt. In zwei Jahren wird sie einen Mord begehen.

Die Schmerzen lassen nicht nach. Der Schmerztherapeut verschreibt ihr eine Reihe von Schlafmitteln, Schmerzmitteln und Antidepressiva, darunter auch Opioide. Die Diskussion um deren gefährliche Nebenwirkungen wird erst Jahre später in Amerika aufkommen. Auch die möglichen halluzinogenen Effekte ihres Schlafmittels Zolpidem werden erst später erkannt. Akute Schmerzattacken versucht sie, mit immer mehr Tabletten zu bekämpfen, teils spült sie sie – um ihre Wirkung noch zu verstärken – mit Weinbrand und Cola statt mit Wasser hinunter.

Jetzt sind ihre Ziele viel bescheidener geworden: Frieda zu unterstützen, zwischen ihr, ihrem Mann und Sohn zu vermitteln und nach außen zumindest den Anschein einer „heilen Welt" aufrechtzuerhalten. Ihr Haus soll glänzen. Sie hat ja jetzt viel mehr Zeit. Sie putzt – oft unter Tränen vor Schmerzen – die Böden im Haus, pflegt den Garten. Ihre Arbeit mit Jugendlichen im Heim fehlt ihr sehr. Die Motorradtouren mit ihren Mann, eine der letzten Gemeinsamkeiten, sagt sie jetzt immer öfters ab. Er reagiert verärgert, beleidigt.

Die familiären Auseinandersetzungen um Frieda werden immer häufiger, heftiger. Das behinderte Mädchen braucht täglich Aufregung;

sie provoziert, schimpft, wird aggressiv. Sie erzählt in ihrer Werkstatt, dass sie von ihrem Vater und Bruder geschlagen werde. VertreterInnen des Jugendamts erscheinen zu Hause, sprechen mit den Familienmitgliedern und stellen fest: Das Kind hat die Misshandlungen erfunden. Doch Peter hat keine Geduld mit seiner Tochter. Sie benötigt einen äußerst genau strukturierten, immer gleich ablaufenden Tagesplan. Bei kleinsten Abweichungen wird sie ausfällig. Einmal packt der Vater sie tatsächlich, drückt sie an die Wand und würgt sie. Als Margit vom Einkaufen nach Hause kommt, findet sie das weinende Mädchen vor, mit roten Würgemalen am Hals. Sie ist außer sich, schreit ihren Mann an: „Keine Gewalt in unserem Haus, unter keinen Umständen!“ Sie verliert die Beherrschung, heult. „Spätestens da hätte ich merken müssen, dass mir die Situation mit meiner Familie entgleitet“, sagt sie heute. „Dass ich, die so oft anderen geholfen hat, diesmal dringend selbst professionelle Hilfe in Anspruch hätte nehmen müssen.“ Das tut sie aber nicht, schluckt stattdessen immer mehr Tabletten. Sie will es selbst schaffen.

Einige Tage vor Ihrer Tat geht Margit mit ihrer Tochter wegen einer Handverletzung zum Arzt. Sie müssen etwas länger warten. Frieda wird ungehalten; sie pöbelt die anderen Patienten an, streitet mit dem Personal, will in das Behandlungszimmer eindringen. Am Ende werden beide der Praxis verwiesen; Margit landet mit dem schreienden Mädchen auf der Straße. Sie gehen einkaufen. Im Supermarkt rempelt Frieda absichtlich eine Kundin an, provoziert wieder mal Aufregung. „Ich trage dafür Schuld, nicht meine Tochter“, beteuert Margit. „Ich war einfach nicht in der Lage, diese Situationen in den Griff zu kriegen. Das hätte ich aber gemusst.“ Das kann sie sich bis heute nicht verzeihen.

Es ist der letzte Abend vor dem Mord. Zwischen Mutter und Tochter gibt es wieder mal Streit. Frieda will die Einladungen für ihren Geburtstag, der noch einige Monate entfernt ist, unbedingt sofort schreiben, nicht, wie verabredet, nach dem anstehenden Familienurlaub. Sie verbeißt sich in ihre Idee, argumentiert, droht, schreit, gibt nicht nach. Erst kurz nach Mitternacht gehen beide erschöpft ins Bett. Davor nimmt Margit Medikamente, alle auf einmal: Katadolon und Tetrazepam, die

Besucherfenster für „gesonderte" Insassinnen

später beide wegen schwerer Nebenwirkungen vom Markt genommen werden, Tramadol, Zopiclon, das auch halluzinogene Wirkung haben kann. Einschlafen kann sie trotzdem nicht. Sie fühlt sich in ihre alten, unüberwindbaren Mauern eingesperrt, wie damals mit ihrer Halbschwester Steffi, dem „schwarzen Schatten" ihrer Kindheit. Sie denkt an ihren Onkel Kurt, der die Hände der kleinen Margit zur eigenen Befriedigung missbrauchte, immer wieder, jahrelang. Ihre alte Angst kommt wieder hoch, dass ihrer behinderten Tochter mal etwas Ähnliches passieren könnte. Um 2:00 Uhr steht sie mit ihrem Mann auf und trinkt mit ihm Kaffee. Er muss sehr früh zur Arbeit. Nachdem er gegen 3:00 Uhr das Haus verlässt, schluckt sie weitere Tabletten, spült sie mit Weinbrand-Cola hinunter, geht wieder ins Bett. Insgesamt sind es 14 unterschiedliche Medikamente, wie später im Gerichtsurteil steht.

Ihre Schmerzen halten an, der Schlaf will nicht kommen. Sie setzt sich in die Küche, hört sich selbst sprechen: „Bitte, bitte, bitte Frieda, sei du jetzt ruhig, sei bloß ruhig!" Gegen 6:00 Uhr kommt ihre Tochter zum Frühstück, knüpft sofort wieder da an, wo sie um Mitternacht aufgehört haben. Sie redet weiter über ihren Geburtstag, will jetzt dazu auch noch Kuchen backen, akzeptiert keine mütterlichen Argumente. Margit versucht, ihr Interesse auf eine TV-Sendung zu lenken. Aber auch dazu hat Frieda eine Menge Fragen, die sie ständig wiederholt; sie verlangt nach sofortigen Antworten. Margit hört sich immer wieder sagen: „Hör auf, bitte, bitte, hör auf, sei endlich still." Doch Frieda bohrt weiter. Margit geht zur Kommode, nimmt Klebeband, Schere und einen großen Plastikbeutel heraus, schlägt ihrer Tochter vor, für ihren Geburtstag ein „Piratenspiel" zu proben. Das findet diese prima. Sie gehen gemeinsam in den Keller.

Was dann passiert, wird später im Gerichtsurteil so beschrieben: „Die Angeklagte verbindet mit einem Paket-Klebeband die hinter dem Rücken gekreuzten Hände ihrer Tochter. Das arglose Tatopfer setzt sich dann auf den Boden und lässt sich ihre Füße, ebenfalls über Kreuz, fesseln. (...) Sodann erklärte die Angeklagte ihrer Tochter, dass sie nun eine ‚Mütze' für das ‚Piratenspiel' aufsetzen müsse. Hierfür verwendete die Angeklagte die mitgebrachte 5-Liter-Mülltüte. Frieda sagte: ‚Mütze nicht!' Die Angeklagte antwortete: ‚Mütze muss!' Sodann zog sie ihrer Tochter, die sich aufgrund der Fesselung nicht wehren konnte, die Mülltüte über den Kopf und verschloss diese luftdicht am Hals, mithilfe des Paket-Klebebandes. Sie verließ den Raum." 20 Minuten später kommt Margit zurück. Frieda liegt bewegungslos auf dem Bauch.

Margit selbst hat an den Tathergang keine durchgängig bewusste Erinnerung. Kurze Momentaufnahmen aus dem Streit mit ihrer Tochter und das Gejaule des Hundes nach einem heftigen Fußtritt von Frieda mischen sich für sie mit Gedächtnisfetzen aus ihrer Kindheit, mit Onkel Kurt, der sie missbrauchte, mit ihrer aggressiven Halbschwester Steffi. Sie hört ihre eigene betende Stimme: „Vater unser, der du bist im Himmel ..." Immer wieder. Sie sieht sich selbst den Körper ihrer Tochter die Kellertreppe hinauf- und auf die Terrasse hinausschleppen. Dort setzt sie sich neben den Leichnam. Als eine Nachbarin die beiden sieht, sagt Margit zu ihr: „Ich habe mein Kind getötet, ruf die Polizei.“ Sie weiß noch, dass ihr Haus plötzlich voller Menschen war, sie zur Polizeiwache gebracht wurde und dort irgendetwas erzählt hat. Was genau sie gestanden hat, weiß sie nicht mehr.

Vor Gericht wird Margit für bei der Begehung der Tat in vollem Umfang schuldfähig erklärt; die Tat wird als kaltblütig eingestuft. Auf die beiden Kripobeamten, die zum Tatort gerufen werden, wirkt sie derart abgeklärt, gefasst und unbeeinträchtigt, ihr Haus so gepflegt und geordnet, dass sie eine Blutuntersuchung auf mögliche Betäubungsmittel oder Alkohol für überflüssig halten. Ihr Hausarzt erklärt sie gegenüber der Polizei für verhörunfähig; trotzdem wird sie direkt vom Tatort zu mehreren Verhören gebracht. Ein erst neun Monate später hinzugezogener Gutachter legt dem Gericht nach einem ausführlichen Gespräch mit der Angeklagten laut Gerichtsurteil „völlig überzeugend“ dar, dass die vielen unterschiedlichen Medikamente, Psychopharmaka, vermischt mit Schlafmittel und Alkohol, keinen Einfluss auf Margits schuldfähige Verfassung hatten, da sich „medikamentöse Wirkungen nicht nur verstärken, sondern auch gegenseitig abschwächen können“.

Sie bekommt lebenslänglich. Das heißt in der Praxis meistens 15 Jahre bei guter Führung. Davon hat Margit bereits zwölf Strafvollzugsjahre hinter sich, anschließend ein Jahr in der offenen Abteilung. Sie hat Kontakt mit einer kirchlichen Organisation aufgenommen, arbeitet wieder ein bisschen für sie, sieht darin eventuell ihre Beschäftigung für die Zeit „danach“, wenn sie das Gefängnis verlässt. Momentan denkt sie aber noch nicht daran. Zu viele unbeantwortete Fragen. Sie hofft, ihre Tat endlich zu verstehen, für die sie bis heute, anders als ihre Richter, keine Erklärung findet.

Unterschlagung für das rote Kleid

Inge W., Justizvollzugsanstalt Köln-Ossendorf, Nordrhein-Westfalen

„Lesen Sie doch selbst", sagt Inge und reicht mir einen akkurat geführten Aktenordner mit 651 handgeschriebenen Seiten im A4-Format. Ihr Tagebuch. Jeder einzelne ihrer Tage im Gefängnis ist darin sorgfältig dokumentiert. Am Morgen nach ihrer Inhaftierung hält sie fest: *Tag 2, 8.8.2020, 37 Grad, drückend. Ich habe etwas geweint, aber das hilft jetzt auch nicht mehr. Ich bin ja auch an allem selber schuld. Vom Frühstück habe ich nur etwas Brot und Tee genommen, ohne alles. (...) Den Rest des Tages habe ich dann auf einer Pritsche mit harter Matratze ohne Kissen in einer acht Quadratmeter großen Zelle verbracht. Geschlafen habe ich zwar etwas, aber sehr unruhig.*

Einen Tag zuvor wird sie direkt nach dem gepflegten Frühstück in einem Café verhaftet. Noch mit Cappuccino-Geschmack im Mund und Prospekten der Parisreise dabei, die sie mit ihrer Freundin für das kommende Wochenende plant, wird sie auf der Polizeiwache in eine Zelle eingesperrt. *Ich musste auf den Transport zur Anhörungsrichterin warten*, schreibt sie. *Mein Handy hatte man mir noch gelassen. Ich schickte eine kurze Nachricht an meinen Freund: „Schönen Abend, alles Liebe." Ich wollte ihm nicht per SMS gestehen, wo ich jetzt bin und was ich angestellt habe, das wollte ich ihm persönlich erklären, in ein bis zwei Tagen, wenn ich wieder raus bin ...*

Die Anhörungsrichterin attestiert bei Inge Fluchtgefahr. Sie wird in einem Kastenwagen, ausgestattet mit drei Minizellen, zur Untersuchungshaft in die Justizvollzugsanstalt Köln-Ossendorf transportiert. Man legt ihr Fußfesseln an. Das Angebot, ihre Familie anzurufen, schlägt sie aus. *Die Aufnahme in der JVA durchgeführt, Fingerabdrücke genommen und dann warten. Die Abläufe jeden Tag die Gleichen*, steht in ihrem Tagebuch.

Es ist August 2020, landesweit herrscht die Coronapandemie, draußen brütende Hitze von 38 Grad. Ihre winzige Zelle darf sie in den nächsten beiden Wochen nur einmal täglich für eine „Freistunde" verlassen. Die übrigen 23 Stunden scheinen ihr völlig surreal. Keine Uhr, die ihren Tag strukturieren könnte, ihre teure Armbanduhr hat man ihr abgenommen. Keine Telefonate, keine Informationen, wie es mit ihr weitergehen wird. Jetzt hat sie auch keine Möglichkeit mehr, ihre Familie und FreundInnen persönlich über ihre plötzliche Verhaftung zu benachrichtigen. Wenn sie Briefmarken hätte, könnte sie Briefe schreiben, ihnen alles erklären. Die hat sie aber nicht. Ob man inzwischen zu Hause weiß, was sie getan hat? *Angst, Unruhe, Hoffnung – das ist im Moment das Wechselbad meiner Gefühle. Alles ziemlich gleichzeitig,* notiert sie. Ihr Anwalt sollte sich schon längst bei ihr gemeldet haben; sie wartet ungeduldig auf Erklärungen von ihm.

Ihr verschwitztes T-Shirt beginnt nach einigen Tagen, unerträglich zu riechen; sie wusste nicht, dass sie es so lange tragen muss. Sie stellt einen Antrag auf Anstaltskleidung. *Ohne Anträge läuft hier gar nichts,* mokiert sie in ihrem Tagebuch, also füllt sie brav Formulare aus, für Briefmarken, Duschgel, Spülmittel. Und sie reicht ein Ansuchen um eine Arbeitsmöglichkeit ein, egal welche. Sie will beschäftigt sein, etwas tun.

Spät am Nachmittag verabschiedet sich das Wachpersonal draußen, Schichtwechsel, sie hört ihre Stimmen. Da fängt sie an, ihre Zelle abzuschreiten, drei mittelgroße Schritte vor, Kehrtwende, drei zurück. 10.000 Schritte täglich hat sie sich vorgenommen. Sie will, sie muss in Bewegung bleiben. Konzentriert zählt sie mit und notiert das geschaffte Pensum in ihrem Tagebuch, täglich. Ihr rinnt der Schweiß vom Körper, bei jedem Schritt. Die Kleidung saugt sich voll, im heißen August 2020. Duschen ist nur zwei Mal in der Woche möglich. *Draußen war warmes Wasser immer verfügbar, hier drin ist es Luxus, ein Privileg. Vieles bekommt hier drin einen ganz anderen Stellenwert,* notiert sie.

Sie staunt über die für sie völlig neue Erfahrung, mit sich selbst allein zu sein, stundenlang, tagelang, ohne jegliche Ablenkung. Nur einige entfernte Geräusche von startenden und landenden Flugzeugen dringen in ihre Zelle, sonst ist es ganz still. Umso stärker toben ihre Gedanken. Die Befriedigung von Bedürfnissen war seit ihrer Berufstätigkeit

Gitter- und Mauerlandschaft in der JVA Willich II

immer nur einen Geldschein weit entfernt. Brauchte sie wirklich diesen ganzen Luxus, die schicken Kleider, den schnellen Wagen, die teuren Möbel? *Meine Bedürfnisse sind hier auf ein Minimum reduziert,* schreibt sie. *Warum konnte ich das nicht vorher, warum erst jetzt? Ich wollte immer alles! Das wird ein Mensch doch nie haben können, das ist mir klar geworden.*

Bei ihrem täglichen „Auslauf" im Hof trifft sie andere Gefangene, kommt mit ihnen ins Gespräch. Es wird ihr zunehmend bewusster, was für ein privilegiertes Leben sie bis vor Kurzem hatte, welche fast uneingeschränkten Möglichkeiten. *In der Freistunde habe ich weitere Insassinnen kennengelernt und eine Menge über Drogen und Sucht erfahren. Sehr schlimm,* hält sie in ihrem Tagebuch fest. *Die drei suchtkranken Frauen hier sind auch noch recht jung. Total kaputt von den Drogen, aber trotzdem liebenswerte Menschen. Jede hat ihr eigenes Schicksal. Die eine schafft es, die andere nicht.* Besonders gern unterhält sie sich mit Eva. Die ist schon länger im Gefängnis, kennt alle Kniffe. Sie erzählt Inge vom „Bunker“. „Ein kleiner Raum, komplett gefliest, ein Loch in der Mitte als Klo-Ersatz, eine Matte und Wolldecke zum Schlafen, kein Fenster, nur eine Neonröhre als Lichtspender. Um da rein gesteckt zu werden, musst du schon einen Wärter angreifen“, sagt sie. „Nee, lieber nicht“, scherzen die beiden.

Besonders gesicherter Haftraum, auch Isolationszelle oder „Bunker“ genannt, in der JVA Dinslaken

Am siebten Tag nach ihrer Verhaftung schreibt Inge: *Ich hoffe, dass ich nächste Woche endlich aus der U-Haft rauskomme. Eva gebe ich vorsichtshalber meine Adresse. Ich werde ihr etwas Tabak bestellen, damit sie nicht ihr ganzes Geld dafür verprassen muss.* In der nächsten Woche ist Inge aber immer noch da, auch in der übernächsten, überübernächsten und vielen darauffolgenden. Die Gefängnisrealität ist für sie trostlos. Eva erzählt ihr von einer Zellennachbarin, „der Bekloppten". Diese schreit oft die ganze Nacht durch, betätigt ständig die Klospülung, hämmert mit dem Abfalleimer aus Metall laut gegen die Tür. Zuletzt hat sie die Zelle unter Wasser gesetzt, alle Decken lagen triefend auf dem Boden. „Die Beamten haben nichts unternommen. Die muss ganz woanders hin", meint Inge.

Das Warten zermürbt mich, die Unsicherheit, wie es weitergeht. Es zehrt an meinen Nerven, dass ich nichts von meinem Anwalt höre, schreibt sie an Tag 35. Und natürlich hofft sie auf einen Brief von ihrem Lebensgefährten. Ob er noch zu ihr hält, zu ihr, der eingebuchteten Straftäterin? Was ist mit ihrem Ex-Ehemann, mit dem sie immer noch eine enge Freundschaft verbindet? Sie hat endlich an beide Briefe geschickt, mit Briefmarken von Eva, aber Antwort dürfe sie nicht allzu schnell erwarten, so langsam wie die Post wegen diverser Sicherheitsüberprüfungen im Gefängnis ist, bereitet sie Eva vor. *Heute werde ich auch an meine Mutter schreiben, obwohl es mir sehr schwer fällt,* nimmt sie sich an Tag 40 vor. Sie soll wissen, dass es nicht an ihr liegt. *Sie hat uns zu rechtschaffenen Menschen erzogen. Dass sich mein Leben halt nicht so entwickelt hat, wie ich es mir gewünscht hätte, daran ist nicht sie schuld. Nur ich, ich allein und kein anderer.*

Die Beziehung zu ihrer Mutter ist sehr kompliziert. Inges Auftreten ändert sich schlagartig, wenn sie von ihr spricht. Sie wird verspannt und emotional; als ob sie alles aus sich rauslassen wolle, um endlich Ruhe zu bekommen. „Ich fühlte mich schon immer für sie verantwortlich", sagt sie, „für ihr Wohlergehen, ihr Befinden, ihre gute oder schlechte Laune, schon als kleines Mädchen." Vor Konflikten hatte Inge immer schon Angst, sie auszutragen hat sie nie gelernt. Allein sie zu benennen, könnte die Mutter kränken, verletzen. Also verdrängt sie sie einfach, mit vorgetäuschtem Lächeln und falscher Nettigkeit deckt sie sie zu oder biegt sie so hin, dass sie in akzeptierte Verhaltensmuster passen. Der Mutter zu gefallen, sie nicht zu enttäuschen, ihre Anerkennung zu gewinnen, wird zu dem prägenden Antrieb ihrer Kindheit. Lieb und gehorsam soll sie sein, darum bemüht sie sich unablässig. Die Mutter ist Schneiderin, fertigt ihr schöne Kleidchen an, auch für ihre Puppe. Dafür verlangt sie die volle Kontrolle über ihre Tochter, liest ihr Tagebuch, will Inges Leben nach eigenen Vorstellungen gestalten. Und sie presst sie in die Rolle ihrer engen Vertrauten, bezieht sie in ihre eigenen persönlichen Nöte und Sorgen ein, macht sie so mitverantwortlich, Lösungen für familiäre Probleme zu finden. Wenn die Familie in finanziellen Schwierigkeiten steckt, wenn die Bank wegen Schulden des Vaters Briefe mit einer allerletzten Zahlungsaufforderung schickt, dann redet die Mutter darüber mit ihrer kleinen Tochter, erwartet ihren Rat, wie von einer Freundin. So wird Inge in heftige familiäre Auseinandersetzungen hineingezogen, in Konflikte zwischen ihrer Mutter und ihrer Oma. Sie ergreift Partei und bricht den Kontakt zur Großmutter ab. Eingespannt wird sie auch in die Betreuung ihres jüngeren Bruders, der „wie eine Klette“ an ihr klebt. Sie fühlt sich benutzt, überfordert, sehnt sich nach zweckfreier emotionaler Zuwendung, nach echter Herzlichkeit, der Liebe ihrer Mutter. Sie sieht nur einen Weg, diese zu erkämpfen: indem sie noch höhere Ansprüche an sich selbst stellt. Sie entwickelt einen völlig übersteigerten Perfektionismus. Aber es reicht trotzdem nie. Was sie auch leistet – sie wird Klassenbeste, Klassensprecherin –, eine herzliche Umarmung oder auch nur ein Lob von der Mutter zu ergattern, gelingt ihr nicht.

Selbst ihre erste Liebesbeziehung zu einem iranischen Journalisten zerbricht an ihrer Mutter, die ihn, auch aus rassistischen Gründen, ablehnt. „Sie arbeitete drei Jahre daran, unsere Beziehung auseinanderzubringen, letztlich erfolgreich“, sagt Inge. Erst heute, nach zwei Jahren in Haft und etlichen psychotherapeutischen Sitzungen, kann sie alles so klar benennen. Damals, zu Beginn ihrer Gefangenschaft, als sie einen Brief an ihre Mutter zu formulieren versucht, wird sie noch so stark von Gewissensbissen ihr gegenüber geplagt, dass sie ihr Verhalten völlig entschuldigt.

In ihrem Tagebuch notiert sie am 55. Tag nach ihrer Verhaftung: *Nie hätte ich geglaubt, dass ich im Oktober noch hier sein werde. Im Moment geht es mir ziemlich schlecht, da ich von niemandem etwas höre und erfahre. Mir kommt es vor, als hätte man mich vergessen.* Und einen Tag später, an Tag 56: *Wieder ein weiterer Abend wie schon so viele hier drin. Das vertraute Geräusch: das Abschließen der Türen auf dem Flur. Ich habe keine Möglichkeit, selbst die Türe zu öffnen. Es gibt von innen weder einen Griff noch ein Schloss, ein bedrückendes Gefühl! Und wenn mal etwas passiert und die Beamten uns einfach hier drin eingesperrt lassen?*

Sie hält sich mental und physisch durch Bewegung in Form, wie schon in den ersten Tagen nach ihrer Verhaftung. Es sind mehrere tausend Schritte täglich, in der Zelle und im Hof. Sie notiert die genaue Anzahl im Tagebuch neben den Angaben zum Wetter. In der Freistunde begleitet Eva sie oft, dann schreiten sie gemeinsam die klar definierten Grenzen des Gefängnisinnenhofes ab. Manchmal folgen ihnen auch andere Insassinnen, nehmen ihren Rhythmus auf und marschieren hinter ihnen her.

Am 57. Tag wird Inge gleich nach dem Frühstück überraschend zum Schulungsraum gebracht. Man hat sie in die ATPC-Gruppe aufgenommen, Arbeitstherapie am Computer. Sie kann dort Exceltabellen erstellen, Spiele spielen. Sie freut sich außerordentlich. Mit Computern ist sie seit ihrer Kindheit vertraut. Die Begeisterung dafür verdankt sie ihrem Vater.

In ihrer Schulzeit ist er als Operator an der Technischen Hochschule tätig, beschäftigt sich mit Datensicherung und Abrechnungen, arbeitet viel am Rechner. Er vermittelt seiner Tochter seine Begeisterung für Mathematik, Zahlen und Digitalität. Als Schülerin der Höheren Handelsschule lernt sie bereits die Maschinensprache *Assembler* und die kaufmännische Computersprache *Cobol* kennen. Sie will wissen, wie so eine Maschine funktioniert. Die meisten Frauen in ihrer Umgebung, ihre Kolleginnen, haben enormen Respekt vor dem Umgang mit Programmen und Computern. Für viele ist es wie schwarze Magie, ein Mysterium. Inge dagegen versteht es als Schlüssel zu einer Welt aus Ordnung, Systematik, Transparenz und Zuverlässigkeit, wo alles berechenbar und überprüfbar ist: „Die Sprache des Computers, der Binärcode, kennt nur Nullen und Einsen, dazwischen ist nichts", erklärt sie. „Da gibt es nur richtig oder falsch, ‚so ein bisschen falsch' gibt es nicht. Wenn man einmal verstanden hat, wie ein Computeralgorithmus funktioniert, ist es eigentlich eher simpel." Der Umgang mit moderner Technologie gibt ihr das Gefühl, ihr Leben im Griff zu haben, es planen zu können, unabhängig zu sein.

Nach dem Fachabitur und einer zweijährigen Schulung zur Kauffrau wird sie Praktikantin bei der Deutschen Angestellten-Akademie, organisiert Lehrgänge für Erwachsenenbildung beim Malteserorden, wird zertifizierte Ausbilderin bei der Industrie- und Handelskammer, lernt Buchhaltung und studiert an der Fachhochschule Betriebswirtschaftslehre mit Schwerpunkt Steuerrecht.

Zahlen faszinieren sie. Sie sind unbestechlich, unstrittig, nicht zu hinterfragen. „Mit Mathematik kann man alles begründen", sagt sie, „es ist eine universelle Sprache, die weltweit gleichermaßen verstanden wird. Worte oder Gefühle sind dagegen missverständlich. Gedruckten Zahlen glauben die Menschen blind, zweifeln sie nicht mehr an, nehmen sie als Realität." Diese Magie der Zahlen hat sie aber auch ins Gefängnis gebracht, erkennt sie heute.

Am 60. Tag in Haft erreichen sie endlich einige der ersehnten Briefe. Der erste ist von Frank, ihrem Lebensgefährten. Er will ihr helfen, fragt, ob sie Geld für den Anwalt brauche. Auch ihr Ex-Mann meldet sich, spricht ihr Mut zu, will sie so bald wie möglich im Gefängnis besuchen. Von ihrer Mutter erhält sie keinen Brief. Sie macht sich Sorgen. Wie kommt sie allein zurecht, dazu mit dem Bewusstsein, dass ihre Tochter eine Kriminelle ist? Sie hofft, dass wenigstens ihr Ex-Mann ab und zu bei ihr vorbeischaut. Er steht mit seiner früheren Schwiegermutter immer noch in Kontakt, hilft ihr gelegentlich.

Mitte Oktober bekommt sie vom Gericht eine Vorladung zu ihrer Hauptverhandlung. Sie teilt diese Nachricht sofort mit Eva, ihrer Schicksalsgenossin, freut sich, dass ihre Situation jetzt bald geklärt sein wird. Sie will ihre Strafe annehmen, sie absitzen, aber auch ihre Zukunft „danach“ planen: in bescheidenen Verhältnissen, „mit einem kleinen, lieben Hundi“, wie sie sagt. Sie listet in ihrem Tagebuch alles auf, was sie in ihrem Leben verändern will: *Ich wünsche mir nichts sehnlicher, als dass ich diese Veränderungen schaffe und mir der Richter mit seinem Urteil auch die Chance dazu gibt.*

Am 83. Tag in Untersuchungshaft findet Inges Gerichtsverhandlung statt. Sie sieht zum ersten Mal seit ihrer Verhaftung bekannte Gesichter wieder: Ihr Arbeitgeber ist als Kläger da. Sie spürt seine Enttäuschung über seine ehemalige Angestellte körperlich. Ihr Lebensgefährte fehlt. Eine Freundin tritt als Zeugin auf. Bei manchen Aussagen ist sie richtig erschüttert. Sind das die gleichen Personen, die sie früher kannte? Ist sie das, die Person, von der gerade gesprochen wird?

Am 89. Tag bekommt sie ihr Urteil: sechs Jahre Gefängnis. Inge ist am Boden zerstört. Sie rechnete mit höchstens vier Jahren. *Für den Richter spielte meine Kaufsucht keine Rolle. Er sieht mich nur als Verbrecherin und ist davon überzeugt, dass ich viel Geld „gebunkert“ habe. So ein Quatsch!*, steht in ihrem Tagebuch. *Ich bin jetzt 56; eine Resozialisierung nach einer so langen Haft ist fast unmöglich. Eine Arbeitsstelle werde ich nicht mehr finden, für eine Umschulung bin ich zu alt, und dann all das veruntreute Geld, weit über eine Million Euro, das ich zurückzahlen muss, sobald ich etwas verdiene. Ich werde zum lebenslangen Sozialfall. Im Moment hat mich der Mut völlig verlassen.* In den Boulevard-Medien erscheinen über sie und ihren Fall reißerische Berichte: „Die betrügerische Buchhalterin muss jetzt sechs Jahre absitzen“, steht da.

Ihr Lebensgefährte lässt sie wissen, dass er die Beziehung mit ihr beendet. Er will nicht mit ihrer Tat in Zusammenhang gebracht werden. Außerdem hat er bereits eine andere Freundin. Auch ihre Mutter lässt ihr über Dritte ausrichten, dass sie keinen weiteren Kontakt mit ihr wünscht. Ihre beiden Brüder schließen sich ihr an. *Meine eigene Mutter reduziert mich nur noch auf meine Tat*, schreibt Inge ins Tagebuch. *Was ist sie für ein ungerechter, kalter Mensch! Ich habe mein ganzes Leben lang um ihre Zuneigung, ihre Aufmerksamkeit gekämpft, damit sie stolz auf mich ist. Manche Frauen hier in Haft haben wirklich Schlimmes getan, gemordet, Totschlag begangen, aber ihre Eltern besuchen sie trotzdem und halten zu ihnen! Mir wird bewusst, dass ich keine Familie habe und nie eine hatte.*

Die strikte Tagesordnung in der Haftanstalt hilft ihr, Depressionen zu vermeiden. Sie weiß: „Wenn ich da einmal reinrutsche, komme ich nicht wieder raus." So oft wie möglich versucht sie, an einen Computer zu kommen. Die klaren Regeln ohne Mehrdeutigkeit bei der Bedienung helfen ihr. Sie stellt immer wieder Anträge darauf, bestellt in der Gefängnisbibliothek Fachbücher. Zusätzlich zu ihrem täglichen Pensum an Schritten verordnet sie sich Gymnastik in der Zelle: Übungen für den Rücken, den Bauch, die Beine, den Po.

Sie bekommt vom zuständigen Beamten ein Angebot, in der Gefängnisschneiderei zu arbeiten. Dafür müsste sie aber in ein anderes Gebäude umziehen, was die Trennung von ihrer Freundin Eva bedeutet. Sie nimmt das Angebot trotzdem an. Ihr herbeigesehnter erster Arbeitstag verschiebt sich jedoch immer wieder, wie eine Fata Morgana.

Es ist jetzt Dezember 2020; die Coronapandemie hat die Welt nach wie vor fest im Grifft. Im Gefängnis sind nur virtuelle Besuche per Skype möglich, persönliche Besuche sind untersagt, genauso wie Kontakte zwischen den Insassinnen, auch Umschlüsse, bei denen zwei, manchmal auch mehrere Gefangene für eine bestimmte Zeit zusammen in eine Zelle gesperrt werden und so Zeit miteinander verbringen können. Inges Nachbarin von der Zelle gegenüber randaliert mal wieder, schlägt mit dem Kopf gegen die Wand. In der Nacht versucht sie, sich mit dem Gürtel zu erhängen. Ausgewählte Insassinnen beginnen unterdessen, in den Gängen Weihnachtsschmuck anzubringen. Ein aufblasbarer Weihnachtsbaum wird aufgestellt. Inge malt auf Papier Weihnachtskerzen, verteilt sie in ihrer Zelle. Im Fernsehen schaut sie sich die deutsche Wetterhistorie an: 2005 gab es ein schlimmes Schneechaos. Damals war ihr geliebter Hund Samy noch ganz jung. *Es war kurz vor Mitternacht, Heiligabend, Vollmond, klarer Himmel, fast taghell. Wir kämpften uns gemeinsam durch den hohen Schnee, trafen erstaunlich viele Spaziergänger; es war unbeschreiblich schön, fast magisch,* hält sie ihre Erinnerungen an dieses Jahresende in ihrem Tagebuch fest.

Auch Nora, ihre beste Freundin, liebte den Schnee. Sie war früher ihre Arbeitskollegin, wesentlich älter als sie, eine Art Mutterersatz. Mit ihr bereiste sie die Kykladen, flog nach Mallorca und Korfu. „Wir hatten so viel Spaß miteinander", erzählt sie, „haben so viel gelacht, so viel Unsinn getrieben. Bei ihr konnte ich völlig unbeschwert, leichtsinnig sein." Inge machte mit ihr Einkaufsbummel, überhäufte sie mit Geschenken, pflegte sie während einer schweren Krankheit. Und sie wanderte mit ihr wiederholt einzelne Etappen des Jakobsweges entlang: Es war eine enge, vertraute, vertrauensvolle Beziehung. Als Nora von Inges Straftat erfuhr, sagte sie sich von ihr los.

Am 137. Tag, *Regen, 14 Grad, 8.000 Schritte,* schreibt sie: *Es fehlen mir die Gespräche mit Eva, die Stunden im Umschluss mit ihr, das Lachen. Ich habe eben etwas geweint, weil ich über die letzten Jahre nachgedacht habe. Mein Leben war damals eigentlich recht einsam, im Grunde war es ein trauriges Leben.*

An Tag 140 *bewölkt, Regen, 7 Grad, 11.000 Schritte,* ergänzt sie: *Heute ist Heiligabend und ich habe keine weihnachtlichen Gefühle. Fühle mich auch nicht anders als letztes Jahr. Weder einsam noch traurig. Damit meine ich, es hat sich nicht viel geändert, nur dass ich jetzt in Haft bin und mich in einer Acht-Quadratmeter-Zelle befinde. Alleine, so wie in den letzten Jahren davor. Aber besser als letztes Jahr. Es klingt unglaublich, aber so ist es tatsächlich. Letztes Jahr habe ich bis 13:00 Uhr hektisch gearbeitet, danach von meinem Freund erfahren, dass er auch an Silvester mal wieder keine Zeit für mich hat. Der Heiligabend bei meiner Mutter war frustrierend. Jetzt in Haft: kein Stress mehr, kein Hetzen nach materiellen Dingen, kein Selbstbelügen bezüglich meiner Beziehung. Ich brauche nichts mehr. Nur Eva fehlt mir. Die Besinnlichkeit tut mir gut,* gesteht sie ihrem Tagebuch. Ohne Beschäftigung, ohne Ablenkung ist sie ganz auf sich selbst zurückgeworfen, wie schon in den ersten Tagen ihrer U-Haft. Aber diesmal versucht sie, sich ihren Gefühlen zu stellen, auch negative Gedanken zuzulassen. Ihre einsame Zelle erscheint ihr wie ein atmendes

Monster, das alles Verdrängte, Vergessene aus dem letzten Winkel ihrer Seele heraussaugt und an der Oberfläche ausspuckt. Sie zieht Bilanz über das vergangene Jahr, ihr ganzes bisheriges Leben, eine Gewinn-Verlust-Rechnung, wie sie es lange Jahre als Buchhalterin in Unternehmen gewohnt war. Die Bilanz sieht nicht gut aus:

- keine Wohnung	+ eine 2-€-Arbeit in der JVA
- keine Freiheit	+ ein Dach überm Kopf
- keine Familie	+ den besten Freund der Welt, meinen Ex-Mann
- keine Freundin	+ nette Gespräche mit meiner Zellennachbarin
- keine Liebe	+ bin gesund
- kein Auto	

Sie wird später noch öfter versuchen, mithilfe von Tabellen in ihrem Tagebuch Überblick und Kontrolle über ihr Leben, über ihre Emotionen zu bekommen. So stellt sie ihre Angst der Hoffnung und ihre neuen Erkenntnisse in Haft ihrer früheren Denkart gegenüber.

Nach Weihnachten nimmt die Schneiderei ihren Betrieb wieder auf. Inge näht Masken, Kissenbezüge, später ihre ersten selbst entworfenen Blusen und Hosen. Manchmal bekommt sie von der Leiterin der Schneiderei kleine Stofffetzen zum Basteln geschenkt. So entstehen im Laufe der nächsten Wochen lustige Stofftiere, Sorgenfresser, die sie „Knuffis" nennt. Dann schneidert sie zwei Bärchen, die sie ihrem Ex-Mann bei einem Besuch überreicht. *Gerd hat zwei Bärchen mitgenommen*, schreibt sie, *das mit der Trägerhose ist für ihn und seine Freundin. Das andere ist für mich, soll auf meine Freilassung bei ihm warten. Beide Bärchen sind jetzt aus dem Gefängnis entlassen.*

Inges Gedanken schweifen jetzt immer häufiger in ihre Vergangenheit. Sie denkt an ihr früheres Leben in Freiheit, ihre Unterschlagungen, ihre Kaufsucht, ihre gescheiterte Ehe, an ihren Ex-Mann, der jetzt als Einziger wirklich zu ihr hält, ihr aufmunternde Briefe schickt, sie in der Haft besucht.

Als sie ihn kennenlernt, ist sie 24. Drei Jahre später heiraten sie. Er ist dabei, eine Firma zu gründen und sucht dringend jemanden für Administration und Buchhaltung. Inge stellt ihre eigenen beruflichen Pläne hintan und steigt als kaufmännische Geschäftsführerin in den Betrieb mit ein. Die Firma entwickelt sich prächtig, „geht durch die Decke". Dann aber trifft sie die Einführung des Euro und der Wirtschaftseinbruch nach dem 11. September 2001 unvermittelt und hart. Sie kämpfen ums wirtschaftliche Überleben, investieren ihre ganze Kraft. Ihre Liebe geht unmerklich über in ein bloßes Arbeitsverhältnis, sie erlischt. Den Betrieb können sie trotzdem nicht retten: Acht Jahre nach der Gründung müssen sie Insolvenz anmelden.

Sie nutzt ihre Erfahrung als kaufmännische Geschäftsführerin und lässt sich von einem Unternehmen als Buchhalterin einstellen. Schnell gewinnt sie einen Überblick über finanzielle Situation und Gebaren der Firma und wird so zu einer unentbehrlichen Vertrauensperson für die Geschäftsleitung. Dieses Vertrauen hat sie, wie sie es selbst beschreibt, „ziemlich böse missbraucht". Das quält sie außerordentlich, raubt ihren Schlaf: *Meine jahrelangen Unterschlagungen, mein Konstrukt an Lügen und Vertuschungen werden mich wohl den Rest meines Daseins begleiten,* gesteht sie ihrem Tagebuch. Sie versteht jetzt, in der Abgeschiedenheit ihrer Zelle mit viel Zeit zum Nachdenken, nicht mehr, „was für ein Teufel" sie damals „geritten hat". Aber sie erinnert sich an das erste Mal, ihren ersten „Sündenfall", ihre erste Unterschlagung. „Das war ein völlig abstrakter Vorgang", erzählt sie, „ich habe einfach ein paar Zahlen in den Firmen-PC getippt, ENTER gedrückt; die Zahlen erschienen dann auf einem anderen Konto und wurden dort zu Geld. Wie ein Spiel." Sie fühlt sich schlecht dabei. Ehrlichkeit und Loyalität standen in ihrem Elternhaus an oberster Stelle, galten als Pflichttugenden, die Basis jeglichen sozialen Umgangs. Diese Haltung hat sie geprägt. Allerdings galt es dort auch als erstrebenswert, Erfolg und Geld zu erlangen, den eigenen sozialen Status zu steigern, „jemand zu sein". „Ohne Geld bist du nichts", pflegte ihr älterer Bruder zu sagen.

Als sie eines Tages das feuerrote, extravagant geschnittene Kleid in einer Luxusboutique auf der Königsallee in Düsseldorf anprobiert, seufzen die Verkäuferinnen, überwältigt von ihrem eleganten Anblick. Sie genießt ihr Spiegelbild und das unglaubliche Gefühl, sichtbar zu sein, wirklich wahrgenommen, bewundert zu werden. Sie fühlt sich attraktiv, unabhängig, reich. Sie kauft das Kleid; zum ersten Mal in ihrem Leben gibt sie die Hälfte ihres durchaus hohen Monatseinkommens für ein einzelnes Kleidungstück aus. Einige Tage später besucht sie damit eine Vernissage und lernt sofort einige interessante Leute kennen. So fängt ihr „zweites Leben" an, ihre zweite Identität. Sie arbeitet weiter wie bisher in dem Unternehmen, hilft auch weiterhin ihrem Mann bei der Buchhaltung, aber einige Male im Monat entkommt sie dem Büroalltag, zieht durch Modehäuser, kauft exzessiv ein: Kleider von Fendi, Taschen von Prada, Röcke von Gucci, Blazer von Chanel, Schuhe von Jimmy Choo. Kostenlos dazu gibt es die anerkennenden Blicke von anderen eleganten Frauen auf der „Kö", die sich anhand der getragenen Modelabels unausgesprochen untereinander erkennen. Sie genießt die Bewunderung von deren Männern, die devote Freundlichkeit der Verkäuferinnen, die neidischen Blicke der Vorbeieilenden. So ein Einkaufstag reißt in ihr privates Budget schon mal ein Loch von mehreren tausend Euro. Sie gleicht es aus, indem sie wieder nur ein paar Zahlen in den Firmen-PC tippt, und ENTER drückt. Es ist so leicht.

Sieben Jahre lang betreibt sie ihre Unterschlagungen, ohne entdeckt zu werden. Was sie zuerst jubilieren lässt, ihr Selbstbewusstsein stärkt, verursacht im Laufe der Zeit zunehmend Unsicherheit. Immer häufiger quält sie das schlechte Gewissen, sie wird förmlich zerfressen davon. Aber aufhören kann sie nicht, ihre immer exzessiveren Einkaufsbummel werden triebhaft. Als ihr Vater stirbt, kurz nach dem Verlust ihres geliebten Hundes, treibt sie ihr „Spiel mit den Zahlen" in immer gewaltigere Dimensionen. Sie riskiert nicht einfach nur, entdeckt zu werden, sie wartet irgendwann regelrecht darauf. Sie will erwischt, will gestoppt werden. Das passiert aber nicht. WirtschaftsprüferInnen bestätigen die Korrektheit der von ihr verantworteten Bilanzen, ihr Chef vertraut ihr ungebrochen. Sie weiß sich nicht weiter zu helfen. Sie denkt an Selbstmord und trifft dafür Vorbereitungen, ordnet alle laufenden Vorgänge, besonders die der neuen Firma ihres Ehemannes Gerd, von dem sie zwar getrennt lebt, mit dem sie aber formal noch verheiratet ist. „Ich wollte seinen Betrieb so vorbereiten, dass er weitermachen kann, auch wenn ich nicht mehr da bin", erzählt sie. Sie entwirft Abschiedsbriefe. Aber dann siegt letztlich doch ihr Verantwortungsgefühl: „Kurz davor fand ich es nicht fair, mich so billig aus der Affäre zu ziehen. Wer weiß, was er dann für Dummheiten macht, wenn er mich plötzlich tot findet."

Also recherchiert sie im Internet, findet einen Anwalt und offenbart ihm, dass sie eine Selbstanzeige erstatten will. Sie will aber auf keinen Fall persönlich mit ihrem Firmenchef über die Unterschlagungen reden. Sie fürchtet, dass er dann ihre Veruntreuung vertuschen würde. Sie will für ihr Delikt, ihren Loyalitätsbruch, ihre Unehrlichkeit zur Verantwortung gezogen werden. Ihr Anwalt rechnet mit nicht mehr als einer Bewährungsstrafe. Schließlich hat es ihr das Unternehmen viel zu leicht gemacht.

Von ihrer Selbstanzeige bis zur Anklage dauert es 18 Monate. Ihre Straftat ist öffentlich noch nicht bekannt. In dieser Zeit lässt sie sich als Buchhalterin in einem Autobetrieb anstellen. Und auch dort veruntreut sie Geld. Sie wird erwischt – oder lässt sich erwischen – und die Betriebsleitung macht ihr ein Angebot: Man werde den Vorfall vergessen und von einer Strafanzeige absehen, wenn sie im Gegenzug bereit sei, Finanzaktivitäten der Firma aus der rechtlichen Grauzone mitzutragen und als Buchhalterin zu decken. Sie lehnt ab und wird daraufhin angezeigt.

Ich treffe Inge zum ersten Mal im August 2022 in der offenen Anstalt der JVA Köln. Nach einem Jahr und acht Monaten im geschlossenen Vollzug genießt sie hier ihr Stückchen neu gewonnene Freiheit; sie kann jetzt außerhalb des Gefängnisses arbeiten, kann ganze Wochenenden außerhalb verbringen. Ihr Tagebuch führt sie weiter. „Egal, wie alt ich bin. Es ist nie zu spät, etwas Neues zu beginnen", ist ihre heutige Devise. In einigen Räumlichkeiten der alten Firma ihres Ex-Mannes hat sie sich ein Modeatelier eingerichtet, das von der JVA-Leitung als ihre Arbeitsstelle akzeptiert wird. Eine Beamtin rät ihr, sich von einem Fachmann eine Website einrichten zu lassen, vermittelt ihr Kontakte. Sie bereitet für die Website spannende Entwürfe vor: Kleidung für Frauen mit Übergrößen, für Babys und Hunde, Taschen und Accessoires, weit entfernt vom Geschmack der Düsseldorfer Königsallee. Offensichtlich hat sie es geschafft sich von der Welt der „Kö" zu lösen, sich zu ändern. *Aber die Welt da draußen, scheint mir, ist die gleiche geblieben,* schreibt sie.

Die Plätze in den Straßencafés an der Königsallee sind in der Stadt begehrter als Theaterlogen. Der Boulevard vibriert, bebt, atmet, ist in ständiger Bewegung. Er ist voller Menschen: Verschleierte, in schwarz gehüllte Ehefrauen von Scheichs flanieren neben äußerst knapp und farbenprächtig angezogenen jungen Frauen; dicke, Englisch sprechende Ehepaare in kurzen Shorts zwängen sich neben eine italienische Kirchenchor-Gruppe; daneben junge japanische Touristinnen im Manga-Look und alterslose Damen, overdressed und überschminkt. Alle schreiten, mit Einkaufstaschen beladen, in erstaunlichem Tempo knapp an den Cafétischen vorbei. Selten schauen sie auf. Wie von einem Wahn ergriffen, eilen sie von Geschäft zu Geschäft, um die scheinbar seltenen und daher begehrten Kleidungsstücke und Accessoires zu ergattern: Taschen, Schals, Mäntel, Kleider, Sonnenbrillen, Schuhe, Jacken, Dessous. Als ob ihr Leben davon abhinge, wie viele Trophäen sie von dieser Jagd nach Hause bringen. Sind sie alle kaufsüchtig? Wo ist die Grenze zwischen der Faszination für schöne Kleidung und triebhafter Begehrlichkeit? Inge zitiert aus einem TV-Interview einer bekannten Modemacherin: „In meinem Schrank hängen keine Kleider. Es sind unterschiedliche Identitäten; es sind Existenz-Optionen. Wer wäre ich in einem Faltenrock mit weißer Bluse? Brav, bürgerlich, sicherheitsbewusst. Ich wäre sicher verheiratet und hätte nette Kinder."

Auf Monitoren vor den Luxusboutiquen werden kontinuierlich Fashionshows gezeigt. Catwalks, auf dem Models mit langsamem, aber forschem Gang Stoff gewordene Fantasien von ModemacherInnen präsentieren. Einige wenige Schritte, dann Kehrtwende am Ende des Laufstegs und zurück. Die Bilder vom Abschluss der Show, bei dem alle Models hintereinander aufmarschieren und dem Designer folgen, überlagern sich plötzlich mit solchen aus dem Gefängnishof: Insassinnen, die, in elegante Modekreationen gekleidet, auf schicken High Heels forsch an den hohen grauen Mauern entlangmarschieren – Inge folgend.

Raubüberfall unter Druck

Zora C., ehem. Justizanstalt Josefstadt, Wien, und Justizanstalt Schwarzau, Niederösterreich

Lea ist der Star im Frauentrakt der Justizanstalt Josefstadt. Es kursieren wahnsinnige Geschichten über sie, die man sich „draußen“ kaum vorstellen kann: Über eine hochschwangere Frau, die ihren Mann für sie verlassen hat, über eine andere, die sich aus Liebe zu ihr umbringen wollte. Sie ist der unangefochtene Mittelpunkt des eintönigen Gefängnisalltags, eine Kultfigur. Kürzlich ist eine Inhaftierte beim täglichen Spaziergang im Hof direkt zu Leas Füßen ohnmächtig geworden. Natürlich tat sie nur so, um von ihr gerettet, von ihr berührt zu werden. Alle lauerten auf Leas Reaktion. Und es passierte – gar nichts. Sie würdigte die Frau zu ihren Füßen nicht mal eines Blickes. An beiden wöchentlichen Duschtagen stehen in den Frauenstockwerken lange Warteschlangen vor unbesetzten Duschen. Erst wenn Lea erscheint und zur Dusche schreitet, stürmen alle aus der Warteschlange gleichzeitig in die offenen Duschkabinen, möglichst nahe an der ihren.

Solche Storys erreichen Zora über die „Stille Gefängnis-Post“ beinahe jeden Tag, bevor sie der „Haft-Berühmtheit“ zum ersten Mal persönlich begegnet. Sie ist noch nicht lange in U-Haft, arbeitet aber bereits als Hausarbeiterin, eine bemerkenswerte Auszeichnung für eine neue Insassin. Sie putzt die Haftgänge, die Büros der VollzugsbeamtInnen, teilt das Essen für die Insassinnen aus. Das trennt sie tagsüber auch von diesen. Eines Tages aber, als sie gerade mit dem Wischmopp in der Hand über den Korridor eilt, steht sie unvermittelt einer bemerkenswerten Erscheinung gegenüber. Das muss Lea sein, diese auffallend hübsche Frau mit burschikoser Ausstrahlung. Sie sieht Zora verärgert an, richtig „auf Krawall gebürstet“: „Wenn du über mich was wissen willst, kannst du mich persönlich fragen, nicht das Gequatsche der anderen Frauen nachplappern“, stößt sie hervor. „Das tue ich gar nicht“, staunt Zora, „aber vielleicht doch eine Frage: Wie schafft es eine einzige Person, den kompletten Frauentrakt zum Durchdrehen zu bringen? 60 Insassinnen auf zwei Stockwerken?“ Lea sieht sie verblüfft an; sie hat etwas anderes erwartet. Dann lächelt sie. „Um zu sagen, wie ein Cheeseburger schmeckt, muss man ihn erst mal probieren“, sagt sie. Zora versteht es nicht gleich. Flirtet Lea gerade mit ihr? Sie ist fasziniert. Lesbische Liebe war für sie bisher nie ein Thema. „Andere mögen das wollen, ich nicht“, ist ihre Haltung. Aber das, was um Lea herum passiert, beeindruckt sie. Sie würde es gern ergründen. Sie interessiert sich immer schon für Psychologie, für zwischenmenschliche Beziehungen, das ist ihr Hobby. Sie bezeichnet es als das Erbe ihres serbischen Großvaters.

„Du musst verstehen, was zwischen Menschen wirklich abläuft, und das ist nicht immer das, was sie offen zur Schau stellen“, pflegte er ihr zu sagen. Zora verehrt ihn sehr. In ihren ersten kindlichen Erinnerungen ist er bereits ein alter Mann, krank, vom Krieg traumatisiert. Er schluckt Unmengen von Medikamenten. Bei jedem lauten Geräusch springt er nervös hoch. Aber die kleine Zora liebt er sehr, spielt mit ihr Schach, hilft ihr bei den Schulaufgaben, versucht, ihr von seiner Lebenserfahrung und Einstellung etwas weiterzugeben. „Er war hochintelligent“, sagt Zora, „hat in Deutschland Mathematik studiert, war serbischer Vizemeister im Schach. Er konnte mit dummen Menschen nichts anfangen. ‚Man mag dumm geboren sein, aber man darf nicht dumm sterben‘, sagte er immer. Und: ‚Man hat die Pflicht, sich immer weiterzubilden, sich weiterzuentwickeln, zu wachsen.‘ Er war für mich ein Vorbild. Er war meine Heimat.“ Auch ihre Oma, die Mutter ihrer Mutter, mag sie sehr; im Freundeskreis wurde diese scherzhaft „Spritzer“ genannt, weil sie so „erfrischend und nüchtern“ war.

Beide Großeltern kamen einst als Gastarbeiter nach Österreich. Bis zu ihrem sechsten Lebensjahr lebt Zora bei ihnen. Es ist ihre glücklichste Zeit. Dann heiratet ihre Mutter erneut, besinnt sich ihrer Tochter, zu der sie lange kaum Kontakt hatte, und nimmt sie den Großeltern weg. Jeglicher Kontakt zu Opa und Oma wird ihr ab sofort untersagt und aktiv unterbunden. Für die Kleine bricht eine Welt zusammen.

Den Grund für dieses unverständliche Drama, das ihr Leben komplett verändert, erfährt sie erst viel später: Ihre Mutter wollte als junges Mädchen Sängerin werden und hatte eine Affäre mit einem verheirateten Mann, erzählt ihr Jahre danach eine Tante. Beides stempelte sie damals in ihrem Milieu zu einer „Hure“ ab, sie wurde ein „Fleck“ auf der Ehre ihrer serbischen Familie. Kurzerhand arrangierte ihr Vater, Zoras geliebter Opa, eine Ehe zwischen seiner Tochter und dem Sohn eines Arbeitskollegen. Der serbisch-orthodoxe, stark nationalistisch geprägte Großvater war in Österreich, auch durch den unvermeidlichen Umgang mit bosnischen und kroatischen Gastarbeitern, so weit toleranter geworden, dass er als seinen Schwiegersohn „einen albanischen Zigeuner aus Mazedonien mit muslimischen Wurzeln“ akzeptierte, der dazu noch überall seine Liebschaften hatte. Die Ehe dauerte nicht lange und wurde bald nach Zoras Geburt geschieden. Die Mutter konnte mit der Tochter nichts anfangen, sie erinnere sie zu sehr an ihren Ex, meinte sie. So landete die Kleine in der Obhut ihrer Großeltern, die sich liebevoll um sie kümmerten. Der neue Ehemann von Zoras Mutter ist nun „wieder ein Zigeuner“, wie die Oma mit Entsetzen feststellt. Das ist den Großeltern zu viel. Sie toben, drohen ihrer Tochter mit Enterbung, die daraufhin radikal den Kontakt zu ihnen abbricht.

Zu Mutters neuer Familie gehören außer Zora noch zwei halbwüchsige Kinder aus der ersten Ehe ihres Stiefvaters. Bald kommt Zoras Halbschwester zur Welt, danach ihr Halbbruder. Für ihren Stiefvater ist Zora „fremdes Blut“, eine Zumutung, geduldet nur als zusätzliche Arbeitskraft. Bereits mit neun Jahren wird sie voll in die Hausarbeit eingespannt: Sie kauft ein, kocht, wäscht, kümmert sich um die Kinder, auch nachts, wenn der Säugling schreit. Als ihre ältere Stiefschwester heiratet, vergrößern deren Mann und Kinder die Patchwork-Familie, zu der auch Onkel, Tanten und wechselnder Besuch aus Serbien gehören. Selbst Angestellte der Reinigungsfirma von Zoras Eltern übernachten öfters bei ihnen.

An die ersten Jahre in dieser Familie erinnert sich Zora heute kaum. Sie hat sie aus ihrem Gedächtnis fast vollständig verdrängt, wie es oft nach schweren Unfällen oder anderen traumatischen Erlebnissen passiert. Nur die ständigen Umzüge sind ihr präsent, innerhalb und außerhalb der Grenzen Wiens. In der Schule ist sie ständig „die Neue", „die Ausländerin", was an diesen Orten ein großer Makel ist. Dazu ist sie damals noch ziemlich dick und wird dafür gehänselt. Als ein Schüler ihren Stuhl einmal so präpariert, dass sie während des Matheunterrichts zu Boden kracht, brüllt die Klasse vor Vergnügen. Sie verprügelt den Jungen, wird der Schule verwiesen. Ihre Erinnerungsfetzen aus dieser Zeit sind von erschreckender Intensität, wie ein immerwährender Albtraum. Wie die Mutter der elfjährigen Zora völlig unvermittelt einen Schlag mitten ins Gesicht verpasst und dabei brüllt: „Du dreckige Zigeunerin, geh mir aus den Augen, sonst schmeiße ich dich raus", das verfolgt sie jahrelang.

Es gibt aber auch schöne Momente. Sie erinnert sich an die Freude, die ihr die Betreuung ihres kleinen Schwesterchens bereitet, an ihr Lächeln und Lachen. Und an die Oma, die oft vor ihrer Schule auf sie wartet. „Sie hat gewusst, wann der Unterricht aus ist, und sie war da und hat mich bis in meine Straße begleitet. Damit sie meinem kranken Opa berichten konnte, wie es mir geht." Sie bringt ihr auch eine Botschaft vom ihm mit: „Egal wo du bist, egal was du tust, falls du mich brauchst, ein Anruf genügt, und ich bin da, auch von Serbien aus." Sie weiß, er meint es ernst; das gibt ihr viel Kraft.

Auch ihre Pubertät steht unter dem Zeichen absoluter mütterlicher Kontrolle. Wenn sie ausnahmsweise mit ihrer inzwischen erwachsenen Stiefschwester ins Kino gehen darf, muss sie der Mutter alle Fahrscheine und die Kinokarte vorlegen, damit diese kontrollieren kann, ob sie sofort und ohne Unterbrechungen auf direktem Weg hin und wieder nach Hause gefahren ist. Die Mutter entscheidet, was sie anziehen darf, sie kauft für sie sogar Unterwäsche. BHs sind verboten, weil „so etwas nur Huren tragen". Einmal lässt sie ein paar Schulessen aus und kauft sich für das Geld ein modisches Oberteil, wie es ihre Klassenkameradinnen alle tragen: freier Rücken, mit Schnürchen zusammengehalten, der Traum einer 13-Jährigen. Es wird von der Mutter entdeckt und in kleine Teile zerschnitten, wie fast alles aus ihrem Kleiderschrank. Behalten darf sie nur zwei Jogginghosen, zwei T-Shirts und einen Pyjama.

Mit 15 Jahren beginnt sie eine Friseurinnenlehre. Mehr als 350 Euro monatlich bekommt sie im ersten Jahr nicht bezahlt. Davon darf sie nur 20 Euro für sich behalten. Den Rest kassiert die Mutter ein, die ihre Bankomatkarte hat und Zora öfters im Friseursalon besucht, um auch ihre Trinkgelder einzustecken.

All das ist aber für die junge Frau nicht so schlimm wie das Gefühl, nicht wirklich zu ihrer Familie zu gehören, die inzwischen auf elf Personen angewachsen ist, dort nicht wie ein Kind, sondern wie eine unbezahlte Arbeitskraft behandelt zu werden, die strikt an die Weisungen ihrer Chefin, der Mutter, gebunden ist. Und der jederzeit fristlos gekündigt werden kann, wenn sie nicht spurt oder aufsässig wird. Als sie endlich dagegen aufbegehrt, wird sie aus der Familienwohnung geworfen. Ihren 18. Geburtstag verbringt sie auf einer Parkbank. Ein früherer Bekannter bietet ihr seine Hilfe an. Er ist drogenabhängig, psychisch instabil, mit starken selbstzerstörerischen Neigungen. Sie denkt aber: „Ein Verrückter ist besser als elf." Und geht mit ihm eine feste Beziehung ein, die erste in ihrem Leben. Anfangs übernachten sie in seinem Auto, später nehmen sie sich gemeinsam eine billige Wohnung. Das Geld dafür muss sie verdienen. Ihr Freund ist arbeitsunfähig.

Nach Abschluss der Lehre wird sie von ihrer Chefin im Friseursalon übernommen; sie wird dort geschätzt und gemocht. Doch das Monatsgehalt reicht für die Bedürfnisse ihrer kleinen Lebensgemeinschaft nicht aus; die Wohnung muss bezahlt werden, der Wagen. Dazu kommen die nicht unerheblichen Schulden ihres Partners durch seinen Drogenkonsum. Als ihre Vorgesetzte in Rente geht, kündigt Zora und heuert in einem bekannten Wiener Eissalon an, wo sie recht gut verdient. Trotzdem hält sie es dort nur drei Monate aus und wechselt dann zu einer hypermodernen Coiffure-Kette aus Deutschland, die gerade in Wien mit einigen Studios Fuß fassen will. „Das war für mich eine ganz neue Welt", erzählt sie, „alles junge Leute. Ich kam mir bei ihnen fast bieder vor. Ich war die Einzige, die keine Tätowierungen hatte, die nicht gepierct war, die keine verrückten Frisuren und Farben zur Schau trug. Auch die Innenausstattung des Salons war supercool. Alles schwarz und viel rotes Leder, dazu laute Musik. Die Friseure haben sich untereinander über Headsets verständigt; es gab keine direkten Gespräche. Der Kunde notierte seine Wünsche auf dem Spiegel." Für eine 20-Jährige ein aufregendes Abenteuer. Nach einigen Monaten bekommt sie das einmalige Angebot, die Leitung eines neueröffneten Salons in einem Einkaufszentrum zu übernehmen. Sie nimmt es mit Begeisterung an; die Arbeit macht ihr Riesenspaß. Doch die Freude währt nicht lange: Die deutsche Kette schafft es nicht, sich in Wien zu behaupten, und geht bankrott. „Angeblich waren ihre Manager zu wenig mit der österreichischen Steuergesetzgebung vertraut, und es gab Probleme mit dem Finanzamt. Ich betreute gerade eine Kundin, schnitt ihr die Haare, da platzten zwei Männer rein und drehten mir den Strom ab. Und das war's."

Danach jobbt Zora in unterschiedlichen Berufsfeldern, im Eventmanagement, der Gastronomie, der Reinigung, als Security bei einer Großveranstaltung. Aber wie viel sie auch arbeitet – es reicht nicht; die Schulden ihres Lebensgefährten wachsen weiter. „Drogen sind wohl sehr teuer", sagt Zora trocken. „Ich war oft am Ende meiner Kräfte".

Aber auch nach der Arbeit kann sie nicht entspannen. Sie muss mit den Depressionen ihres Freundes umgehen, muss ihm Mut zusprechen, wenn er wieder einmal wie ein Häufchen Elend weinend in der Ecke liegt, muss ihn davon abhalten, aus dem Fenster zu springen oder sich mit einem Messer zu verletzen. Irgendwann wächst ihr ein Schutzpanzer: „Wenn du dich unbedingt umbringen willst, wenn das deine Probleme löst, bitte, ich werde dich nicht mehr daran hindern", sagt sie dem verblüfften Mann. Mehr als sechs Jahre hat sie es mit ihm ausgehalten. Jetzt flieht sie vor ihm, nimmt sich eine eigene kleine Wohnung.

Da meldet sich ihre Patchworkfamilie zu Wort, auch ihr leiblicher Vater, zu dem sie bis dato kaum Kontakt hatte. Ausnahmsweise sind sich alle einig: Eine junge Frau wie Zora kann unmöglich allein leben. Ihr Vater „organisiert" für sie einen Mann, den Sohn eines in Serbien lebenden Freundes. Er wird für Zora nach Wien eingeflogen und zieht bei ihr ein. Da er kein österreichisches Visum hat, darf er nicht arbeiten. Zora muss also erneut für zwei das Geld verdienen. Sie ist damals mit allem einverstanden, was ihre Familie für sie entscheidet. Aber ihr neuer Lebensgefährte erweist sich als gewalttätig. Er versucht, seine Freundin durch Psychoterror und Schläge gefügig und – wie er meint – „weiblich“ zu machen. „Du kannst mir nichts antun, was mir nicht schon angetan wurde“, denkt sie damals. „Du willst mich anbrüllen, mich schlagen? Mach es! Du willst mich einsperren? Erpressen? Betrügen? Das alles kenne ich bereits seit meiner Kindheit, das macht mir keine Angst. Einen nackten Menschen kannst du nicht ausziehen.“

Einmal, nachts, als ihr Lebensgefährte duscht, findet Zora ihr von ihm weggesperrtes Handy und ruft ihren Vater an. Als er kommt, zeigt sie ihm ihren Körper, übersät mit blauen Flecken. „Das war, glaube ich, das einzige Mal, dass ich von meiner Familie Hilfe bekam“, sagt sie. Ihr Vater tätigt einen einzigen Anruf nach Serbien. Danach packt ihr Peiniger sofort seine Sachen und verschwindet aus ihrem Leben. Er bleibt für sie bloß eine weitere Erfahrung, die sie in ihrer fatalistischen Haltung bestätigt.

Diese Haltung hilft ihr jedoch sehr, als sie nur einige Monate später als Straftäterin ins „Graue Haus“ in der Wiener Josefstadt gebracht wird. Es ist das größte österreichische Gefängnis, von dem man als Passant auf der Straße so gut wie gar nichts bemerkt. So geschickt versteckt liegt es im Schatten des monumentalen Landesgerichts, das es wie ein Schutzschild verdeckt. Nur die Aufschrift „Gefangenenhaus“ an der hellen Außenfassade und Gedenktafeln auf der anderen Gerichtsseite, die an die düstere Geschichte der Wiener Strafanstalt erinnern und eine Führung durch die noch bis 1950 genutzten Hinrichtungsstätten anbieten, geben einen Hinweis darauf.

Nach der Verhaftung verbringt Zora erst mal drei Nächte in Polizeigewahrsam: eine Vertiefung im Beton, eine dünne Schaumstoffmatratze, eine Decke. Toilettengang nur nach Anmeldung. Das Gefühl, dass ihr Leben mit ihren 22 Jahren bereits vorbei ist. Dann die Verlegung ins

JA Josefstadt, Wien

„Graue Haus“, in die Untersuchungshaft für Frauen im vierten Stock. Gleich am Gang wird ihr ein Zettel mit Infos in kyrillischer Schrift in die Hand gedrückt. „Was soll ich damit?“, fragt sie. „Ach, Sie sind der deutschen Sprache mächtig?“, staunt die Beamtin. „Ich bin doch in Wien geboren“, sagt Zora, ohne dass ihre Antwort weiter beachtet wird. Mit ihrem „Zugangspaket“, bestehend aus Bettzeug, Duschgel, Klopapier und Besteck, betritt sie ihre Vierbettzelle, die derzeit nur von einer Gefangenen besetzt ist. Vor Müdigkeit kann sie kaum mehr aufrecht stehen; sie fällt auf ihre Pritsche und schläft sofort ein. Ein Höllenkrach weckt sie auf; es fühlt sich an wie ein Presslufthammer direkt an ihren Kopf. Sie springt hoch und steht vor einer uniformierten Beamtin, die kräftig mit einem Riesenschlüssel gegen die Metallstäbe ihres Stockbettes schlägt: „Wie wäre es mit aufstehen?" Zora schaut sie völlig verwirrt an. Sie weiß noch nichts von den internen Abläufen in Haft; sie weiß nicht, dass sie hier auf eine Nummer reduziert ist, sie Punkt 7:00 Uhr, fertig angezogen, zum Abzählen an der Zellentür zu stehen hat. Sie lernt aber schnell, wenn auch auf hartem Weg, durch Fehler und Versäumnisse, die alle bestraft werden.

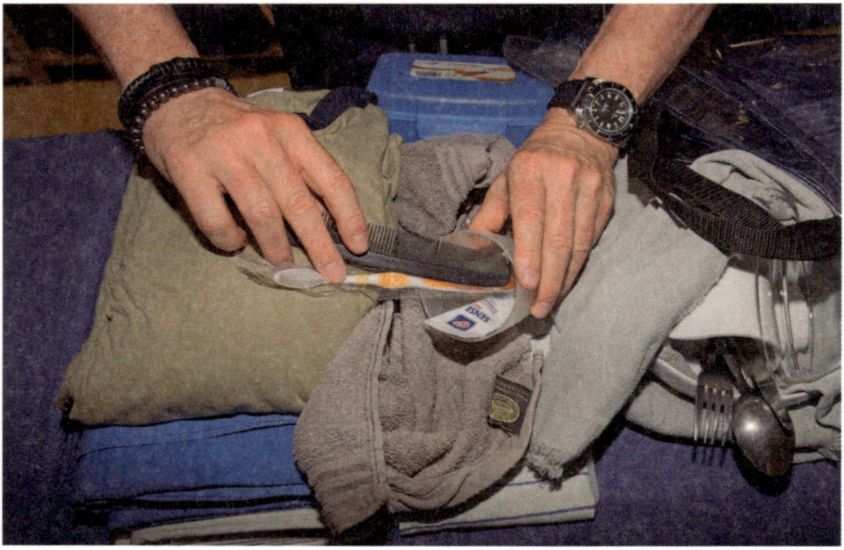

Empfangspaket für neue Insassinnen: Decke, Polster, Duschgel, Toilettenpapier, Besteck, Trinkbecher, Handtücher etc.

Ihre Zellengenossin, eine langjährige Obdachlose, ist drogenabhängig und trotz der Ersatzmedikamente oft unberechenbar, hysterisch. Zora muss mit ihr 23 Stunden täglich auskommen. Beim einstündigen Ausgang im Hof spürt sie die Blicke der männlichen Gefangenen, die „wie Affen an den Fenstern in den unteren Stockwerken hängen und die

Frauen anstarren". Ihre Zelle ist in katastrophalem hygienischem Zustand. Auch wenn ihr Leben jetzt in Trümmern liegt, beschließt sie, um einen Rest an Würde zu kämpfen. Noch am selben Tag beginnt sie, intensiv zu putzen.

Von der Beamtin, die sie geweckt hat, fühlt sie sich regelrecht gemobbt. Immer wieder platzt diese in ihre Zelle, durchsucht ihre „fünf Sachen", mehr hat sie nicht, beschimpft sie. Aber Zora kann nichts mehr erschüttern. Sie selbst sagt über diese Zeit: „Ich habe mich sehr, sehr ruhig verhalten. Ich habe alles über mich ergehen lassen. Ob die mich jetzt filzen oder mich nur ärgern wollte, egal. Ich saß nur da und habe alles aufmerksam beobachtet. Mal habe ich ein Ansuchen gestellt, wie das hier üblich ist. Daraufhin hat sie mich angeschrien, das sei Papierverschwendung, dafür zahlen andere Menschen Steuern. ‚Moment mal', sagte ich dann, ‚ich habe auch sieben Jahre meines Lebens gearbeitet, meine Lehre abgeschlossen, meine ganze Existenz in Österreich verbracht und ebenso Steuern gezahlt. Wenn ich aber ein Papier zu viel geschrieben habe, dann entschuldige ich mich für meinen Fehler.' Ich war ruhig. Ich habe nicht gestritten, nicht diskutiert, gar nichts, ich war einfach sachlich und beherrscht. ‚Haben Sie wirklich eine Lehre gemacht?', fragte sie mich dann. ‚Ja, eine Friseurlehre und nach der Ausbildung habe ich sieben Jahre gearbeitet.' Sie hat mich ganz perplex angeschaut und die Tür zugeknallt."

Heute weiß Zora, dass die Beamtin sie nur prüfen wollte: „Wie psychisch stabil ich bin, wie ich mit Krisensituationen umgehe, ob ich unter Stress nicht doch mal zu Drogen greife." Zwei Wochen später bekommt sie ein Angebot, als Hausarbeiterin in den offenen Teil des Stockwerkes umzuziehen, mit Pflichten, aber auch vielen Privilegien. Sie nimmt das Angebot gern an, fühlt sich bestätigt. Die Arbeit macht ihr Spaß, auch der Kontakt zu anderen Insassinnen. Viele von ihnen schätzen ihre sachliche Haltung, ihren analytischen Blick, aber längst nicht alle. Wenn rund 60 Frauen auf engstem Raum zusammenkommen, von der Außenwelt abgeschnitten, aufeinander angewiesen, nur mit sich selbst als Bezugspersonen, dann kann es ganz schön brutal werden, mitunter sogar gefährlich. Dann können Eifersucht, Intrigen und krumme Machenschaften ins Unermessliche wachsen, besonders bei denen, für die Tugenden wie Loyalität oder Dankbarkeit keinen Wert haben.

Sie wird öfters als Dolmetscherin eingesetzt. So lernt sie zwei Insassinnen „vom Balkan“ kennen. Eine von ihnen ist schwanger, die andere hat gesundheitliche Probleme. Beide tun Zora leid. Sie setzt sich erfolgreich dafür ein, dass sie in den offenen Bereich des Frauentraktes, ihren eigenen, verlegt werden. Zu spät merkt sie, dass sie damit einen kapitalen Fehler gemacht hat. Die Frauen beherrschen blitzschnell ihre Abteilung. Eine von ihnen übernimmt den freigewordenen Posten einer entlassenen Hausarbeiterin, die andere zielt auf Zoras Stelle ab und ist bereit, mit harten Bandagen dafür zu kämpfen. Sie beschuldigt Zora, sie am Hof bedroht, beleidigt und belästigt zu haben. Dieses Mal machen zwar Videoaufzeichnungen diesen Verleumdungsversuch zunichte, aber alle Beteiligten wissen, das Spiel wird weitergehen. „Sie könnte mir Medikamente ins Essen mischen und dann melden, dass ich damit Missbrauch betreibe. Oder Rasierklingen in meiner Zelle verstecken. Wie soll ich bei einer Kontrolle beweisen, dass es nicht meine sind? Ich hatte keine Lust, in ständiger Angst zu leben, ständig zu rätseln, was sie sich diesmal einfallen lassen werden. Und da meine Gerichtsverhandlung auch schon bald stattfinden sollte, und damit meine Zeit in der U-Haft zu Ende sein würde, kämpfte ich nicht gegen die beiden an. Dazu war ich damals schon mit Lea befreundet und das hatte für mich Vorrang.“

Es ist noch keine Liebesbeziehung. Die beide Frauen mögen sich einfach sehr. Sie empfinden zueinander eine menschliche Verbundenheit, eine Empathie, die in dieser Form wohl nur unter Gleichaltrigen mit vergleichbaren Erfahrungen in ähnlichen Lebenssituationen möglich ist. Zum ersten Mal in ihrem Leben kann sich Zora jemandem tabulos anvertrauen, zum ersten Mal fühlt sie sich wirklich verstanden. Es ist für sie eine unglaubliche, euphorisierende Besonderheit. Dafür nimmt sie sogar die heftige Eifersucht der anderen Insassinnen in Kauf. Bei einem ihrer Hof-Spaziergänge wird sie von Lea gefragt, ob sie gerne mit ihr eine Zelle teilen würde. Zora spricht mit der Trakt-Kommandantin, bittet sie um Erlaubnis, ihren Hausarbeiterinnen-Job zu kündigen, den offenen Teil der Haft zu verlassen und bei Lea „einzuziehen“. Zora genießt bei der Gefängnisleitung einen guten Ruf. Sie hat ihre Aufgaben im Job einwandfrei erfüllt. Nach einigem Zögern willigt man also in diese Veränderung ein.

Jetzt können die beiden jungen Frauen ungestört miteinander reden. Zora traut sich sogar, über ihr bisher verdrängtes Delikt zu erzählen. Ihr Trauma, das rund um das belastende Thema ihrer Tat entstand, hat sie noch längst nicht überwunden. In der Justizanstalt hat sich bereits herumgesprochen, dass Zora auf Männer in ihrer Nähe mit Panikattacken reagiert, dass man ausschließlich Beamtinnen zu ihr schicken darf. Keine Berührungen erträgt sie, nicht mal ein konventionelles Händeschütteln. In Gesprächen mit ihrer geduldigen Freundin beginnt sie aber langsam, ihre Blockade aufzugeben.

Damals, als ihr gewalttätiger Mann aus Wien wieder nach Serbien zieht, erlebt sie eine richtige Identitätskrise. Sie versteht gar nicht, wie es zu dieser Beziehung kommen konnte. Warum hatten ihre Eltern so viel Macht über ihr Leben? Warum bemüht sie sich ständig, bewusst oder unbewusst, nach deren Vorgaben und Vorstellungen zu handeln? Sie wollte doch ausdrücklich *nicht* so werden wie sie. Die familiären Rosenkriege, wo jeder jedem an die Gurgel geht und alle miteinander im Dauerstreit verharren, findet sie furchtbar. Ihre Eltern und deren Geschwister, die Cousins, Neffen, Nichten, deren Kinder und Kindeskinder – alle liegen im Streit miteinander, kränken sich ständig gegenseitig. Keiner ist bereit, auch nur einen Millimeter von der eigenen Position abzurücken, das könnte ja als Schwäche ausgelegt werden. Ihr geliebter Opa sagt sich per Notar von seiner Tochter, ihrer Mutter, los, ihr Stiefvater wechselt kein Wort mit seinem Bruder, ihr Onkel fühlt sich von ihren Eltern beim Betreiben der Reinigungsfirma um größere Summen Geld betrogen. „Bloß nicht so werden wie sie“, denkt sie öfters. Dabei wünscht sie sich nichts sehnlicher als eine intakte Familie, die ihr ein Gefühl der Zugehörigkeit vermittelt.

Sie ist 22, als ihre geliebten Großeltern kurz nacheinander sterben. Zu ihren restlichen Angehörigen hat sie wenig Kontakt. Ihre alten Schulden wachsen ihr über den Kopf; ihr Monatsgehalt wird größtenteils gepfändet. Sie versucht mit kurzfristigen Jobs an mehr Geld zu kommen. Wenn sie nicht bald ihre ausstehende Miete bezahlt, verliert sie auch noch ihre Wohnung. In dieser Situation lernt sie Paul kennen, einen Mann, der für sie „richtig gut" ist, so ist jedenfalls ihre Einschätzung. Er hilft ihr beim Einkaufen, repariert die Küchengeräte, kocht für sie Kaffee. Vor allem aber kümmert er sich um sie, ist für sie da. Seine Schwester kommt oft bei ihr vorbei, seine Freunde; sie verbringen zusammen viel Zeit, schauen fern, veranstalten gemeinsame Spieleabende. Es ist für sie etwas Neues, sie findet diese Normalität ganz wunderbar. Da sagt sie auch nichts, wenn mal zu viel Schnaps auf den Tisch kommt oder sogar Drogen konsumiert werden. „Ich war jung, komplett dumm und verzweifelt. Ich hatte kein Geld, kein gar nichts", sagt sie. „Da war ich froh, dass jemand da ist." Allein ist sie zu Hause tatsächlich nie. Wenn Paul unterwegs ist, sind immer die anderen in ihrer Nähe, die Schwester, seine Freunde. Sie findet es sehr aufmerksam von ihnen, versteht es als Zeichen ihrer Fürsorglichkeit.

Damals sieht sie nicht, worum es sich tatsächlich handelt: eine „Dauerüberwachung". Ihr Freund hat eine kriminelle Vergangenheit; er wird von der Polizei gesucht und braucht daher eine sichere Unterkunft. „Das wird schon", antwortet er immer, wenn sie ihn auf ihre schlechte finanzielle Lage anspricht. Anfang Dezember sind auch die letzten Vorräte aufgebraucht, sie haben kein Geld für Essen, und die Vermieterin setzt ihr eine letzte Frist für die Zahlung der Miete bis Ende des Jahres, sonst muss sie aus der Wohnung ausziehen. Zumindest dafür muss Geld her, darüber sind sich alle einig, egal wie.

„Ich wüsste, was zu tun ist", sagt Paul zu Zora, als sie zusammen mit seinem besten Freund beim Kaffee in der Küche sitzen. „Da müssten wir aber ganz fest zusammenrücken, uns gegenseitig voll vertrauen, alles gemeinsam durchziehen." Eine verführerische Ansage für die junge Frau, die nach Gemeinschaft giert. Paul schildert seinen Plan; er ist sehr einfach: Keller in der Nähe aufbrechen, ausräumen, die Ware zu Geld machen, fertig. Zora erschrickt. Sie hat aber auch keine andere Lösung und nichts mehr zu verlieren. Sie macht mit. Beim ersten Einbruch finden sie nichts Brauchbares, sie beschädigen nur die Tür. Genauso beim zweiten, dritten, vierten: völlig sinnlose Aktionen ohne geringsten Erfolg. Und alle Keller befinden sich in derselben Wohnanlage. „Da ist etwas prinzipiell am Plan falsch", sagt Zora, „wir sollten damit sofort aufhören. Warum fahren wir nicht in reichere Bezirke?" Doch Paul will davon nichts wissen. Er sagt, er wisse, was er tut. Sie wird das Gefühl nicht los, dass er auf etwas wartet.

Während des nächsten Kellereinbruchs klingelt sein Handy. „Geh vor die Tür eine rauchen", sagt er zu seinem Komplizen. Dann steigt er die Treppe hoch, er müsse pinkeln. „Was? Wo denn?", staunt Zora. „Stell dich nicht so an, komm mit", sagt er ungeduldig. Sie geht ihm zögerlich nach. Auf der zweiten Etage passiert dann etwas, das sie seitdem in ihren Träumen verfolgt. Ihr Freund zieht plötzlich eine Skimaske übers Gesicht: „So, jetzt klingelst du hier und bittest um Hilfe", sagt er und deutet auf eine Tür. „Jetzt sofort!" Er zieht eine Pistole aus seiner Jackentasche, richtet sie auf Zora: „Los!" Sie ist völlig perplex. Am ganzen Körper zitternd, drückt sie auf die Klingel. Ein junger Mann öffnet. „Bitte, Sie müssen mir helfen", stottert sie, während Paul sich blitzschnell an ihr vorbei in die Wohnung drängt. Er bedroht den jungen Mann mit der Waffe, platziert die Frau, die bei ihm ist, auf dem Sofa. Er scheint über die Wohnung gut informiert zu sein, nennt gezielt die Wertgegenstände, die er haben will, lässt sie von dem Bewohner in seine Tasche stopfen. Währenddessen steht Zora wie versteinert da und schaut regungslos zu, schaut einfach nur zu. Alles geht ganz schnell. Dann zieht ihr maskierter Freund sie an der Jacke weg, schreit: „Lauf!" Sie stürzen die Treppe hinunter, ihre Beine sind wie aus Gummi. Zusammen mit seinem Freund, der an der Eingangstür Wache stand, rennen sie zu einem Taxi, lassen sich direkt zu ihr nach Hause fahren. Erst dort wird Zora richtig klar, was eigentlich passiert ist. „Ich bin am Arsch", denkt sie.

Die darauffolgenden Tage sind für sie nicht real; sie wähnt sich in einem Horrorfilm. Ihr Handy wird ihr von Paul abgenommen; sie darf die Wohnung nicht allein verlassen. Dafür sorgen seine beiden Kumpels, die sich jetzt bei ihr eingenistet haben. Er selbst trägt ständig eine Waffe bei sich. Wenn sie nicht sofort spurt, wird sie damit bedroht. Er konsumiert ständig Drogen. Bei seiner Verhaftung werden acht unterschiedliche Substanzen in seinem Körper gefunden. „Das war jetzt ein ganz anderes Level, ein komplett krankhaftes, gestörtes Benehmen. Er hat ein Glas Schnaps getrunken und dann ins Glas gebissen. Sein Mund war völlig blutig. Als mich Panik ergriff, lachte er; er fand es sehr komisch. Er wollte mich unbedingt küssen, zerrte mich ins Bett. Ich habe erst bei der Gerichtsverhandlung erfahren, dass er schizophren ist, mit psychotischen Anfällen. Damals konnte ich mir sein Verhalten überhaupt nicht erklären. Ich habe immer gehofft, dass dieser Dauerterror endlich endet, dass ich aufwache und das Ganze nur ein Albtraum war. Und diese gewalttätigen Personen in meiner Wohnung, unberechenbar, unzurechnungsfähig; ich wollte nur, dass sie verschwinden. Ich habe nicht geschlafen, versuchte, nur das zu machen, was Paul von mir wollte. So ging es tagelang. Bis ich dann dachte: ‚Okay, entweder lasse ich mir jetzt was einfallen und setze dem ein Ende, oder wir werden alle sterben.'“

Sie wartet ab, bis die Männer rausgehen und nur die Schwester zu ihrer Überwachung bleibt. Dann schlägt Zora ihr vor, einzukaufen zu gehen. Sie wolle etwas Leckeres für Weihnachten kochen, sagt sie. Es klappt. Sie findet ihr Handy, nimmt es mit. Im Supermarkt schüttelt sie Pauls Schwester ab, versteckt sich in einem Gang und ruft die Polizei an. „Ich wusste, dass mein Leben damit für viele Jahre vorbei ist. Aber wäre ich zurück in die Wohnung gegangen, wäre es sicher für immer vorbei gewesen.“ Sie wartet auf die Einsatzkräfte und wird noch vor Ort verhaftet. Die Schwester flieht.

Auf der Polizeistation zeigt sie eine Foto von Paul. Und erfährt zum ersten Mal von seiner massiv kriminellen Vergangenheit. Auch, dass er ein Kind hat, dessen Mutter ihn wegen Gewalttätigkeit mehrmals angezeigt hat. Die beiden Polizisten, die sie verhören, fragen nach seiner Adresse, der seiner Eltern, seiner Schwester, seines besten Freundes. Zora merkt, dass sie das alles einfach nicht weiß, dass sie seit sechs Monaten mit einem Mann zusammenlebt, den sie überhaupt nicht kennt. Die Beamten glauben ihr nicht. Sie spielen mit ihr *„Good Cop, Bad Cop“*, setzen sie unter Druck, benennen die Schwere ihres Delikts: schwerer Raub mit Körperverletzung. Sie wiederholt nur, dass ihr Lebensgefährte einen Schlüssel zu ihrer Wohnung habe und wahrscheinlich bald wieder dort auftauchen werde. „Brauchen Sie Ersatzmedikamente für Ihre Drogensucht?“, fragt plötzlich ein Kommissar, „Sie sehen nämlich so aus.“ Zora holt tief Luft. Sie hat nie Drogen genommen, nie Alkoholmissbrauch betrieben. „So sieht jemand aus“, antwortet sie, „der tagelangem Terror ausgesetzt war, der nicht mal in Ruhe scheißen gehen konnte. Nein, ich will keine Drogen, ich bin nur irrsinnig müde; ich will nur noch schlafen und dass dann alles zu Ende ist.“

Ein wenig später, inzwischen ist es fast dunkel geworden, wird sie mit einem Polizeiwagen in die Nähe ihrer Wohnung gebracht. Ihnen folgen zwei weitere Fahrzeuge mit insgesamt 18 Männern des Wiener Sondereinsatzkommandos WEGA. Alle schwarz gekleidet, in voller Montur, mit schweren Waffen und Sturmmasken; bereit, Paul zu fassen. In die gespannte Aufregung hinein sagt Zora dann plötzlich: „Ich muss mal aufs Klo.“ „Es war das Einzige, was mir in dieser Situation real erschien“, erzählt sie. „Alles andere war für mich wie eine Folge in einer Krimiserie.“ Alle schauen sie irritiert an: „Müssen Sie jetzt wirklich?“ – „Ja, dringendst!“ „Und die haben mich wirklich pinkeln gehen lassen“, erzählt sie. „Ich habe mich dann hinter irgendeinem Busch erleichtert.“

Die WEGA sichert alle möglichen Fluchtwege, positioniert sich auf der Treppe, vor den Fenstern, bei der Garage. Der Kommissar, der Zora verhört hat, drückt ihr jetzt den Hausschlüssel in die Hand und bittet sie, in ihre Wohnung zu gehen. Zora erschrickt: „Sind sie sicher? Wenn er da mit der Waffe auf mich wartet ...“ Aber sie ist gewohnt, zu gehorchen, und macht sich auf den Weg. „Stopp!“, ruft ein anderer

Kommissar und hält sie auf. „Sie geht da nicht rein“, sagt er bestimmt. Er nimmt ihr den Schlüssel ab und gibt ihn einem Mann vom Einsatzkommando. „Polizei, aufmachen!“, ruft der vor der Wohnungstür, hinter ihm die WEGA. Keine Reaktion. Die Tür lässt sich nicht öffnen, sie wird aufgebrochen. Zora sieht, wie ihr Freund ohne Gegenwehr abgeführt und in einen Polizeiwagen verfrachtet wird. Noch vor einer Woche, vor dem Einbruch, war ihr Leben halbwegs „normal“, zwar nicht gut, aber doch ohne all diese absurden Vorkommnisse mit Raubüberfall, Waffen, Masken, Drogen, Gewalt, Polizei. Ihr ist nicht wirklich bewusst, was um sie herum geschieht; sie fühlt sich wie eine völlig fremde Person, die weder weinen noch reden kann, nicht mal rauchen. Sie ist einfach nur da.

Sie wird zurück ins Polizeipräsidium gefahren. „Sie haben mich fotografiert, Fingerabdrücke genommen, mir die Schuhe ausgezogen, die Jacke“, erzählt sie. „Ein Beamter hat mich runter in eine Zelle gebracht. Und obwohl es da drinnen dreckig und versifft war, aber, so komplett beschissen das jetzt auch klingen mag, als er diese Tür hinter mir zugeschlossen hat, habe ich mich zum ersten Mal seit langem wieder sicher gefühlt.“

In der U-Haft hält man sie sorgfältig von ihrem Ex-Freund fern, der auch im „Grauen Haus“ auf seine Gerichtsverhandlung wartet. Einmal sieht sie ihn kurz zufällig vor dem Aufzug stehen, als dieser für Sekunden auf dem Männerstockwerk stehenbleibt. Es reicht, um sie für Tage aus der Fassung zu bringen. Die Anstaltspsychologin hilft ihr, ihre Panikattacken unter Kontrolle zu bringen, ihre Angstzustände und andauernde Schlaflosigkeit zu kontrollieren. Dann folgt die nächste Katastrophe: Sie stellt fest, dass sie schwanger ist. Sie weiß, dass sie dieses Kind unter keinen Umständen zur Welt bringen kann und entscheidet sich für eine Abtreibung.

Im Laufe der nächsten Monate wird sie mit Aussagen ihres Ex-Lebensgefährten und seiner Freunde konfrontiert. Sie alle behaupten, von Zora mit Waffengewalt zu den strafbaren Handlungen gezwungen worden zu sein. Paul sagt aus, er sei unmaskiert und unbewaffnet in die Wohnung des Opfers eingedrungen, während sie den Überfall mit Maske und Revolver in der Hand durchgeführt habe. Zu Zoras Entsetzen wird diese Aussage auch von der Frau bestätigt, die sich zum Zeitpunkt der Straftat in der Wohnung des Bestohlenen aufhielt. Erst viel später erfährt sie, dass das Mädchen eine gute Freundin von Paul war, eine Komplizin, die mit ihm die Tat vorbereitet und die notwendigen Informationen zur Wohnung geliefert hatte. Erst bei der Gerichtsverhandlung wird Zora überraschend von dem ausgeraubten jungen Mann entlastet. Er erkennt ihr Gesicht und beweist damit, dass sie beim Überfall keine Maske trug, erklärt, dass sie unbewaffnet war und mindestens so viel Angst zu haben schien wie er selbst. Nur ihm hat sie zu verdanken, dass ihr Urteil verhältnismäßig mild ausfällt: drei Jahre und acht Monate Gefängnisstrafe für schweren Raub, schweren Diebstahl, Sachbeschädigung, Freiheitsberaubung, Körperverletzung. Paul bekommt eine Freiheitsstrafe von zwölf Jahren. Frühere Delikte werden ihm mit angerechnet.

Vom „Grauen Haus“ wird Zora in die Justizanstalt Schwarzau gebracht, das einzige Frauengefängnis Österreichs. Einige Wochen später erscheint dort nach ihrer Gerichtsverhandlung auch Lea. Die Freundinnen sind wieder vereint.

Inzwischen sind sie ein Liebespaar. Nie hätte Zora es für möglich gehalten, derartig starke Gefühle für eine andere Person zu entwickeln, schon gar nicht für eine Frau. „Sie war für mich nicht bloß eine Liebesaffäre. Sie war der wichtigste Mensch in meinem Leben. Sie hat mit mir die schlimmsten Situationen durchgemacht, um mich gekämpft, einmal sogar mein Leben gerettet. Wir waren 24 Stunden am Tag zusammen, haben unser Essen miteinander geteilt, gemeinsam geweint, gemeinsam geatmet. Diese Art von Eins-Sein kann man draußen gar nicht nachvollziehen, wo es zwar Freundschaften gibt, aber jeder sein eigenes Leben lebt. Kein Mensch wird jemals Leas Platz ersetzen, egal, was kommt.“

Noch in der U-Haft wird sie von ihrer Mutter und Stiefmutter besucht, bekennt sich zu ihrer Liebe, versucht, den beiden Frauen ihre

Gefühle zu erklären. Sie entfacht damit einen gewaltigen Familienskandal. Ihr Vater erleidet kurz darauf einen Herzinfarkt, überlebt aber die Attacke.

Die drei Jahre in der Justizanstalt Schwarzau sind für Zora besonders lehrreich. Sie muss hier oft an ihren Großvater denken, der keine vorschnellen Pauschalurteile akzeptierte, kein Denken in vorgefertigten Klischees. Sogar den vielfachen Mörderinnen versucht sie entsprechend vorurteilsfrei zu begegnen. Ihre Freundin Lea interessiert sich, genau wie sie, für zwischenmenschliche Beziehungen, für Psychologie. Sie ist erst 26, aber erfahren wie eine alte Frau. Sie bringt Zora bei, wie man mit Drogensüchtigen umgeht, mit Personen, die sich selbst verletzen, Rasierklingen schlucken, Selbstmordversuche verüben. Die nach dem Verbüßen ihrer Strafe zwar aus dem Gefängnis entlassen werden, aber schnell wieder zurückkommen, weil sie es, einmal aus ihrem gewohnten Leben gerissen, nicht mehr schaffen, in die Normalität zurückzufinden. Zora versucht, den Hintergrund ihres Elends zu verstehen, sie als Menschen zu sehen, die einfach kein Glück hatten. Sie kämpft dafür, dass eine psychisch kranke Mitinsassin auf die Krankenstation verlegt wird. Sie diskutiert mit dem Psychiater darüber, warum der überwiegende Teil der Frauen ständig mit Psychopharmaka ruhiggestellt wird, nimmt selbst nichts davon, versucht, „nüchtern" zu bleiben.

Die bürokratische Behandlung nach Vorschrift, die nicht auf individuelle Menschen Rücksicht nimmt und die sie besonders bei neuen, noch unerfahrenen Arbeitskräften wahrnimmt, macht sie betroffen. Die Kluft zwischen dem Anspruch und der im Gefängnis tatsächlich gelebten Realität verärgert sie. Manchmal wird die Anstalt mehrere Tage lang renoviert, dekoriert und geputzt, damit alles vorschriftsgemäß aussieht, wenn sich mal wieder jemand vom Justizministerium angesagt hat. „Unbequeme" Insassinnen müssen dann in ihren Zellen verschwinden. Die Freundinnen überlegen, was sie beide dem „hohen Besucht" gern zeigen, was sie zur Sprache bringen würden. Sie halten vieles davon auch schriftlich in Briefen fest, die sie füreinander auf der Toilette verstecken. Noch heute, drei Jahre nach ihrer Entlassung, bewahrt Zora in ihrer kleinen Wiener Wohnung zwei volle Umzugskartons mit Briefen ihrer Freundin, mit Fotos und eigenen Aufzeichnungen aus dieser Zeit auf.

Sie zitiert daraus. Wie sie mit Unterstützung einer klugen, älteren Beamtin, die sich bei ihrer unerfahrenen, streng bürokratisch agierenden Kollegin durchsetzte, für Frauen aus ihrer Abteilung Kuchen backen durfte. Was für alle zum tollen, motivierenden Erlebnis wurde. Wie ein noch neuer Wärter beim Zusammenprall zweier mit Arbeitsmesser ausgestatteter Frauen blitzschnell unter dem Tisch verschwand und nach Verstärkung rief. Sie arbeitet damals zusammen mit Lea im sogenannten Unterbetrieb 1, den gefängnisinternen Arbeitsstätten, in denen Maschinenteile aufbereitet werden. Zora findet diese Beschäftigung in Ordnung. „Viel besser als die im U2, wo man kleinen Plastikschweinchen und anderen Glücksbringern stundenlang bunte Pünktchen auf die Schnauzen pinselt. Trotzdem kommt es auch mal im U1 zu Reibereien, sogar Handgreiflichkeiten. Und wenn man da gerade ein Arbeitsmesser in der Hand hat ... Aber das gehört zum Haftalltag", sagt Zora.

Für Zora ist diese Geschichte Anlass, über die Betreuung der Insassinnen nachzudenken. „Natürlich ist es schwierig, gute Beamte für Strafanstalten zu gewinnen. Der Umgang mit Inhaftierten ist zum Beispiel für einen umgeschulten Verkäufer oder einen früheren Lagerarbeiter sicher nicht einfach. Motivation ist für diese Leute äußerst wichtig, natürlich nicht zuletzt auch die finanzielle Anerkennung ihrer Arbeit. Wir waren damals 23 Frauen in der Abteilung. Wenn man sechs oder sieben davon abzieht, die sicher nicht mehr zu resozialisieren sind, und auch noch die drei Alten, dann bleiben circa 13 Insassinnen für fünf Beamte. Warum setzen sich nicht alle einmal in der Woche zu einem Gespräch zusammen? Oder zumindest die fünf Beamten mit einem Psychotherapeuten oder Psychologen, der sie berät, der ihnen Hintergründe erklärt? Dann würde bei Aggressionsausbrüchen oder anderen Ausfällen ein Gespräch mit der Betroffenen womöglich mehr bewirken als immer wieder eine hohe Dosis ruhigstellender Medikamente. Aber klar, niemand macht sich Mehrarbeit mit den Häftlingen, nur weil er ein guter Mensch ist. Alle müssten davon etwas haben, es müsste auch gewürdigt werden."

Zoras starke emotionelle Haltung zu diesem Thema hat einen Grund: Als Lea nach Schwarzau kam, war sie drogensüchtig, nahm hohe Dosen Ersatzmedikamente. Ihr Wissen über menschliche Abgründe basiert größtenteils auf ihren eigenen Erfahrungen. Zora bewegte Lea nach langen Diskussionen tatsächlich zu einer Entzugstherapie. Sie dauerte über ein Jahr und verlangte allen Beteiligten äußerst viel Geduld und Mühe ab. Einige Nächte wird Zora nie vergessen. „Da ging es wirklich extrem zu", erzählt sie, „es wirkte, als ob da ein Exorzismus durchgeführt wird. Mit Krampfanfällen, mit Speien, Schreien, mit allem. Ich war schon richtig verzweifelt, ich hatte Angst, dass sie stirbt. Ich habe angefangen zu beten; ich wusste nicht mehr, was ich tun soll. Wenn ich jetzt die Beamten rufe, dachte ich, dann holen sie einen Psychiater, und der verpasst ihr wieder Medikamente, um sie ruhigzustellen. Und dann ist sie wieder zurück auf Drogen. Sie hat es aber dann letztlich doch geschafft." Zora ist voller Anerkennung für ihre Freundin, die jetzt, nachdem sie clean ist, einen Beruf erlernen will, „damit sie etwas in der Hand hat, wenn sie wieder draußen ist". Sie strebt zuerst eine Malerlehre an, doch ihr Ansuchen wird abgelehnt, weil die Infrastruktur dafür nicht vorhanden ist. Auch die Ausbildung zur Metzgerin darf sie nicht absolvieren; die wird zwar in Schwarzau angeboten, aber aus praktischen Gründen nur für Männer. Zora tobt. Sie setzt sich mit den verantwortlichen BeamtInnen auseinander, beruft sich auf die so oft beschworene Resozialisierung, versucht, Briefe ans Justizministerium zu schicken.

„Natürlich gab es Frauen bei uns im Gefängnis", sagt sie, „die von Grund auf bösartig und psychisch so krank waren, dass ihnen kaum mehr zu helfen war. Es gab aber auch viele, die wirklich etwas ändern, besser machen wollten, die Hilfe brauchten. Die das bisschen Gespür in sich fürs Leben, fürs Überleben noch nicht ganz verloren haben. Und wenn man da nicht dahinter ist, etwas Motivation gibt, wird daraus nichts. Wenn man einer 26-Jährigen, die nie Unterstützung hatte und jetzt versucht, ein anderes Leben zu führen, an sich zu arbeiten, um in die Gesellschaft zurückzukehren, alles abschlägt – wie soll das gehen? Wie soll Resozialisierung ohne Unterstützung funktionieren? Das funktioniert nicht!"

Zora kämpft für ihre Freundin wie ein weiblicher Don Quijote, der erfolglos gegen Windmühlen gewinnen wollte. Auch nach ihrer Entlassung bestürmt sie wiederholt das Ministerium. Sie erreicht aber nur ein einige Wochen dauerndes Besuchsverbot in Schwarzau. „Aus Sicherheitsgründen", lautet die Begründung. Weil sie „einen schädlichen Einfluss" auf Lea ausübe. Sie lebt jetzt wieder bei ihrer Mutter; wo sollte sie sonst hin? Sie telefoniert häufig mit Lea, schickt ihr per Post Liebeserklärungen: „Danke, dass du hinter mir stehst, egal worum es geht", schreibt sie. Und: „Ohne dich würde ich aufgeben, das ist Fakt." Oder: „Niemals möchte ich ohne dich sein, ich vermisse dich so krass."

Doch ihre Briefe bleiben unbeantwortet. Wenn sie am Telefon darüber klagt, wirkt Lea verärgert; sie schreibe doch ständig an sie, schicke ihr Geschenke. Erst viel später entdeckt Zora durch Zufall, dass ihre Mutter Leas Briefe abfängt, weil ihre „Tochter doch keine Lesbe" sei. Zoras und Leas Beziehung ist aber auch ohne diese Intrigen wie eine Achterbahnfahrt.

Noch in Schwarzau, kurz vor ihrer Entlassung, hat Lea ihr das Liebesverhältnis gekündigt. „Du bist dann weg und ich muss hier noch lange ohne dich zurechtkommen", sagt sie und stellt Zora ihre neue Zellengenossin vor, eine junge Deutsche, die, wie sie selbst, noch lange in Haft bleiben muss. Für Zora bricht eine Welt zusammen. Lea ist ihre einzige Vertraute. Sie versucht, sich mit der neuen Situation abzufinden.

Einige Tage später wird sie von einer Beamtin aus der Zelle gezerrt. „Mitkommen, schnell, wir brauchen dich." Im Gang hört sie lautes Kreischen, Heulen. Alle Türen sind abgeschlossen, aber die Stimme durchdringt den ganzen Gang. Es ist Lea. „Was ist passiert?", fragt Zora. Die Beamtin wirkt ratlos: „Wir bringen dich zu ihr in die Zelle!" – „Okay, alles klar“, denkt sie, „jetzt bin ich auch noch Therapeutin, wollen die mich verarschen?“ Aber natürlich geht sie rein. Lea, völlig verweint, um Luft ringend, fliegt ihr gleich in die Arme. Sie erfährt, dass es um Leas neue Partnerin geht, die innerhalb der nächsten 24 Stunden nach Deutschland abgeschoben werden soll. Lea gilt als psychisch gefährdet, mit Neigung zur Selbstverletzung. Das Wachpersonal hat Angst, sie allein zu lassen. Ob Zora in ihre Zelle umziehen würde? „Klar sagte ich ja“, erzählt Zora, „aber ich dachte natürlich, dass ich erst umziehen würde, nachdem das deutsche Mädel weg wäre. Aber nein, ich sollte gleich dableiben. Stellen sie sich das Bild vor: Wir saßen alle drei am Boden, die eine weinte in meinem rechten Arm, die andere in meinem linken. Und ich tröstete beide. Es hätte an dem Abend nur noch gefehlt, dass wir zu dritt im Bett gelandet wären.“

Als ich Zora das erste Mal treffe, ist sie gerade 30 geworden. Aus der Wohnung ihrer Mutter ist sie bald zu ihrem leiblichen Vater gezogen; wohl fühlt sie sich aber weder da noch dort. Also sucht sie sich eine eigene, winzig kleine Wohnung. Doch durch ihre Straftat hat sie das dauerhafte Aufenthaltsvisum verloren, und damit auch das Recht auf bestimmte soziale Leistungen. Ihre kleine 20-Quadratmeter-Wohnung kostet 500 Euro monatlich. Sie hält sich mit mehreren Jobs über Wasser. Trotzdem wirkt sie nicht hektisch. Sehr konzentriert, mit geradezu preußischer Genauigkeit spricht sie über ihre Ängste, ihre Zukunftspläne. „Ich schlafe drei bis vier Stunden am Tag, mehr ist nicht drin. Ich hoffe nur, dass mir die Kraft nicht ausgeht“, sagt sie. Sie bemüht sich intensiv um eine Lehrstelle als Kfz-Mechanikerin. Autos haben sie schon immer fasziniert, doch ihre Eltern waren der Meinung, das sei „nichts für Mädchen“.

Zuletzt sehe ich Zora im Oktober 2023. Sie lächelt viel. Sie habe jemanden kennengelernt, erzählt sie, eine Person, die ihr wieder erlaube, Vertrauen und Zuversicht zu empfinden, an Freundschaft zu glauben. Dazu ist vor einigen Tagen ihre Bewährung ausgelaufen. Und sie hat die angestrebte Lehrstelle bekommen. Dafür musste sie einen Monat probeweise in Autowerkstätten arbeiten, mehrere Tests absolvieren.

Sie hat alle bestanden. „Ich mag meine Kollegen hier, ihren direkten Ton“, sagt sie. „Ich brauche mich vor ihnen nicht zu verstellen. Und wenn es mal in mir kocht, brülle ich eben einen Motor an. Den stört das nicht.“

Sponsoren im Nacken

Ursula B., ehem. Justizanstalt Schwarzau, Niederösterreich

Ihre Chefin rastet aus: „Wie kannst du es wagen, hinter meinem Rücken ...“ – „Aber der Kunde hat mir versichert, dass er schon längst bezahlt hat. Ich brauche meine Prämie“, versucht Ursula, ihren Wutausbruch zu stoppen. Jetzt wird ihre Vorgesetzte hysterisch, ihre Stimme überschlägt sich: „Du hast Anzeigen für unser Magazin zu verkaufen, nicht mit einem Kunden zu telefonieren“, brüllt sie. Ursula gibt ihren Protest auf.

Erst Jahre später findet sie in einer Anwältin der Arbeiterkammer die Person, die sie ermutigt, ihre frühere Chefin, Eigentümerin eines Lifestyle-Magazins, auf alle vertraglich zugesagten, aber nie bezahlten Prämien zu verklagen. Es wird das erste Mal sein, dass die Juristin einen Brief direkt aus dem Gefängnis heraus erhält. Absender: Ursula B., JA Schwarzau.

Aber jetzt, nach dem Krach mit ihrer Chefin, geht Uli erst mal ausgiebig shoppen, wie so oft. Das entspannt sie, vertreibt ihren Frust. Zuerst kauft sie Geschenke für ihre Freunde und Freundinnen: große Packungen feinster Trüffelpralinen für Beate, die auf Süßigkeiten steht, einen Designer-Ledergürtel und edle Handschuhe für den modebewussten Mark. Eva bekommt ein Parfüm, einen „sinnlichen Duft, der mit der Magie eines dichten Waldes bei Sonnenuntergang verzaubert“, wie es in der Werbung dafür heißt. In der Parfümabteilung bleibt sie länger stehen und wählt auch für sich selbst zwei Düfte. „Kasansui“ – „beruhigend und meditativ, die Ruhe und Gelassenheit eines japanischen Zen-Gartens per se“ – und „Sun Coast“ – „konzentrierte Energie und Wärme des karibischen Meeres, das mit Akkorden von Orangenblüten und Kokosnuss ein Gefühl von Glückseligkeit erzeugt.“ Danach belohnt sie sich auch noch mit einer schicken Sonnenbrille.

Als sie ihre Wohnung wieder betritt, geht es ihr schon viel besser. Es ist ihre „Anti-Stress-Oase“, frisch renoviert, mit neuem Bodenbelag und hochwertigen Möbeln ausgestattet, mit frischen Blumen in kostspieligen Vasen verschönert. Es tut ihr gut, von schönen Dingen umgeben zu sein. Ihre neue Küche verströmt laut Werbung „urbanen Luxus und zeitgenössische Raffinesse". Sie macht sich erst mal einen Espresso, setzt sich an ihren massiven Esstisch aus Walnussholz und denkt an den schönen Theaterabend mit ihren FreundInnen vorige Woche. Es gab *Anatevka, und anschließend gingen sie in der Nähe der Volksoper essen. Sie lud zu allem ein und genoss die Begeisterung, die Anerkennung, das Lob der Eingeladenen.*

Auch ihr vorheriger Arbeitgeber Justin lobte sie oft. Fünf Jahre war sie bei ihm angestellt und wäre gern ewig geblieben. Der ehemalige Basketballprofi, Jamaikaner, brachte in seinem eigenen Verlagshaus im 10. Wiener Gemeindebezirk ein elegantes zweisprachiges Sportmagazin heraus. Er suchte damals eine Sekretärin. Sie bewarb sich und wurde genommen. Damit begann, wie sie heute noch sagt, die glücklichste berufliche Zeit ihres Lebens.

Ihr Chef schafft im Verlag mit seiner humorvollen, lässigen Art eine entspannte und produktive Arbeitsstimmung. Das Sportmagazin verkauft sich gut. Die AnzeigenkundInnen akquiriert er persönlich; die Abozahlen wachsen auf 55.000 Exemplare. Alle sind zufrieden und entspannt. Ursula erhält vom Chef bald das Angebot, in die Anzeigenabteilung zu wechseln. Sie kann gut mit Menschen umgehen. Er sieht in ihr großes Potenzial, auch wenn sie weder eine entsprechende Ausbildung noch Praxis vorweisen kann. Sie sagt Ja und wird seine rechte Hand. Justin nimmt sie mit zu großen Basketball- und Tennisturnieren, zu Leichtathletik-Wettbewerben. Sie treffen große AuftraggeberInnen bei der EuroBasket in Istanbul und Athen, bei den Leichtathletik-Eurocups in Florenz und Annecy. Die Spiele in Wimbledon verfolgen sie aus der „Royal Box"; in Paris besuchen sie die French Open. Alle mögen Ursula. Das Anzeigengeschäft blüht; sie fühlt sich inspiriert, tatkräftig, wird geschätzt und anerkannt, gilt als richtige Person an der richtigen Stelle. Dazu bekommt sie noch ein gutes Gehalt. „So soll es bitte immer weitergehen", denkt sie.

Dann kommt unvermittelt der Schicksalsschlag. Der Arzt diagnostiziert bei ihrem Chef Krebs im Endstadium. Ihm bleiben nur noch wenige Monate zu leben. Die möchte er in seiner Heimat Jamaika verbringen. Er setzt als seinen Vertreter im Verlag einen Freund ein, einen Rechtsanwalt. Der hat weder Zeit noch Begeisterung für das Magazin. Ursula und ihre KollegInnen, darunter ist auch Justins Schwester, versuchen alles, um den Verlag zu retten. Aber ohne ihren charismatischen Chef mit seiner außerordentlichen Energie und Kreativität, seinem Können sinken die Auflagen. Immer mehr Firmen springen ab. Als er stirbt, dauert es nicht lange, bis sein Lebenswerk, das er 30 Jahre lang, bis 2010, betrieben hat, zerfällt.

Für Ursula ist es eine Katastrophe, emotional und wirtschaftlich. Für alle ist es das. Sie erzählt, wie die Angestellten des Verlags wie verwaiste Kinder tagelang wie paralysiert in ihren Büros sitzen, nicht glauben wollen, dass so ein außergewöhnlicher Mensch wie ihr Chef einfach so sterben kann. Ursula hat durch ihn gelernt, wie es sich anfühlt, in der Arbeit aufzugehen, Anerkennung, Bewunderung, ja Respekt entgegengebracht zu bekommen von außer- und innerhalb des Unternehmens. Sie weiß jetzt, dass sie erfolgreich sein und anderen zum Erfolg verhelfen kann.

Jahre zuvor, als Kellnerin in London, wo sie ihr erstes eigenes Geld verdient und nebenher Englisch lernt, weiß sie noch nicht, was sie sucht. Auch nicht, als sie später eine unkündbare Stelle als Sekretärin in einer Wiener Schule übernimmt, die sie fünf Jahre danach aufgibt. Dann betreibt sie „Jobhopping“: Sie lässt sich als Assistentin von unterschiedlichen Unternehmen anheuern, arbeitet kurz bei einer Zeitarbeitsfirma, dann in einem Computer-Startup, wird in einem Verlagshaus beschäftigt, versucht sich in einer Künstleragentur, die Kabarettisten, damals nur Männer, in Wien vermittelt. Davon ist sie sofort begeistert. „Der Job war einmalig, wirklich einmalig“, schwärmt sie, „der Umgang mit Künstlern – wunderbar. Ich mochte sie, sie mochten mich. Leider aber war ich dort nur für zwei Jahre als Karenzvertretung beschäftigt.“ Als sie danach in einem Architekturbüro ihre Tage, gelangweilt und genervt, mit dumpfem Kopieren von Unmengen an technischen Zeichnungen und Plänen verbringen muss, spürt sie: Sie will beruflich vor allem mit Menschen zu tun haben. Und dann trifft sie Justin und findet in seinem Magazin einen Traumjob. Die Realität nach seinem Tod zu akzeptieren, fällt ihr schwer – es dauert fünf Monate, in denen sie Arbeitslosengeld bezieht, bevor sie sich wieder bewirbt. Aufgrund ihrer Erfahrung bei der Anzeigenakquise bekommt sie recht schnell wieder einen Job und landet beim Lifestyle-Magazin. Ihre Erwartungen sind groß. Und werden völlig enttäuscht.

Der Frust darüber verfolgt sie bis in die Justizanstalt Schwarzau, wo sie circa zwei Jahre später, knapp 39-jährig, als Strafgefangene eingeliefert wird. In der Haft denkt sie oft an ihre Kindheit, ihre Jugend. An das ständige Gefühl, nicht erwünscht, nicht akzeptiert, fremdbestimmt zu sein.

So war es schon in der Waldorfschule, in die sie von ihren anthroposophisch angehauchten Eltern geschickt wurde. „Ich will die Steiner-Philosophie nicht verteufeln", sagt sie, „sie wird heute sicher ernster genommen und dementsprechend gelehrt. Aber 1980, als ich in diese Privatschule kam, zählte nur ein gut situiertes, angesehenes Elternhaus. Schulgeld musste bezahlt werden und Spenden wurden auch erwartet. Wenn nicht genug Geld da war, hatte man bei den Lehrern keine Chance." Die meisten ihrer Mitschüler erfüllen diese Voraussetzungen, tragen teure Markenkleidung und verfügen über viel Taschengeld. Wie ihre Freundin, deren Familie eine luxuriöse Villa mit Swimmingpool bewohnt. Ursula fühlt sich in dieser Welt wie ein Fremdkörper, möchte die Schule wechseln, die Mutter aber hat dafür kein Ohr. Seit sie selbst ihrem streng katholischen Elternhaus entflohen ist, hält sie Anthroposophie für ein Allheilmittel, auch für ihre Tochter. Diese darf nicht fernsehen, muss die ihr verhasste Eurhythmie üben. Ulis Mutter lebt nach eigenen Regeln und sieht ihre Vorstellungen als allgemeingültige Gesetze für die Familie an. Eine echte Kommunikation mit Ursula und ihrer sechs Jahre jüngeren Schwester findet nicht statt.

Wenn die Mutter besonders beschäftigt ist, mal beginnt sie ein Medizinstudium, dann erlernt sie den Beruf der Ergotherapeutin, wird die kleine Ursula weggeschickt, nach Linz. Dort leben ihre strenggläubigen, leistungsorientierten Großeltern. Beide sind noch beruflich aktiv, arbeiten bei der Voestalpine, einem Stahlhersteller. Beide haben – genau wie Ursulas Mutter – eigentlich gar keine Zeit für das kleine Mädchen. Betreut wird sie meist von ihrer Urgroßmutter, mit der sie sich hervorragend versteht, die sie „meine kleine Löwin" nennt. Mit ihrem Tod stirbt auch ein Stück von Ursulas Selbstbewusstsein.

Nach der elften Klasse verlässt Ursula die Waldorfschule, die damals noch keine Matura anbietet, und absolviert ihren Schulabschluss in Abendkursen. Es ist dieselbe Abendschule, in der sich ihre Eltern als junge Leute kennengelernt haben.

Erst bei ihren psychotherapeutischen Sitzungen in der JA Schwarzau wird ihr klar, dass ihr ganzes bisheriges Leben vom Streben nach Anerkennung bestimmt war. Wohl auch deswegen übernimmt sie die Verantwortung für das Sponsoring bei einem überregionalen burgenländischen Feuerwehrfest – mit fatalen Folgen. Sie arbeitet damals noch im Lifestyle-Verlag mit der anstrengenden Chefin; Shopping als Frustbewältigung hat sich bei ihr längst in klassische Kaufsucht verwandelt, dessen wird sie sich zunehmend bewusst. Um negative Empfindungen zu verdrängen, ihr Selbstwertgefühl zu stärken, muss sie die Häufigkeit ihrer Einkäufe ständig steigern; das „Hochgefühl" danach hält immer kürzer an. In ihrem Badezimmer türmen sich unzählige Schachteln mit Flakons teurer Parfüms; im Schrank ist kein Platz mehr für ihre vielen neuen Jacken, Hosen, Blusen. Sie hängen jetzt auch in ihrem Schlafzimmer, im Vorraum. Große Stapel von Porzellan breiten sich in der Küche aus, Kristallgläser, Schmuck, Schuhe, Taschen. Ihre Kreditschulden wachsen, parallel zur Angst, dass sie es mit ihrem niedrigen Gehalt nie schaffen wird, sie zu begleichen, dass die Fassade ihres Lebens bald wie ein Kartenhaus in sich zusammenbrechen wird. Sie nimmt sich immer wieder vor, sich zurückzuhalten, ihre Sucht zu beherrschen. Tageweise gelingt ihr das auch, aber die Rückfälle werden dann umso heftiger und teurer.

Genau in dieser Phase wird sie von Frau G. angesprochen, einer guten Bekannten ihres Lebensgefährten. Sie ist die Organisatorin des großen Feuerwehrfestes für 2.000 Personen – und braucht dringend

Hilfe bei der Suche nach den unverzichtbaren Sponsoringgeldern. Sekt für alle muss beschafft werden, Kühlanlagen, Tische, Stühle, Bühnenpodeste, Dekoration, Musik. Die Liste der benötigten Zuwendungen ist lang. Für Ursula ist es eine willkommene Abwechslung von ihrem trostlosen Arbeitsalltag. Es ist eine Chance, sich zu beweisen, Menschen für sich zu gewinnen, ihren Frust im Beruf mit einem lang ersehnten Erfolgserlebnis zu kompensieren. Sie sagt zu, übernimmt die Verantwortung für das Marketing, verzichtet dabei auf einen Vertrag, der ihr ein Erfolgshonorar zusichern würde. Im Sponsoring-Metier kennt sie sich gut aus, hat bald die ersten Zusagen großer Firmen. Die Verträge unterschreibt Ursula allein, ohne Frau G. – ein Riesenfehler, wie sich bald herausstellt. Doch zunächst läuft alles hervorragend, unter den zahlreichen unterstützenden Unternehmen ist sogar ein Großkonzern. Das Feuerwehrfest wird prächtig. Ursula geht es so gut wie lange nicht mehr, sie fühlt sich erfüllt, bestätigt. Für private Einkäufe hat sie gar keine Zeit mehr und fühlt auch kein Bedürfnis danach.

Dann kommt die Ernüchterung. Das Event, von dem alle voller Begeisterung sprechen, stand unter der Schirmherrschaft des Bürgermeisters. Es sollte dem Image seiner konservativen Partei dienen. „Das wusste ich wirklich nicht", sagt Ursula. Deswegen hat sie auch die GeldgeberInnen nicht darauf hingewiesen, weder bei Verhandlungsgesprächen noch im Schriftverkehr. Jetzt fühlen sich diese parteipolitisch missbraucht. Für eine solche Veranstaltung hätten sie nie finanzielle Unterstützung zugesagt. Diese sei unter Vortäuschung falscher Tatsachen erschwindelt worden, behaupten sie. Sie fordern ihr Geld zurück. Die Feuerwehrfest-Organisatorin Frau G. gibt zu Protokoll, dass Ursula dafür allein die Verantwortung trägt. Sie wird von einem großen Sponsor angezeigt, er verlangt sein Geld zurück.

Eines Tages stehen zwei Kriminalbeamte vor ihrer Wohnung. Sie händigen ihr den Haftbefehl aus und nehmen sie gleich mit. Für ihr Delikt, begangen in einem burgenländischen Städtchen, ist das Gericht in Eisenstadt zuständig, von dem es heißt, dass es besonders streng mit weiblichen Angeklagten umgehe. Da dort 2013 noch keine U-Haft für Frauen existiert, wird Ursula ins Gefängnis nach Wiener Neustadt gebracht.

Ursula rechnet zusammen: Zu ihren neuen Schulden vom Feuerwehrfest, es sind etwa 20.000 Euro, kommen die alten, durch ihre Kaufsucht verursachten. Zusammen sind es über 60.000 Euro, eine für sie unerschwingliche Summe. Sie denkt an eine Privatinsolvenz; dafür bräuchte sie aber, aus dem Gefängnis heraus, teuren Rechtsbeistand. Ihr Vater, der ihr hilfreich zur Seite steht, bezahlt schon ihren Strafverteidiger, zieht eine klare Grenze: „Für deine Schulden musst du selber aufkommen“, sagt er.

Ihre Zeit in der U-Haft zieht sich in die Länge. Die für sie verantwortlichen Strafrichterinnen wechseln ständig. Die Erste wird dauerhaft krank, die Zweite geht in den Mutterschaftsurlaub, die Dritte fühlt sich durch zu viel Arbeit überlastet und übergibt ihren Fall an eine Kollegin. Erst sie führt Ursulas Fall bis zum Gerichtsurteil.

Ursulas Kaufsucht wird nicht als mildernder Umstand anerkannt. Kaum ein Gericht tut das. „Weder in Deutschland noch in Österreich ist diese Verhaltensstörung hinreichend erforscht und somit keine automatische Strafmilderung“, ist auf der Website eines Fachanwalts für Insolvenzrecht zu lesen. Und weiter: „Obwohl geschätzt mindestens acht Prozent der Bevölkerung davon betroffen ist, ist die Dunkelziffer noch viel größer.“

Sie wird wegen schweren Betrugs zu 24 Monaten Gefängnis verurteilt. Acht Monate nach ihrer Verhaftung wird sie von der U-Haft in Wiener Neustadt in den Strafvollzug der Justizanstalt Schwarzau überführt. Damit ist sie plötzlich eine verurteilte Straftäterin. Das ist für sie ernüchternd, surreal, verstörend. Auch die Erkenntnis, wie unmerklich, fast beiläufig, sie in diese Situation geriet, schockiert sie. Ist das wirklich sie, Ursula, die jetzt mit anderen Verbrecherinnen eingesperrt ist? Über die „Gerüchteküche“ erfährt sie von den Delikten ihrer Haftgenossinnen. Die eine hat ihre fünf Kinder umgebracht, die andere ihren Mann vergiftet; viele sind drogenabhängig. Sie will das alles gar nicht so genau wissen, interessiert sich auch nicht für die üblichen, mit großer Kreativität von ihren Mitgefangenen betriebenen Selbstdarstellungen. Sie konzentriert sich auf ihre eigene Lage und nur die unentbehrlichste Kommunikation. Sie realisiert, dass sie im Gefängnis nicht nur aus ihrem gewohnten Leben herausgerissen wird. In ihrer Biografie werden damit schwer füllbare Lücken aufgerissen, auch in Bezug auf Sozial- und Rentenversicherungsjahre. Sie beschließt, alles zu tun, um die Auswirkungen so klein wie möglich zu halten.

Zielgerichtet, konzentriert und, ganz im Sinne ihrer Urgroßmutter, „sprungbereit wie eine kleine Löwin", sucht Uli Wege zurück in die bürgerliche Gesellschaft, nimmt psychotherapeutische Hilfe in Anspruch, reflektiert gründlich ihr bisheriges Leben. Was hat sie auf den letzten Strecken vor ihrer Straftat falsch gemacht; wo ist sie falsch abgebogen; was hat sie versäumt; was hat dazu beigetragen, dass sie heute eine Gefangene in Schwarzau ist? Sicher zählt dazu auch ihre Passivität, ihre Unfähigkeit, „Stopp, so nicht!" zu sagen. Das will sie als Erstes verändern, mit allem, was ihr zur Verfügung steht. Sie entscheidet, ihre ehemalige Chefin zur Rechenschaft zu ziehen, sie anzuklagen. Aus dem Gefängnis heraus ist das nicht einfach. Sie berät sich mit ihrem Anwalt. Als Strafverteidiger kann der sich der Sache nicht selbst annehmen, empfiehlt aber eine Kollegin von der Arbeiterkammer. An sie soll Ursula schreiben, ihr Anliegen schildern. Ursula hat keinen Zugang zu Computern, jegliche elektronische Geräte sind im Gefängnis verboten. Sie bringt ihr Anliegen also handschriftlich zu Papier, nennt entsprechende Eckdaten zu ihrem Vertrag mit dem Magazin. Als Anzeigenverkäuferin steht ihr, zusätzlich zu ihrem monatlichen Grundgehalt von 1.000 Euro, eine Provision von sechs Prozent der verkauften Anzeigen zu. Das könne ihr Einkommen verdoppeln, wenn nicht sogar verdreifachen, so die Schätzung ihrer Ex-Chefin bei ihrer Einstellung.

In ihrem Schreiben führt Ursula weiter aus: Ihre Arbeit war ausgesprochen erfolgreich. Das Geschäft lief gut; die Umsätze stiegen. Auf ihre vertraglich zugesicherten Provisionen aber wartete sie vergebens. Die Chefin vertröstete sie von Monat zu Monat, fand ständig Ausreden, bat um Geduld. Eine Zeitlang hielt sie still, dann wurde sie zunehmend unruhiger: Ihre Miete war in Verzug; die Schulden häuften sich. Als es mal wieder hieß, ein Kunde habe seine Rechnung nicht bezahlt, rief sie ihn direkt an und erfuhr, dass er längst überwiesen hatte. Ihre Chefin, die ihr inzwischen um die 18.000 Euro schuldete, hatte sie angelogen. Ein Versuch, sie zur Rede zu stellen, endete in einer Wutattacke mit Kündigungsandrohung. Ursula beschreibt in dem Brief auch ihren Frust, ständig demotiviert, ja gemobbt zu werden, das katastrophale Arbeitsklima, an das sich alle Beschäftigte in der Firma offenbar irgendwann einfach gewöhnt hatten. Sie spricht aber auch von ihrer damaligen Unfähigkeit, mit dieser Situation umzugehen, von ihrem Unvermögen, das ihr zustehende Geld wirksam einzufordern. Sie schickt ihren Brief ab.

Kurz danach wird sie von einer AK-Anwältin im Gefängnis aufgesucht. Die rät ihr, ihre frühere Chefin zu verklagen. Die Chancen, den Prozess zu gewinnen, stünden gut, sagt sie und bietet an, den Fall selbst zu übernehmen. Ursula beauftragt sie und schöpft wieder Hoffnung.

Sie arbeitet zu diesem Zeitpunkt in der Gefängnis-Großküche, die für circa 150 BeamtInnen das Essen zubereitet. Zimperlich wird sie dort nicht behandelt. Da sie vom Kochen nicht viel Ahnung hat, wird sie von ihren Arbeitskolleginnen für „niedere Dienste“ eingespannt und oft als „feine Dame“ ausgelacht und schikaniert. Die Nachricht über ihren Termin mit der AK-Juristin macht in der Haftanstalt blitzschnell die Runde, ist damit auch nicht gerade hilfreich. Ursula ist aber fest entschlossen, weiterhin um ihre Zukunft zu kämpfen, koste es, was es wolle.

Sie ist in diesem Kampf nicht allein. Ihr Vater steht ihr zur Seite, auch ihr Lebensgefährte. In ihrer Ausnahmesituation im Gefängnis erlebt sie plötzlich, wie sich ihre gesamten Beziehungen neu ordnen, mit oft sehr überraschenden Resultaten. Ihre langjährige, herzliche Freundin distanziert sich von ihr; auch einige ihrer guten Bekannten ignorieren sie. Dafür erscheint plötzlich ihr Ex-Freund im Besucherzimmer, ihre erste große Liebe, mit dem sie drei Jahre zusammen war und der sie damals für eine Kommilitonin verließ. Kaum hat er erfahren, wo sie steckt, besucht er sie, bringt ihr Süßigkeiten und viel Trost mit.

Ursula erinnert sich an „ihre Männer“: Den Ersten lernt sie in der Abendschule kennen, wie ihr Vater ihre Mutter. Da ist sie 18. Er ist wesentlich älter als sie, will Theologie studieren. Sie sind ein Jahr zusammen, dann tritt er dem Franziskanerorden bei und verschwindet aus ihrem Blickfeld. Er bringt sie aber noch in Kontakt mit einem jungen Bekannten, der zu ihrer großen Liebe wird und der sie jetzt im Gefängnis besucht. Eine „erwachsene Beziehung“ führt sie seit Langem mit ihrem jetzigen Partner, mit vielen Krisen, Streits, aber auch mit wachsender gegenseitiger Toleranz. Sie wohnen getrennt, stellen keine übertriebenen Ansprüche aneinander, halten aber fest zusammen.

Als Ursula nach sechs Monaten des Strafvollzugs ins Freigang-Haus verlegt wird, eröffnen sich für sie neue Optionen. Sie kann jetzt außerhalb des Gefängnisses arbeiten, sich draußen frei bewegen, muss aber täglich bis 18:00 Uhr in die JA zurückgekehrt sein. Sie wird der Vollzugsdirektion in Wien als Reinigungskraft für deren Büroräume zugewiesen. Eine Beamtin, zuständig für den Häftlingsdienst, spricht sie gleich am ersten Tag an: „Sind Sie nicht Frau B.? Ich komme aus Salzburg, ich kenne Ihren Vater!“ Ursula würde am liebsten vor Scham im Boden versinken. Ihr Vater ist ein erfolgreicher Salzburger Architekt, in der Stadt wohlbekannt. Bald schon spricht sich herum, dass seine Tochter als Strafgefangene putzt.

Ursula hält aber an ihrem Kurs fest. Leicht ist das nicht. Zunächst muss sie ihre chaotische finanzielle Situation in geregelte Bahnen lenken. Sie nimmt Kontakt zu Personen auf, bei denen sie privat verschuldet ist, trifft sie, prüft deren Bereitschaft, Ratenzahlungen zu akzeptieren. Bei manchen stottert sie bis heute ihre Schulden in Teilzahlungen ab. Den Fall ihrer Feuerwehrfest-Verbindlichkeiten gibt sie in die Hand eines professionellen Schuldnerberaters. Er verhandelt mit den beteiligten Firmen, legt sie auf eine niedrigere Wiedergutmachungssumme fest, die dann auf alle aufgeteilt werden soll. Und Ursulas Vater schafft mit einem Kredit mindestens diesen Teil ihres Problems aus der Welt.

Manchmal darf Ursula zu Hause übernachten. Dann räumt sie ihre Wohnung radikal aus, vor allem die Kleiderschränke. Sie hat in der Haft stark zugenommen, fast 15 Kilo, ihr Körperbewusstsein hat sich verändert. Sie versteht jetzt nicht mehr, wieso sie diese Berge von teuren Kleidern so begehrte, wieso sie bereit war, sich dafür dermaßen zu verschulden.

Die täglichen Zugfahrten zur Arbeit und die Begegnungen mit ihren Bekannten nach Feierabend machen ihr große Freude. Eine ehemalige Arbeitskollegin rät ihr, sich an der Donau-Universität Krems zu bewerben. Sie selbst hat dort gerade eine Ausbildung in Kommunikation und Werbung abgeschlossen und glaubt, das wäre auch was für Uli. „Lass Leerstellen in deinem Leben nicht zu", meint sie. Sie organisiert für ihre Freundin ein Info-Gespräch. Es verläuft gut, nur: Die Uni in Krems ist privat, kostet Studiengebühren. Viel Geld, das sie nicht hat.

Im April 2015, an einem verregneten, windigen Tag betritt Ursula die Wiener Zentrale der Österreichischen Wirtschaftskammer. Sie wurde zu einer Anhörung geladen. Die Kammer unterstützt den Wiedereinstieg von Arbeitskräften nach längerer Abwesenheit vom Arbeitsmarkt; Ursula möchte eine Teilfinanzierung ihres Studiums erreichen. Wenn es klappt, bekäme sie auch noch zusätzlich einen Zuschuss des Arbeitsamtes. Sie ist beinahe 40, nach allgemeiner Ansicht also „zu alt" für einen Neustart im Rahmen eines Studiums. Doch Ursula weiß, sie will, sie muss vor der Kommission der Wirtschaftskammer bestehen. Es ist ihre große, vielleicht ihre einzige Chance. Sie hat sich sorgfältig vorbereitet. Die Fragen der vier PrüferInnen prasseln auf sie nieder. Sie antwortet direkt, zupackend, beherzt, lässt sich auch nicht irritieren, wenn sie plötzlich auf Englisch gestellt werden. Ihr halbes Jahr in London war fruchtbar. Sie hat Erfolg: Sie überzeugt die Kommission und erhält die Förderung. Danach eilt sie zum Bahnhof, damit sie noch rechtzeitig vor 18:00 Uhr wieder im Gefängnis ankommt.

In Krems weiß nur die Rektorin von ihrer Situation. Alle anderen glauben, dass sie einen Pflegefall in der Familie hat, der ihr nicht erlaubt, immer in Präsenz an den Vorlesungen teilzunehmen oder abends das Unileben mit ihren Mitstudierenden zu genießen. In der JA stellt man ihr ein Tablet mit eingeschränktem Zugang zur Verfügung. Jetzt hat sie Zugriff auf Lernstoffe, kann ihre Studienkurse und -aufgaben online absolvieren. Zu einem Studenten aus ihrem Semester hält sie Kontakt, trifft ihn nach ihrer Putzarbeit in der Vollzugsdirektion, lässt sich auf Stand bringen. So schafft sie die beiden ersten Semester.

2015 wird sie aus der Haft entlassen, und ab da ist sie auch physisch bei den Vorlesungen und Seminaren anwesend. Um ihr Budget aufzubessern, verkauft sie für große Medienhäuser Anzeigen, muss dazu dienstlich viel herumreisen, nach Düsseldorf, Budapest, Warschau. Es ist schwer, alles unter einen Hut zu bringen, aber sie hat das Gefühl, ihre vergeudete Lebenszeit im Gefängnis nachholen zu müssen. Sie will ihre Biografie rückwirkend „überschreiben".

Zu ihrem Studienabschluss 2017 bekommt sie ein ganz besonderes Geschenk: Der Prozess gegen ihre ehemalige Chefin ist abgeschlossen. Ursula hat ihn gewonnen. Bei der Prüfung der Strafanzeige sind noch andere Ungereimtheiten und Verfehlungen ihrer Ex-Vorgesetzten ans Tageslicht gekommen: schlampige Buchführung, versäumte Zahlungen an die Krankenkasse und das Finanzamt. Nach dreijährigem Strafverfahren wird Ursula ihre Provisionen plus dazugehörige Zinsen zugesprochen, insgesamt 25.000 Euro. Es ist für sie eine große Genugtuung. Der Vorgang hat sie extrem belastet. Jetzt kann sie durchstarten, mit ihrem Hochschulabschluss und neuen Qualifikationen. Was sie noch braucht, ist ein entsprechender Job. Dazu verlangen die potenziellen ArbeitgeberInnen aber meist ein makelloses polizeiliches Führungszeugnis. Und in ihrem ist vermerkt, dass sie zwei Jahre einsaß.

Aber sie hat Glück; bei einer Werbeagentur wird sie zur Einstellung nicht danach gefragt. Sie bekommt den Job, schreibt parallel ihre Masterarbeit. Bis ihre Firma den Steuerberater wechselt und der neue Ursulas Leumundszeugnis sehen will. Wieder berät sie sich mit einem Anwalt. Sie hat in Mindestdauer ihr Studium absolviert, ihre Gefängnisstrafe abgesessen, hat in kürzester Zeit große Teile ihrer Schulden abbezahlt. Soll das alles keine Rolle spielen? Der Anwalt stellt einen Antrag auf Löschung ihrer Straftat aus dem polizeilichen Führungsregister, gibt besondere Dringlichkeit an. Es ist wie ein Wettrennen mit der Zeit: Wenn es Ursula nicht gelingt, ein einwandfreies Leumundszeugnis zu bekommen, bevor der Steuerberater ungeduldig wird, ist ihr neuer Job weg und ihr Neustart ins bürgerliche Leben gefährdet, wenn nicht sogar verunmöglicht. Aber es klappt. Nach zwei Monaten kann sie das entsprechende Papier im Personalbüro vorlegen.

Ursulas enormer Einsatz für ihre Resozialisierung, ihre Entschlossenheit und strategische Begabung haben der Gesellschaft statt einer weiteren gescheiterten Existenz ein vollwertiges produktives Mitglied zurückgebracht.

Dass es auch anders, negativ ausgehen kann, zeigt der Fall von Alex. Er ist ehemaliger Musiker und anerkannter Tontechniker, der für große Theaterfestivals, auch die Salzburger Festspiele, Opern und Musikkonzerte arbeitete. Wegen Marihuana-Handels wird er zu fünfeinhalb Jahren Gefängnis verurteilt. Hinzu kommt noch die Verpflichtung, die „durch strafbare Handlung erlangten Vermögenswerte“ als „Verfallsbetrag“ zurückzuzahlen – dieser wird auf 371.580 Euro festgesetzt.

Alex bekommt einen Zahlschein ins Gefängnis geschickt, mit der Aufforderung, die Summe inklusive Mahngebühren binnen zwei Wochen an die Einbringungsstelle der Republik Österreich zu überweisen. In einem weiteren Brief vom Finanzamt wird sein korrigierter Steuerjahresausgleich unter Berücksichtigung seines illegalen Gewinns verlangt. Auch die gewerbliche Sozialversicherung, vom Finanzamt informiert, meldet sich im Knast bei ihm und verlangt zusätzlich 14.000 Euro. „Der Apparat rannte einfach knallhart weiter“, sagt er, „ohne Berücksichtigung, dass ich im Gefängnis weder Zugang zu Geld noch zu meinen Unterlagen hatte.“

Nach dreieinhalb Jahren wird er wegen guter Führung aus dem Gefängnis entlassen. Er sitzt jetzt auf einem Berg von Schulden beim Staat, die durch die Mahngebühren ständig wachsen, hat aber keine Möglichkeit, Geld zu verdienen. Wie auch? Sein Gewerbeschein wurde ihm für die nächsten 15 Jahre entzogen, genauso wie der für seine Arbeit unentbehrliche Führerschein. „Man hat uns in der Haft so einen Auszug aus dem österreichischen Strafgesetzbuch vorgelegt; alle Gefangenen haben ihn bekommen“, erzählt Alex. „Da stand: Das Ziel der Gefangenschaft ist die Resozialisierung. Eine Begleichung meiner Schulden und Wiedereingliederung in die Gesellschaft erscheint so unmöglich“, stellt er fest.

Kämpfen wie Bruce Lee

Barbara U., Justizvollzugsanstalt Willich II, Nordrhein-Westfalen

Ein bekannter Actionfilm flimmert über den Fernseher: Ein junger Mann springt aus dem Stand wie von einem Trampolin über einen hohen Zaun, isst dabei Chips aus der Tüte. Er landet auf der Grasfläche eines eleganten Anwesens, sieht vor sich einen älteren Mann auf der Veranda und sechs Bodyguards, die mit gezogenen Messern auf ihn zustürmen. Er rührt sich nicht, knabbert ruhig weiter seine Chips. Die Männer versuchen, ihn anzugreifen, ihre Messer stechen aber in die Luft. Mit unglaublicher Schnelligkeit und perfekten Kung-Fu-Techniken duckt er sich unter ihren Armen, ihren Beinen durch, springt über ihre Köpfe, um sie dann, einen nach dem anderen, mit blitzartigen, nicht vorhersehbaren Schlägen niederzustrecken. Im finalen Kampf mit dem älteren Mann auf der Veranda, einem Mafiaboss, scheint der Held endgültig die Naturgesetze außer Kraft zu setzen. Er katapultiert seinen schmalen Körper in die Luft – man meint, er könne fliegen – und setzt dann, mit fast übersinnlicher Präzision, seine Hände, Ellbogen und Füße auf Kopfhöhe des Gegners als tödliche Waffen ein. Die animalischen Schreie, die er dabei ausstößt, erinnern an exotische Riesenvögel. Die Szene findet Echo bei Millionen von Fans weltweit. Sie alle wollen so kämpfen können wie er.

Auch die neunjährige Barbara verfolgt atemlos, was sie da auf dem Bildschirm sieht. In der kleinen Grubenwohnung im tiefsten schlesischen Kohlenpott träumt sie davon, auch so kämpfen zu können wie ihr Idol Bruce Lee im Film *Die Todesfaust des Cheng Li*, imitiert Bruce' Kampfschreie. Seine Filme werden im Polen der 1970er-Jahre oft wiederholt. Dann stellt sich das kleine Mädchen vor den Fernseher und kämpft an der Seite von Bruce, versucht dabei, sich einige Elemente seiner Kampftechniken anzueignen. Noch ist sie recht klein und zart, sie will aber stark werden, so stark, dass sie in der Lage ist, sich selbst zu verteidigen. Täglich holt sie aus dem Küchenschrank ein Kilo schwere Mehl- und Zuckerpackungen, stemmt sie und trainiert damit ihre kindlichen Muskeln. Draußen im Innenhof der Grubenhäuser liegt neben Hühnern und Schweinen Sand. Sie häuft ihn auf und schlägt mit ihren Fäusten so lange hinein, bis sie bluten. Mehrmals verletzt sie sich das Handgelenk, als sie ihre gespreizten Finger zu kräftig in den Sand rammt. Sie versucht sich an Sprüngen mit den Füßen voran an die Hausmauern, was ihr häufiger misslingt, mit schmerzhaften Folgen. Aufgeben kennt sie trotzdem nicht, Bruce Lee gibt ja auch nie auf, und trainiert weiter. Bruce Lee, der Straßenkämpfer, der sich für die Gerechtigkeit, für die Schwachen, Unterdrückten, Verfolgten prügelt, ist ihr Wegweiser, ihr Retter. So nimmt sie ihn wahr, den „größten Kampfsportler aller Zeiten". Er zeigt im Film, dass es möglich ist, jede Situation zu meistern, zu überleben. Er gibt ihr Hoffnung. Und die hat sie bitter nötig.

Wann ihr acht Jahre älterer Bruder, „der Prinz", wie ihn die Eltern nannten, anfing, sie sexuell zu belästigen, dann zu missbrauchen, weiß sie nicht mehr genau. Sechs oder sieben war sie vielleicht. Ihre ersten bleibenden Erinnerungen daran, Szenen, die sie genauestens wiedergeben kann, stammen aus ihrem achten Lebensjahr. Ab dann kann sie sich an alles genau erinnern, an jede Bewegung ihres Bruders, an das Gefühl der Hilflosigkeit, den Schmerz und vor allem an die Wut, die sich in ihr aufstaut und ein Ventil sucht. Diese Wut wird sie ihr ganzes Leben nicht mehr verlassen. Sie sucht Hilfe bei der Mutter, erzählt ihr, was passiert. Die Mutter glaubt ihr nicht, bestraft ihre „Lügen" mit Schlägen. In der Küche hängt eine Peitsche mit mehreren Riemen. Man gibt sich in der Familie nicht mit Ohrfeigen ab, ein Schlag mit der Peitsche hinterlässt sieben blutige Spuren auf der Haut. Barbara denkt an Bruce Lee, der zeigt auch keine Schmerzen. Beim Auftreffen der Riemen sieht sie der Mutter mit unbeweglichem Gesicht direkt in die Augen.

In der Schule wird Barbara zunehmend unkonzentrierter, aggressiver. Ihre Leistungen lassen nach, auch dafür gibt es zu Hause wieder Schläge. Aber zum Ärger der Mutter lassen sich die Wutanfälle ihrer

Tochter nicht mit der Peitsche abstellen. Barbara versucht noch einmal, den Missbrauch zu thematisieren, wird aber von der Mutter nur ausgelacht. Sie merkt, dass sie von niemandem Hilfe bekommt, dass nur sie selbst sich helfen kann, so wie Bruce Lee, dass sie stark, unbezwingbar werden muss.

Mit 13 gründet sie in ihrer Arbeitersiedlung beim Kohlenwerk eine Straßengang. Drei Jungs und zwei Mädchen sind dabei, Kinder im Alter von 12 bis 14, die genauso wie sie von Stärke träumen. Die Väter, Großväter, Brüder arbeiten alle unter Tage, Grubenunglücke mit Verletzten oder gar Todesopfern werden als Teil des Schicksals angesehen und hingenommen. Genauso wie die schwarzdunstige, stickige Luft, die ständiges Halskratzen und Lungenbrennen verursacht und schwarze Kohlenstaubspuren auf Gesicht und Händen hinterlässt. In dieser Welt gelten die Regeln der Erwachsenen, haben sich die Kinder unterzuordnen. Sie bleiben sich meist selbst überlassen. Barbara übt mit ihrer Gang Überlebenstechniken, genießt das Gefühl, sich selbst behaupten zu können.

Als ihr Bruder sie wieder einmal auf das Bett werfen will, prügelt sie plötzlich auf ihn los. Er ist so überrascht, dass er sich gar nicht wehrt. Sein Blut befleckt die Bettwäsche, die Flecken sehen aus wie damals, als er sie während ihrer ersten Periode missbrauchte. Barbara schlägt zu wie im Rausch; es ist für sie ein Befreiungsakt, ein Wendepunkt, der auch das Ende ihrer Kindheit markiert. Der Bruder fasst sie danach nie wieder an.

Jetzt nimmt sie ihr Schicksal endgültig selbst in die Hand, will unabhängig werden, einen Beruf erlernen, es „zu etwas bringen“. Nach acht Jahren Grundschule beginnt sie eine dreijährige Lehre als Friseurin. Der kreative Umgang mit Haaren gefällt ihr sehr: Färben, schneiden, gestalten – als ob sie Personen völlig neu erschaffen würde, und sich selbst gleich mit dazu. Sie wird ruhiger, kommunikativer. Um den Anforderungen der Chefin gerecht zu werden, legt sie während der Arbeitszeit sogar ihre „Gang-Boss-Kleidung“ ab: zerrissene T-Shirts, durchlöcherte Jeans, kaputte Jacken. Aber die schicken Röcke und gut sitzenden Pullis, die man von ihr im Betrieb erwartet, kann sie sich nicht leisten. Ihr gesamtes Geld bekommt Ende des Monats die Mutter. Die besorgt ihr auch ihre Kleidung oder näht sie selbst. Ihren Geschmack findet Barbara furchtbar. Sie schämt sich dafür vor ihren Kolleginnen. „Das war Horror für mich", erzählt sie, „die Farben passten nicht, die Größen passten gar nicht, alles war zu breit, da hat sie mir dann Gummis eingenäht." Sie versucht, den obligatorischen Arbeitskittel, der ihre Kleidung verdeckt, möglichst früh anzuziehen. Bis sie sich für die Flucht nach vorne entscheidet und ihr Outfit zum neuen Trend erklärt.

Der Friseurberuf ist ihr Ding. Sie ergänzt ihn um die Techniken und das Wissen von Stylistinnen und Visagistinnen, die in großen Salons ihre Kundschaft beraten. Später will sie selbst eine „Schönheitsfarm" leiten, das ist ihr großer Plan. „Meine Träume waren prall wie ein Luftballon", sagt Barbara. „Aber als ich 18 war, platzte er."

Sie hat eine Allergie gegen Haarfärbemittel, die nach ihrem Gesellenabschluss und einjähriger erfolgreicher Arbeit als Friseurin festgestellt wird, damals ein Ausschlusskriterium für diesen Beruf. Also wird sie Lagerarbeiterin, versucht, in Abend- und Wochenendkursen ihr Abitur nachzuholen. Ohne die notwendigen Bücher aber, deren Kauf die Mutter ihr verweigert, muss sie nach einigen Monaten die Schule abbrechen. „Mädchen sollen mit 18 heiraten und Kinder kriegen, alles andere ist nur Zeit- und Geldverschwendung", lautet die Begründung ihrer Eltern. „Nimm dir doch ein Beispiel an deinen beiden Halbschwestern".

Barbara erzählt, wie sie sich dann weigerte, einen 40-jährigen, gut situierten Mann zu heiraten, den ihre Mutter ihr zuführte. „Das war so ein Kleiner, Hässlicher; sein Auto, sein Geld waren mir da völlig egal", erinnert sie sich. Und wie sie selbst den an sich netten Arbeitskollegen ihres Vaters als Ehemann ablehnte. „Er hatte 15 Geschwister, seine Familie wollte, dass ich eine Fußballmannschaft für ihn gebäre, aber das war nichts für mich, danke." Sie lacht. Das tut sie überhaupt sehr oft, diese kleine, schmale Person mit sehr lebendigen Augen und einer energetischen Ausstrahlung. Nur wenn sie von der Wut spricht, von der Aggressivität, die damals ihre Jugend bestimmte, wird ihr Gesicht angespannter.

„Warum hat mir Mutter damals nicht geholfen? Sie musste doch sehen, dass mit mir irgendwas nicht stimmte. Warum hat sie mich nicht zu einem Arzt gebracht, oder sonst wohin? Vielleicht wäre mein Leben dann ganz anders. Aber es hieß immer nur: ‚Nein, nein, nein.'" Auf Fragen wie diese findet Barbara keine Antwort. Sie verstummt.

Dann erzählt sie von ihrer Tenniskarriere, die in einem Club nicht weit von ihrer Grubenwohnung ihren Anfang nimmt. Sie ist damals acht. Schnell gilt sie als Talent, aber auch als besonders ausdauernd, widerstandsfähig. Ihr Trainer staunt, wie viele Stunden dieses kleine Mädchen täglich im Club verbringt, wie hart sie trainiert. Der Grund ist: Sie will nicht nach Hause zu ihrem Bruder. Der Club ist ihre Zuflucht. Sie wird immer besser, sammelt etliche Auszeichnungen und Medaillen. Mit 15 Jahren wird sie ausgewählt, an Meisterschaften in der ehemaligen DDR teilzunehmen, die Belohnung für ihr jahrelanges Schinden auf dem Tennisplatz. Doch die Mutter verweigert ihr die Erlaubnis für die Reise. Barbara bittet, bettelt, versucht, ihre beiden Schwestern dazu zu bewegen, sich für sie zu verwenden. Alles vergeblich, ihre Mutter bleibt hart. Das ist für sie das Ende ihrer Tenniskarriere: Sie wirft aus Protest ihre Sportkleidung in den Müll, lässt sich im Club nicht mehr blicken. „Wer weiß, vielleicht wäre ich eine Steffi Graf geworden", lacht sie wieder.

Hier ist die Zeit für unser erstes Gespräch zu Ende. Barbara verabschiedet sich mit einem kräftigen Händedruck und wird aus dem Büro der leitenden Gefängnispsychologin Frau S., in dem wir das Gespräch führten, zurück in ihre Zelle gebracht. Sie ist seit über acht Jahren hier, in der JVA Willich II, wegen Mordes in Tateinheit mit Raub mit Todesfolge. Sie sitzt eine lebenslange Freiheitsstrafe ab.

Durch das Bürofenster sieht man graue Betonmauern, nach oben mit Stacheldraht abgesichert, und dahinter einen halbfertigen Gebäudeklotz, der gerade bei Regen und grauem Himmel ziemlich bedrohlich wirkt. „Das ist das neue Männergefängnis für circa 800 Insassen", erklärt Frau S. „Dort würde ich nicht arbeiten wollen, in solch einem Massenbetrieb."

Beim nächsten Besuch strahlt zwar die Sonne, aber die aufragenden hellgrauen Betonklötze hinter den von Stacheldraht bewehrten Mauern wirken trotzdem nicht freundlicher.

Stacheldraht an den Mauern der JVA Willich II

Barbara ist 19 Jahre alt, als sie auf der Hochzeit einer Freundin ihren zukünftigen Ehemann kennenlernt. Die Eltern sind an diesem Wochenende nicht zu Hause; der Vater absolviert einen Kurs für das Bedienen von Bergwerksmaschinen in Gliwice, die Mutter begleitet ihn. Davor hat sie Barbara noch verboten, an der Hochzeitsfeier teilzunehmen. Sie soll, wie verabredet, brav die Braut frisieren, sich dafür gut bezahlen lassen und dann schleunigst nach Hause zurückkommen. Barbara aber hat andere Pläne. Sie macht sich schick und tanzt die Nacht durch. Hauptsächlich mit einem Freund des Bräutigams, einem netten jungen Mann, einem genauso guten Tänzer, wie sie es ist. Die beiden reden viel, verabreden sich für den nächsten Tag. Schon bald darauf sind sie sich einig: Sie wollen heiraten. Barbaras Mutter unterstellt ihrer Tochter eine Schwangerschaft, schleppt sie zum Frauenarzt.

Ob es wirklich die große Liebe war, kann Barbara heute nicht sagen. Eher nicht. Aber sie verstehen sich gut, und sie will unbedingt von zu Hause weg. Ihr Mann ist gelernter Maurer, arbeitet aber, wie so viele junge Männer, die eine Alternative zum Militärdienst suchen, unter Tage. Zu fünf Jahren musste er sich verpflichten; zum Zeitpunkt ihrer Hochzeit sind noch zwei davon übrig. Ihnen wird eine Einzimmerwohnung in der Nähe des Bergwerks zugewiesen. Bald darauf kommen ihre beiden ältesten Söhne zur Welt.

Dann nimmt das Leben der jungen Familie eine überraschende Wende. Barbaras Schwiegermutter will ihnen das Haus der verstorbenen Tante überlassen, einen Bauernhof im Heimatdorf ihres Mannes an der Oder, ungefähr 150 Kilometer vom Kohlenpott entfernt. Sie übersiedeln, ihr Mann nimmt einen Job als Montagearbeiter bei einer Baufirma an. Barbara wird zur Bäuerin. Sie steht jeden Morgen um 4:00 Uhr auf, füttert ihre 80 bis 90 Schweine, dann die Hühner, Enten, Puten. Sie melkt ihre einzige Kuh, versorgt die Kinder, bestellt ihre Mais-, Weizen- und Roggenfelder. Und stellt dabei fest, dass sie genau so leben möchte. Die Wut, ihr früherer ständiger Lebensbegleiter, verlässt sie; sie findet endlich ihren inneren Frieden. Sie erzählt begeistert von der Landluft, von der Freiheit, die ihre Kinder damals genossen haben: „Aufstehen, waschen, eine Scheibe Brot auf die Hand und raus –

spielen, austoben, es gab kaum Autos, nichts Gefährliches." Sie spricht von der guten Beziehung zu ihrem Mann, von ihrem dritten Sohn, der in dieser Zeit geboren wird. Sie schwärmt vom Duft der frisch gewaschenen Bettwäsche, die draußen in der Sonne langsam vor sich hin trocknet. Von der friedlichen Ruhe, die sich abends über den Hof legt, wenn Tiere und Kinder schlafen. Vom Holzsammeln im Wald bei Vogelgezwitscher. Sie spricht über diese Zeit wie von einem verlorenen Paradies, das sie neun Jahre lang genießt.

Warum ihr Mann letztlich alkoholsüchtig wird, kann sie noch heute nicht genau sagen. Am Anfang will er vielleicht nur die Probleme mit seiner Mutter ertränken. Er erfährt von ihren riskanten finanziellen Transaktionen, ihrem immer weiter wachsenden Schuldenberg, wird bedrängt, für sie Bürgschaften zu unterschreiben. Später kommt der Einfluss seiner Kollegen von der Baustelle hinzu, deren Trinkexzesse im Ort berüchtigt sind. Angeblich wird sogar ein Teil seines Gehalts in Wodka ausbezahlt. Er kommt jetzt immer öfter betrunken nach Hause, wird zunehmend ausfällig, randaliert, brüllt sie und die Kinder an. Als er sie zum ersten Mal schlägt, ist sie völlig schockiert, fassungslos. Auch das zweite, dritte und vierte Mal. Irgendwann kommt ihre Wut zurück, und sie beginnt, sich zu wehren. Als dreifache Mutter ist sie nicht mehr so stark wie mit 15, also greift sie zu herumliegenden Gegenständen, zu Töpfen, Besen, Stühlen, und schlägt zu. Als er dann auch ihre Söhne nicht mehr verschont, packt sie eines Tages ihre Sachen, will ihn verlassen. Er bricht daraufhin in Tränen aus, bittet um Vergebung, schwört, nie wieder zur Flasche zu greifen, beteuert seine Liebe zu ihr und den Kindern. Und hält sich auch an seinen Schwur. Zumindest einige Monate lang. Dann trifft den Bauernhof das „Jahrtausendhochwasser" der Oder 1997, die größte Überschwemmung seit Beginn der Aufzeichnungen.

Es ist der 10. Juli 1997, Barbara schneidet gerade Brot für die Kinder, als sie das panische Kreischen ihrer Nachbarin hört: „Lauft den Berg hoch in die Kirche, schnell!" Dann scheppern Megafone: „Raus aus euren Häuser, sofort, das Wasser kommt!" Sie nimmt ihren Jüngsten auf den

Arm, greift nach den anderen beiden und rennt los. An dieses Rennen, dieses kopflose Rasen in die höhergelegene Kirche, kann sie sich noch heute, 26 Jahre später, sehr gut erinnern: an die Erschöpfung ihrer Söhne, die, völlig außer Atem, ihre Beine nicht schnell genug bewegen können, an ihre verzweifelten Versuche, schneller mit ihnen vorwärts zu kommen, an den beklemmenden Schmerz in der Brust. Und später, in der Kirche, an die angsterfüllten Schreie der Entkommenen, an ihr gemeinsames Zittern, die Gebete, als das schlammige Wasser langsam das Mosaik auf dem Kirchenboden bedeckt, höher und höher steigt, den Altar zu überschwemmen droht, und dann, wie durch ein Wunder, auf Höhe ihrer Knie stehen bleibt.

An diesem Tag verliert die junge Familie ihr gesamtes Hab und Gut. Von ihrem Bauernhof sieht Barbara danach nur noch ein Stück des gemauerten Kamins aus dem Schlamm ragen. Als sie ihren Mann endlich findet, ist er besinnungslos betrunken. Eine Versicherung für den Hof hatte er nicht abgeschlossen. Geld für einen Neuanfang, und sei er noch so bescheiden, haben sie nicht. Er weint, beschimpft sie, weint, schimpft.

Mit nichts als der Kleidung am Leib fährt Barbara mit den Kindern zu ihrer Schwester nach Katowice und bleibt knappe zwei Jahre dort. Bis ihr Ältester, er ist inzwischen 12, sie eindringlich auffordert, sich doch endlich wieder mit Papa zu versöhnen, ihn nach so langer Trennungszeit mal wieder zu treffen. Ihr Mann, der anscheinend seit Kurzem in Kontakt zu seinem Sohn steht, besucht sie, schwört, dass er sich geändert habe, erklärt den Rückfall nach der Flut mit seiner Verzweiflung. Er bittet Barbara um eine letzte Chance. Sie gibt nach.

Gemeinsam ziehen sie in eine neue Wohnung. Und wieder läuft bald alles nach dem bekannten Muster. Für gut zwei Jahre hat ihr Mann seine Alkoholsucht im Griff, findet eine gute Arbeitsstelle, ist fürsorglich und ausgeglichen. Barbara bekommt zwei weitere Kinder, zwei Töchter, während die Trinkexzesse ihres Mannes erneut beginnen. Sein Alkoholkonsum wird jetzt völlig hemmungslos; er verliert seine Arbeit. Auch in der Nachbarschaft ist man nicht mehr bereit, seine täglichen Ausfälle, sein Brüllen, das Geschrei und Weinen seiner Frau und Kinder, das laute Bersten von Einrichtungsgegenständen zu ertragen. Es kommt zu einer Vielzahl von Polizeieinsätzen. Der Betrunkene wird verhaftet, am nächsten Tag entlassen, und alles fängt von Neuem an. Die Familie verliert immer wieder ihre Wohnungen; die nächsten Bleiben werden immer schäbiger, ärmlicher. So geht es vier Jahre. In dieser Zeit beginnt die fünffache Mutter, in Supermärkten Lebensmittel zu stehlen, nur das Notwendigste: Brot, Milch, Kartoffeln, Nudeln. Ihr eigener Zustand ist ihr mittlerweile egal; sie beschreibt sich selbst als vernachlässigt, heruntergekommen, fühlt sich, wie sie sagt, „wie eine Asoziale". Ihre Wut und ihre Aggressivität sind zurück, sie kann nicht mehr gelassen mit anderen kommunizieren; ihre Sprache, mit unflätigen Schimpfwörtern durchsetzt, wird immer gröber und primitiver. Aber ihre Kinder sollen nicht hungern. Das ist jetzt das einzige Ziel, das ihr bleibt. Diebstahl ist dazu für sie das kleinste Übel.

Eines Tages demoliert ihr Mann im Suff ihre ohnehin armselige Küche, schüttet Mehl und Zucker auf den Boden. Sie greift zu einem Schürhaken und will zuschlagen. Doch ihr Sohn reißt ihn ihr aus der Hand. Also packt sie einen Besenstil und schlägt ihn mit aller Kraft auf den Kopf ihres tobenden Ehemannes. Er fällt zu Boden, bewegt sich nicht. Schockiert klingelt sie beim Nachbarn: Sie habe ihren Mann umgebracht, sagt sie. Er solle die Polizei holen. Aber als der Nachbar in ihre Wohnung geht, steht ihr Mann bereits wieder und brüllt. Barbara wird schlagartig klar, dass sie ihre Lebensumstände sofort ändern muss, „sonst gibt es wirklich Tote".

Sie findet in der Zeitung eine Anzeige: In einem Nachtclub wird eine Stripteasetänzerin gesucht. Der Job ist gut bezahlt; sie hat mit ihren inzwischen 37 Jahren und fünf Kindern immer noch eine gute Figur; Tanz ist nach wie vor ihr Element. Also verlässt sie ihren Mann erneut, bewirbt sich und wird eingestellt. Zunächst bringt sie ihre Kinder bei benachbarten Familien unter, dann findet sie eine bescheidene Unterkunft, wo sie alle zusammen leben können und für ihren Mann nicht so leicht zu finden sind. Tagsüber versorgt sie ihre Kleinen; abends, wenn diese im Bett sind, fährt sie in den Club zum „Stangensport", wie sie es nennt. Sie verdient gut, auch ohne die durchaus üblichen „Zusatzdienste“ mit Gästen auf den Zimmern, die sie strikt verweigert. Ihre Kinder sind jetzt besser angezogen, müssen nicht mehr hungern, ihr Leben ist geregelt. Sie spart Geld für eine größere Wohnung, hat eine in Aussicht, die erst noch renoviert werden muss, in die sie aber in einem Jahr einziehen könnten.

Dann meldet sich ihr Ehemann wieder, sagt, er wolle sie retten. Sie sei doch keine Nutte, keine Schlampe. Fragt, wie sie für ein paar Zloty ihren Körper in so einem Etablissement nur zur Schau stellen könne. Und wenn schon, dann brauche sie doch zumindest jemanden, der sie beschützt, zur Arbeit fährt und wieder abholt, nachts auf die schlafenden Kinder aufpasst. Er habe jetzt wieder eine gute Arbeitsstelle, sei trocken, unterstütze auch ihre Umzugspläne. „Ich war so ein Idiot, so ein Vollidiot“, ärgert sich Barbara noch heute. Aber die Vorstellung, nicht mehr allein sein zu müssen, ihre Familie wieder zurückzugewinnen, überzeugt sie. Ihr Mann zieht also in ihre bescheidenen vier Wände ein. Die Kinder sind überglücklich, ihren Papa wiederzuhaben. Und auch im Nachtclub hilft seine Präsenz. Die lästigen Versuche ihres Chefs, sie zur „Arbeit am Zimmer“ zu bewegen, hören abrupt auf. Barbara fühlt sich beinahe wie früher, geborgen und beschützt. Aber nicht lange.

Eines Nachts steht ihr Mann nicht vor der Bar wie sonst, holt sie nicht nach Dienstschluss ab, auch zu Hause ist er nicht. Die Kinder sind allein. Die Büchse mit den hart erarbeiteten 20.000 Euro, dem Geld für die Renovierung der neuen Wohnung, ist verschwunden. Erst Stunden später taucht ihr Mann auf, sturzbetrunken, beschimpft sie als „Nutte“ und „Flittchen“. Ihre Leidensgeschichte wiederholt sich: Jede Nacht kommt er betrunken nach Hause, schreit, schlägt sie; ein hilfsbereiter Nachbar muss immer wieder eingreifen. Diesmal wird auch das Jugendamt verständigt, eine unangekündigte Kontrolle findet statt. SozialarbeiterInnen finden im Kühlschrank mehrere Wodkaflaschen, aber keine Lebensmittel, überall im Zimmer stehen angebrochene Schnaps- und Bierflaschen herum. Ihr Mann wird ins Jugendamt eingeladen. Dort behauptet er, seine Frau sei eine Säuferin.

Zehn Jahre später, bei Barbaras Strafverfahren beim Landesgericht Aachen wegen Mordes wird diese Phase im Gerichtsurteil so beschrieben: „Die Angeklagte lebte zeitweise mit ihren Kindern bei Nachbarn und verlor schließlich im April 2004 aufgrund der Behauptung ihres Ehemannes, sie sei Alkoholikerin, das Sorgerecht für ihre Kinder. Bemühungen für dessen Rückgewinnung scheiterten, weil es der Angeklagten nicht gelang, eine eigene Wohnung anzumieten." Und weiter: „Die Angeklagte konsumiert keine Drogen und betreibt keinen Alkoholmissbrauch."

Die Kinder werden bei einer Pflegefamilie untergebracht. Mit den Pflegeeltern hat sie Glück: Diese sind vorurteilslos, tolerant, aufgeschlossen, behandeln ihre Schützlinge liebevoll und empathisch. Sie ermöglichen Barbara sogar unter dem Radar der Bürokratie zusätzliche Besuche bei ihren Kindern. Das Kapitel mit ihrem Mann ist für sie damit endgültig zu Ende. Sie sieht ihn nie wieder.

Was nun folgt, erinnert eher an ein romantisches Hollywoodmärchen als an einen Bruce-Lee-Film. Und zu Barbaras vielen Rollen, die sie in ihrem Leben bereits hatte, als Tennistalent, Boss einer Jugendgang, Friseurin, Bäuerin, fünffache Mutter, Stripteasetänzerin, wird bald eine weitere dazukommen: die einer polnischen Hausfrau in einer nordrhein-westfälischen Kleinstadt. Im Nachtclub, wo sie nach dem Verlust des Sorgerechts für ihre Kinder noch immer an der Stange tanzt und Besucher zum Trinken animiert, zeigt plötzlich einer der Gäste ein tiefergehendes Interesse an ihrer Person. Er überhäuft sie mit Trinkgeld, lässt seine bestellten Drinks dabei aber unberührt stehen. Er wolle sie auch privat einladen, sagt er, gleich am nächsten Tag, in den Schlesischen Vergnügungspark. Er erzählt, er sei gebürtiger Pole, lebe seit über 35 Jahren in Deutschland und besuche manchmal seine Mutter im polnischen Kohlenpott. Und jetzt freue er sich sehr, Barbara getroffen zu haben, will sie mal in den Schlesischen Vergnügungspark einladen. Doch ihr ist nicht nach „Vergnügen" zumute und schon gar nicht nach neuen Männerbekanntschaften. Sie ist erschöpft, der Kampf um ihre Kinder hat ihre gesamte Energie geraubt. Als er sie dann noch mit persönlichen Fragen zu ihrem Privatleben konfrontiert und von ihr ehrliche Antworten fordert, ist es vorbei mit ihrem Widerstand. Es ist wie ein Dammbruch: Ihre ganze angestaute Verzweiflung kommt heraus. Das professionelle Lächeln einer Stripteasetänzerin weicht einer Flut von Tränen. Sie schildert ihm heftig und ungeschminkt ihre Lage, spricht viel über ihre Kinder.

Heute weiß Barbara nicht mehr so genau, was sie ihm damals alles erzählt hat. Und er ihr. Sie weiß nur, dass sie am nächsten Tag in seinem Auto sitzt und nur mit dem, was sie am Leib trägt sowie ihrem Personalausweis mit ihm nach Deutschland fährt. Und dass er ihr verspricht, eine Rechtsvertretung für sie zu beauftragen, die ihr dabei helfen soll, das Sorgerecht für ihre Kinder zurückzuerlangen. Sie glaubt ihm nicht wirklich, zu gut klingen seine Pläne. Aber wirkliche Alternativen hat sie nicht. Sie ist 38 und hat nichts mehr zu verlieren.

An ihre Ankunft in dem kleinen Ort im Ruhrpott kann sie sich gut erinnern: viel Licht, bunte Reklamen. Und auch an die ersten Momente in seiner Wohnung, die er mit seiner pubertierender Tochter aus seiner geschiedenen Ehe teilt. Barbara bekommt von ihm einen seiner Pyjamas und die Hälfte seines Bettes. Dazwischen legt er einen zusammengerollten Morgenrock, wie ein edler Ritter sein Schwert, damit er die Grenze zum Anstand nicht überschreitet. Und so geht es wochenlang; er rührt sie nicht an. Irgendwann wird sie deshalb unruhig. Ist er etwa impotent? Kichernd wie ein junges Mädchen erzählt Barbara, wie er nach einem Gute-Nacht-Kuss immer regungslos auf seiner Seite liegen bleibt und am nächsten Morgen völlig verspannt aufsteht. Wochenlang. Wie sie dann selbst die Initiative ergreift. Und wie dann beide erfreut feststellen, dass sie „sehr gut zueinander passen".

Ihr neuer Freund hält Wort. Er verpflichtet einen Rechtsanwalt, der sich beim polnischen Gericht um das Sorgerecht und ihre Scheidung kümmert. Wann immer er kann, begleitet er sie zu ihren Gerichtsprozessen, besucht mit ihr die Kinder bei ihren schlesischen Pflegeeltern. Alles zieht sich in die Länge, weil ihr Noch-Ehemann zu keinem der anberaumten Gerichtstermine erscheint. Bald bringt Barbara ihr sechstes Kind zur Welt: eine Tochter. Ihr Partner ist überglücklich, völlig vernarrt in das kleine Mädchen.

Nach vier Jahren ist es schließlich so weit. Der genervte Richter fällt, wie üblich bei wiederholter Abwesenheit einer Partei, ein „Versäumnisurteil“; Barbara wird offiziell geschieden und erhält das alleinige Sorgerecht für die fünf Kinder aus ihrer ersten Ehe. Sie holt die drei jüngsten nach Deutschland: den 15-jährigen Sohn und die beiden Mädchen, sechs und neun Jahre alt. Ihr Ältester ist inzwischen 21, beendet gerade seine Ausbildung als Bergbau-Ingenieur und will in Polen bleiben. Sein jüngerer Bruder schließt sich ihm an. Ihr Partner freut sich auf Barbaras Familie, renoviert die Wohnung und kauft allen Fahrräder. Die romantische Hollywood-Story erfährt ihr – scheinbares – Happy End: Barbara und ihr Partner heiraten, die gemeinsame Tochter bekommt, nach einem DNA-Test, seinen Nachnamen. Nichts scheint dem dauerhaften Glück der wiedervereinten Familie mehr im Wege stehen zu können. Doch Barbara traut dem Happy End nicht. Jeden Tag wartet sie misstrauisch darauf, dass ihr Mann sein „wahres Gesicht“ zeigt. Wenn sie heute darüber spricht, wird sie von Gefühlen der Trauer überwältigt, von bodenloser Reue, von Wut auf sich selbst. Warum hat sie diesem guten Mann nicht vertraut, warum seine wirkliche, tiefe Liebe zu ihr angezweifelt? Aber jemandem uneingeschränkt zu vertrauen, kommt in ihrer Biografie nicht vor; sie hat es nie gelernt.

„Was war damals da drin?“, fragt sie und schlägt sich mit der flachen Hand auf die Stirn. „Was für blöde Gedanken, was für Schwachsinn war da?“ Sie kann auch heute noch nicht fassen, warum sie alles kaputtmachen musste, „das ganze Glück zerstören“. Sie erkennt erst jetzt die Parallelen zu ihrem Ex-Ehemann, der ihre glückliche Familie damals ebenfalls zerstören musste.

Als Hausfrau und Mutter lebt sie jetzt im Heimatstädtchen ihres zweiten Ehemannes. Obwohl er gelernter Maurer ist, arbeitet er seit über 20 Jahren in einem größeren einheimischen Feinbackwaren-Betrieb, verdient zwar nicht übermäßig viel, hat sich aber als Alleinstehender über viele Jahre etwas zurücklegen können. Die Familie kommt über die Runden. Er überlässt Barbara die Verantwortung für

Eingang in die JVA Dinslaken in Nordrhein-Westfalen – von InsassInnen gestaltet

ihr gemeinsames Bankkonto und für sämtliche familiären Ausgaben, von den monatlichen Miet-, Strom- und Gasrechnungen über die Lebensmitteleinkäufe bis zur Beschaffung von Möbeln und der Planung ihrer Urlaube. Barbara nimmt ihre Rolle als Familienmanagerin sehr ernst. Um ihr Budget etwas aufzubessern, arbeitet sie mit, zuerst in einer Backstube, später liefert sie Pizza aus. Es macht ihr große Freude, ihren Kindern alles zu ermöglichen: neue Wohnungseinrichtung, schickere Kleidung, ausgedehntere Urlaube in Polen, in Kroatien, sogar in Griechenland. Egal was für Wünsche in der Familie aufkommen, das Geld dafür ist da. Ihr Mann ist von ihrem Organisationstalent begeistert, er vertraut ihr komplett. Von ihrer Kaufsucht, die sich längst von der Beschaffung des Lebensnotwendigen abgekoppelt hat, ahnt er nichts.

Einkaufen wird für sie zur Sucht, zum Zwang. Beim Shoppen fühlt sie sich entspannt, selbstsicher, befriedigt. Schon wenn sie zwei Tage nicht durch Geschäfte streifen kann, wird sie nervös, zittrig, schlecht gelaunt. Sie kauft alles, auf das ihr Blick fällt: Kochtöpfe, Lampen, Spielzeuge, viel zu viele Gummistiefel für die Kinder, kiloweise Schinken, dutzende Honiggläser. Sie kauft viel mehr, als die Familie braucht, verschenkt einen Teil ihrer Einkäufe an Bekannte. Dann verirrt sie sich eines Tages in eine Halle mit Spielautomaten. Sie gewinnt 150 Euro und verliert sie wieder, spielt weiter. Schon kurze Zeit später ist sie dort täglicher Gast, und auch das Spielen wird zur Sucht.

Bald sind ihre Ausgaben nicht mehr von den Einnahmen gedeckt. Erste Schulden holen sie ein; es wird immer schwieriger, sie vor ihrer Familie zu verbergen. Als zwei ihrer Pizza-Stammkunden sie zum Tee einladen, witzeln sie herum, wie man durch Kreditkartenbetrug schnell und gefahrlos an Geld kommen könne. Sie zeigt Interesse, wird daraufhin genau eingewiesen: Im ersten Schritt geht es darum, mithilfe von echten Namen und Adressen – sie nimmt die ihrer vielen Pizzakunden –, Kreditkarten im Internet zu beantragen. Die per Post zugeschickten Kreditkarten fängt sie samt dem später folgenden zweiten Brief mit der PIN direkt vom Postboten ab, indem sie diesen „zufällig" vor dem Briefkasten trifft oder sie aus den Briefkästen herausfischt. Im zweiten Schritt hebt sie Geld von der Karte ab und gleicht den Betrag danach wieder mit neuen Kreditkarten aus.

Das geht lange gut, da die Besitzer der Karten davon ja zunächst nichts mitbekommen; eine Abbuchung und nachfolgende Rückbuchung ist unauffällig. Barbara beherrscht das System anfangs erfolgreich. Durch ihre Spielsucht angetrieben, muss sie aber mit immer mehr Kreditkarten und immer größeren Beträgen hantieren. Bald verliert sie den Überblick und auch die Kontrolle über ihre Schulden. Seit drei Monaten hat sie keine Miete mehr überwiesen, eine schon mehrfach verschobene letzte Frist endet mit dem 31.12.2013. Zahlt sie bis dahin nicht, steht ihre Familie auf der Straße. Gleichzeitig droht ihr ein Erpresser, der ihr auf die Schliche gekommen ist, sie auffliegen zu lassen, wenn sie ihm nicht bis Silvester 800 Euro überweist. Beide Posten summieren sich auf 2.500 Euro. Für die Begleichung weiterer Schulden von knapp 30.000 Euro hätte sie dann noch etwas mehr Zeit. Gelingt ihr die Zahlung bis Silvester nicht, bricht ihr Lügengebäude zusammen. Dann wird sich ihr Mann von ihr abwenden, sie „verjagen“, da ist sie sich sicher. Sie vertraut sich ihm nicht an, sondern versucht, an Spielautomaten an das Geld zu kommen. Es gelingt natürlich nicht.

Im Aachner Gerichtsurteil wegen Mordes von 2014 steht über diese Zeit: „Die Angeklagte befand sich am 31.12.2013 in massiven Geldnöten. (...) In dieser sehr angespannten finanziellen Lage war es ihr nicht mehr möglich, auf legalem Wege an dringend von ihr benötigte Geldmittel zu kommen.“

Erst seit Kurzem kann Barbara überhaupt darüber sprechen. Jahrelang hat sie diesen schicksalhaften Silvestertag 2013 verdrängt, jede Aussprache dazu verweigert, die Tat abgestritten, vor Gericht und vor sich selbst. Inzwischen ist ihr dieser Tag wieder erschreckend präsent. Sie sieht ihn vor sich, als wäre es heute. Wie sie ihr Haus verlässt, um ein befreundetes älteres Ehepaar zu besuchen. Es sind entfernte Verwandte ihres Mannes, sie spricht sie mit „Tante“ und „Onkel“ an, verhältnismäßig gut situiert, die ihr immer wieder mit kleineren Geldbeträgen ausgeholfen haben, bis es ihnen einfach zu viel wurde. Sie weiß, dass die beiden rund 20.000 bis 30.000 Euro für ihr Begräbnis gespart haben, um niemandem zur Last zu fallen. Sie bewahren das Geld bei sich zu Hause im Wäscheschrank auf, weil sie Banken nicht trauen. Sie wartet an diesem Silvestertag auf der anderen Straßenseite, bis die „Tante“, wie üblich um diese Zeit, das Haus verlässt und einkaufen geht. Dann klingelt sie beim „Onkel“, raucht mit ihm eine Zigarette und bittet ihn um 2.500 Euro.

Als er ihr das Geld verweigert, greift sie nach einem Küchenmesser und sticht zu, immer wieder. Der Mann sinkt tot zu Boden. Sie nimmt 2.500 Euro aus dem Wäscheschrank, den Rest des Geldes lässt sie liegen, und verlässt das Haus, macht mit ihrem Mann Einkäufe, feiert später mit ihm auf der Silvesterparty ihres Sohnes. Mit der Tat konfrontiert – der Zigarettenstummel mit ihrer DNA wird sie schließlich überführen –, weist sie die Schuld empört zurück, unterstellt dem Richter sogar Ausländerfeindlichkeit.

Erst vier Jahre später begreift sie ihre Straftat in vollem Umfang, beschreibt ein Licht, das in ihrem Kopf plötzlich angegangen ist und ihr Verbrechen in voller Klarheit gezeigt hat, ist entsetzt über sich selbst. „Was habe ich gemacht?“, sagt sie. Als ob sie diesen Mord gerade eben erst begangen hätte, so fühlt sie sich. Bis zu diesen Moment nach zwei Jahren in U-Haft in Köln und später im Willicher Strafvollzug, verleugnet sie alles, fühlt sich unschuldig, ungerecht behandelt, gemobbt: „Ich? Nein! Ich bin unschuldig! Kreditkartenbetrug, ja. Aber Mord? Das ist Verschwörung!“ So beschreibt sie, wie sie sich im Gefängnis mit ihrer Unschuldsbehauptung panzert, wie sie nichts an sich ranlässt, nicht mal ihre eigenen Gedanken. Nur die Wut beherrscht ihr Denken, lenkt ihr Verhalten. Ihre unkontrollierbare Reizbarkeit, die Heftigkeit ihrer Reaktionen, ihre Schreianfälle werden in der Haftanstalt schnell bekannt. Sie mag ihre Arbeit in der Gefängnisküche sehr. Doch bei einer Streiterei dort ergreift sie einen Stuhl und will ihn auf einer Mitinsassin zerschlagen. Nur dank der Intervention einer Mitgefangenen, die im letzten Moment eines der Stuhlbeine festhalten kann, wird ein Drama verhindert. Sie spricht dann mit Barbara, empfiehlt ihr dringend, die Gefängnispsychologin aufzusuchen, mit ihr über ihr Aggressionsproblem zu sprechen.

Barbara tut es. Und das ändert alles. Trotz ihrer Empörung, dass sie die Küchenarbeit, die auch den Umgang mit Messern erfordert, aufgeben muss, trotz ihrer Wut gegen die Psychologin, die sie zuerst am liebsten ebenfalls schlagen würde. Und trotz ihrem anfänglichen Abblocken jeglicher Gespräche über ihr Leben, ihrem Unverständnis, ob ihr das etwas bringe.

Die externe Therapie, die die Gefängnispsychologin Frau S. für Barbara über das Justizministerium organisiert, ist für sie eine völlig neue, heute noch verblüffende Erfahrung, ein Angebot, das sie im Laufe der Zeit immer mehr zu schätzen lernt. In einer der späteren Sitzungen entscheidet sie sich, es mit ihrer Wut, ihrer Aggressivität aufzunehmen, ihre Gefühle verstehen zu lernen und Kontrolle über sie zu gewinnen, sie vielleicht sogar ganz loszuwerden. Die Vision einer dauerhaften inneren Ruhe ist für sie wie eine biblische Erlösung. Dafür ist sie alles zu tun bereit. Sie wird auf die A3 verlegt, die „lockerste" Abteilung im geschlossenen Vollzug. Sie bekommt Schlüssel für ihre Zelle, darf sie tagsüber jederzeit verlassen, nach Belieben duschen, kochen, auch Mitinsassinnen besuchen. Auf ihren ausdrücklichen Wunsch hin erlaubt man ihr, statt zu arbeiten die Gefängnisschule zu besuchen. Sie holt ihren Realschulabschluss nach. Ihren Fokus legt sie aber auf ihre Therapie. Als die nach zweieinhalb Jahren endet, mehr wurde ihr vom Ministerium nicht bewilligt, gibt sie der verblüfften Abteilungsleiterin ihren Zellenschlüssel und damit ihre Freiheit zurück und verlangt, wieder in die reguläre geschlossene Abteilung verlegt zu werden. Die Stimmung unter den Mitinsassinnen auf A3 behindere den Erfolg ihrer Wutbehandlung, erklärt sie: „Das ständige Klagen und Herziehen über die Vollzugsbeamten, das ewige Jammern, das zieht mich nur runter." In der Geschlossenen wird es aber nicht besser: „Ich bin aggressiv, ich brauche weiter Therapie. Die ganze Zeit allein in meiner Zelle, ohne soziale Kontakte, ich weiß nicht, ob meine Aggression dadurch runterkommt oder nicht", schildert Barbara ihr damaliges Dilemma.

Sie spricht mit dem Gefängnisdirektor. Er empfiehlt ihr einen Umzug in die sozialtherapeutische Abteilung, Sie soll sich sofort entscheiden. „Jetzt oder nie", sagt er. Noch am gleichen Nachmittag wechselt sie dorthin. Sie sind acht Frauen. Gemeinsames Essen, gemeinsame Gespräche, gemeinsames Anpacken der Probleme, und eine für diese Abteilung typische, ganz besondere gegenseitige Aufmerksamkeit. Man achtet aufeinander. Wenn Barbara einen ihrer typischen Schreianfälle bekommt, wird sie in ihre Zelle geschickt, bis sie sich beruhigt hat, notfalls auch tagelang. „Das hilft mir", sagt sie, „diese Konsequenz." Gerade auf eine der Mitinsassinnen hört sie sehr oft, vertraut ihren Einschätzungen. Eine Freundin? Nein, sagt Barbara, so etwas habe sie hier nicht. „Hier kommt man allein und geht man allein", ergänzt sie, einen bekannten Knastspruch zitierend.

Heute, zwei Jahre später, zeigt sich Barbara als glühende Verfechterin der Sozialtherapie. Ihre Aggressivität hat sie zwar noch immer nicht

Barbara in ihrer Zelle, JVA Willich II

völlig im Griff, gelegentliche Rückfälle kommen vor. „Aber die Wut geht nicht mehr direkt vom Kopf in die Hände", sagt sie, „sie bleibt im Mund." Dann geht sie in ihre Zelle und schreit, und danach ist wieder alles gut.

„Als ich gefragt wurde", sagt Barbara, „ob ich Interviews geben würde, habe ich sofort zugesagt. Ich muss lernen, über mein Leben und meine Taten zu sprechen. Ich muss alles genau erzählen, ich muss alles rausholen, was ich weiß, mich bemühen. Vielleicht lernen andere Menschen, Jugendliche daraus. Vielleicht sagen sie dann: ‚Wow, ich muss besser aufpassen, mich in Acht nehmen, mich ändern, sonst werde ich wie diese Frau.'" Barbara wirkt engagiert, beinahe leidenschaftlich. „Niemand ist doch als Verbrecher geboren, einfach nur böse. Ich sagte mal zu einer Beamtin hier: ‚Vielleicht werden Sie auch mal eine Gefangene.' Bei mir waren es nur einige Sekunden – und zack! Alles ist vorbei, alles. Nie wieder gutzumachen, bis ans Ende des Lebens. Glaubt man das?" Jetzt überschlagen sich ihre Worte: „Man muss deutlich machen, wie wichtig die Therapie ist! Dass jemand zuhört, dich ernst nimmt; das ist unglaublich wichtig! Dass man Probleme mit Sprache lösen kann, das habe ich früher nie gewusst. Deswegen habe ich das meinem Mann angetan."

Morgen wird er sie wieder besuchen. Zusammen mit ihrer 17-jährigen Tochter, die sich gerade auf das Abitur vorbereitet. Vor neun Jahren, als er sie zum ersten Mal in der U-Haft besuchte, hat ihm Barbara die sofortige bedingungslose Scheidung angeboten. Sie war bereit, alles zu unterschreiben. Er wollte aber nichts, wollte keine Scheidung. Er wollte auch diesen schwierigen Weg mit ihr zusammen gehen. Er liebt sie, sagt er.

„Das war sehr schwer für meine Familie", sagt Barbara. „Ich habe es gut, ich bin hier von den Gefängnismauern geschützt. Hier kommt das Gespött der Leute nicht rein. Aber draußen zeigen alle mit dem Finger auf meinen Mann." Auch ihre Tochter wurde schwer gemobbt, erzählt sie, und dass diese deshalb zweimal die Schule wechseln musste, einmal auch, weil sie einen Jungen zusammenschlug, der sie immer wieder als „Tochter einer Mörderin" beschimpft hatte. Heute haben beide halbwegs gelernt, damit umzugehen. Ihr Umfeld interessiert sich auch nicht mehr wirklich für Barbaras Tat. Der grausame Mordfall, der Gemüter erhitzte und wochenlang durch alle Zeitungen ging, liegt weit zurück. Neue Aufreger beherrschen das Stadtgespräch. Bis auch die uninteressant werden.

Lustkiller Säure

Jasna L., ehem. Justizanstalt Josefstadt, Wien, und Justizanstalt Schwarzau, Niederösterreich

Jasna sitzt auf ihrem Stockbett und starrt auf das kleine Fenster ihrer U-Haft-Zelle. Das engmaschige Gitter zerschneidet das diffuse Licht von außen in viele gleichförmige Elemente. Wie viele mögen es sein? Sie zählt sie und kommt ständig zu einem anderen Ergebnis. Durch die dichten Rauchwolken, die durch die Zelle wabern, sieht sie die anderen Frauen, nie ohne Zigarette in der Hand, eingesperrt wie sie, ständig redend. Ihre Sprache versteht sie nicht. Ist es Rumänisch? Acht Frauen auf acht Betten, die meisten mit Tabletten ruhiggestellt. „Wo bin ich hier gelandet?", denkt Jasna. Sie zieht ihr Unterhemd aus und bedeckt damit das Kissen, vor dessen Anblick und Geruch sie sich ekelt. Sie denkt an ihre schöne Wohnung mit Garten und hellen Polstermöbeln. An den Kriminalbeamten, der sie sofort abholen sollte und mit dem Haftbefehl vor ihrem Gesicht wedelte. Ein paar persönliche Dinge durfte sie noch einpacken. Wie er sich auf ihrem Sofa breitmachte und ihr in starkem Wiener Dialekt mitteilte: „Pass auf, du kummst jetzt woaunders hi. Und ans sog i da glei: So schee wia do wirst as durt net hom. Des kaunnst da oschminkn!"[1]

Sie versuchte, vor ihm keine Schwäche zu zeigen, sagte: „Kein Problem, ich schaff das schon." Sie rief ihre Schwester an: „Die sind schon da und nehmen mich gleich mit. Du musst den Kleinen nehmen. Er ist im Kinderzimmer." Ihre Schwester und ihr Schwager kamen sofort und packten ihren Sohn in ihr Auto. „Er sah mich im Polizeiwagen sitzen, als ich abgeführt wurde, und schrie nur: ‚Mama!' Ich habe gesagt: ‚Sei brav, Mama geht arbeiten.'"

---

1 Pass auf, du kommst jetzt woanders hin. Und eins sage ich dir gleich: So schön wie hier wirst du es dort nicht haben. Das kannst du dir abschminken.

41, 42, 43, 44, 45 – die kleinen Abstände zwischen den Maschen am Fenster lassen nur wenig Licht durch. Sie zählt sie immer und immer wieder. Das gibt ihr Ruhe. Jetzt verzählt sie sich auch nicht mehr. „Hilft nichts, was willst du machen?", denkt sie. „Bloß nicht jammern. Es ist passiert, ändern kannst du es nicht mehr. Jetzt musst du warten, was kommt. Seltene Besuche, nur mit Trennscheibe dazwischen, keine Berührungen." So vergehen Tage.

Schatten der Lichtgitter auf dem Boden

Auf die junge, hübsche Insassin, die sich strikt an die Gefängnisvorschriften hält, nicht raucht, nicht trinkt, Ordnung hält, werden die JustizbeamtInnen der Justizanstalt Josefstadt in Wien aufmerksam. Sie wird als Hausarbeiterin in der Mutter-Kind-Abteilung verpflichtet, putzt dort die Korridore, teilt Essen aus. Sie bekommt ihre eigene Zelle, die sie sich mit Gegenständen aus dem Lager selbst einrichten darf. Spätestens jetzt ist „die Blonde" der ungehemmten Feindseligkeit ihrer Mitgefangenen ausgesetzt, ihren Intrigen und Schikanen. „Meinst du, du bist was Besseres? Nur weil du Hausarbeiterin und blond bist?", bekommt sie zu hören.

„Neid und Intrigen waren dort eine richtige Bedrohung", sagt sie. Ihre „Chefin", die Stockkommandantin, rät ihr, „cool" zu bleiben, bietet ihr bei Bedarf ihre Hilfe an. Jasna hütet sich, das Angebot anzunehmen. „Ich bin kein *Vanser*, keine Verräterin, ich muss mich selber wehren können." Sie lernt, dass sie den anderen nie Angst zeigen darf, öfters aber ihre „Zähne": „Ich war schon als Kind temperamentvoll und frech, wie unsere Leute vom Balkan halt so sind. Aber im Knast musste ich noch einige Schippen drauflegen."

Ihr Fall wird von Zeitungen aufgegriffen: „Rache des Engelsgesichts trifft untreuen Ehemann hart", steht dort. Einige Insassinnen haben ein paar Fetzen davon aufgeschnappt, eine eigene Geschichte daraus gemacht. Demnach soll Jasna mit einem scharfen Messer die Männlichkeit ihres Ehepartners verletzt haben. Diese brutale Version verbreitet sich blitzschnell in der JA Josefstadt und erreicht bald die Männerabteilung einen Stock tiefer, was dort bei den sonst wenig zimperlichen Insassen einen Schauder des Entsetzens hervorruft. Als Jasna beim Essenholen aus der Küche mit der Stockkommandantin diese Abteilung durchquert, stehen die Gefangenen vor ihren Zellen und schützen mit der Hand ihren Hosenschlitz. Jasna darf auf ihr Zischen nicht reagieren; kein Wort darf sie mit ihnen wechseln, auch nicht lachen; es ist ihr als Hausarbeiterin streng untersagt. Sie passiert dieses „Spalier" mit erhobenem Haupt. „Das war gut. So haben sie Angst vor dir", sagt später ihre Chefin „das hat dir Respekt verschafft." Jasna weiß, sie muss künftig noch viele solcher Situationen bewältigen. „Keiner macht mich fertig“, wiederholt sie für sich immer wieder, wie ein Mantra. „Ich darf deren Geschwätz nicht zu ernst nehmen.“

Monate vergehen, Haftprüfung folgt auf Haftprüfung, dann kommt endlich ihr Prozess. Bei ihrem Delikt droht Jasna eine lange Freiheitsstrafe. Das Urteil wird also, wie in solchen Fällen üblich, den Geschworenen überlassen. Diese entscheiden: 15 Jahre für versuchten Mord, Freiheitsentziehung, schwere Körperverletzung, schwere Nötigung. Dem Staatsanwalt ist das zu mild; er geht in Berufung. Jasnas Strafe wird auf 20 Jahre erhöht. Jetzt wird sie zum Strafvollzug nach Schwarzau verlegt, nach beinahe drei Jahren U-Haft.

Die Justizanstalt Schwarzau, das einzige Frauengefängnis in Österreich, liegt 60 Kilometer südlich von Wien, in einem umgebauten ehemaligen kaiserlichen Jagdschloss. Immer donnerstags kommen „die Neuen“ an, kürzlich verurteilte Frauen, aus unterschiedlichen U-Haft-Anstalten im ganzen Land. Das „Krokodil“ bringt sie durch das mehrfach bewachte Tor auf das Gefängnisgelände. „Krokodil“ nennen die Insassinnen den fensterlosen, nur mit schmalen Lichtschlitzen versehenen Gefangenentransporter. „Das ist real. Ich bin in keinem Film“, denkt Jasna während ihrer Ankunft die ganze Zeit. Zu diesem Zeitpunkt ahnt sie noch nicht, was wirklich alles auf sie zukommt.

Es ist die Hölle. Einige ihrer ehemaligen Mitgefangenen aus der U-Haft trifft sie in Schwarzau wieder. Sie haben bereits Geschichten über Jasna verbreitet – keine guten. „Da kommt die Prinzessin aus der Josefstadt“, heißt es, „jetzt soll sie spüren, was Knast heißt. Sie soll hier eine richtige Hölle erleben.“ Gleich zur Begrüßung sagt ihr die für die Arbeitseinteilung zuständige Beamtin mit Blick in ihre Akten: „Was? Hausarbeiterin? So bequem wirst du es hier nicht haben.“ Sie wird dem U-Betrieb zugewiesen, in dem Insassinnen für externe Firmen kleine Plastikteile für Autos anfertigen. Sie arbeitet fleißig und hart. Die Stimmungsmache gegen sie kontert sie mit korrektem Verhalten, hofft, dass sie mit ihrer positiven Haltung BeamtInnen wie Insassinnen für sich gewinnen kann, dass sie merken, „was für ein Mensch, was für eine Person" sie ist. Die angedrohte „Hölle" kann sie trotzdem nicht vermeiden. Als sie zum ersten Mal ihre Zelle betritt, wird ihr das schlagartig klar. Sie erinnert sich noch genau: „Acht Stockbetten auf engstem Raum, sieben Frauen, Goldzähne, lange Röcke. Alle rauchten. Ständig wurde von irgendjemandem ein neuer Tschick angezündet. Nur oben war ein Bett frei. Ich legte mich hin. Unter mir wurde die ganze Nacht weiter gepafft; ich konnte nicht schlafen. Ich rauche nicht, Rauch bringt mich um. Da war laute Musik, scheppernde Stimmen aus dem voll aufgedrehten Fernseher bis spät in die Nacht. Ich musste um 6:00 Uhr aufstehen, mich fertig machen für die Arbeit. Am nächsten Tag schrie mich die Kommandantin meines Stockwerks an, ich solle gefälligst die Zelle sauber halten: ‚Du weißt doch, wo du jetzt bist. In Schwarzau wird geputzt, nicht nur im Bett gelegen!' Sie erlaubte mir keine Erklärung, nannte mich, zur Belustigung aller, Aschenputtel. Meine Bettnachbarinnen hatten mich bei ihr angeschwärzt: ‚Die Blonde putzt nix.' Völlig absurd. Ich habe meine große Klappe gehalten, mich nicht gewehrt. Sie sollten mit mir machen, was sie wollten, Hauptsache, sie schlugen mich nicht. Nur durchhalten musste ich, bis ... Die Beamten sollten mich zuerst kennenlernen. Ich dachte, dann würde ich vielleicht eine Einzelzelle bekommen und eine andere Arbeit. Aber das brauchte Zeit."

Jasnas Unnachgiebigkeit trägt schließlich Früchte. Nach zwei Jahren im U-Betrieb, wo sie Autospiegel mit scharfen Messern von überflüssigem Plastik befreit und Gummizapfen zurechtschneidet, bekommt sie eine Arbeit in der Wäscherei. Das wollte sie von Anfang an: viel Bewegung anstatt sitzen, abwechslungsreiche Betätigung, Teamwork. Auch Wochenenddienste findet sie gut, „dann vergeht die Zeit schneller".

Es ist nicht einfach, dahin zu kommen. Als Langzeitgefangene, zu 20 Jahren Verurteilte kann sie kein Vertrauen der BeamtInnen erwarten. Die Wäscherei hat direkten Kontakt „nach außen", es gibt externe Kundschaft. Eine potenzielle Flucht einer Insassin wäre so nicht ausgeschlossen. Jasna bittet wiederholt um eine Chance, um einen Vertrauensvorschuss. „Ein großer Fehler in meinem Leben reicht, einen weiteren brauche ich nicht“, beteuert sie. „Ich habe ein Kind, bin absolut zuverlässig“.

Und irgendwann bei der morgendlichen Aufzählung der einzelnen Arbeitsgruppen um 6:50 Uhr vor den Zellen wird Jasna zur Wäscherei gerufen. „Brav bleiben und fleißig arbeiten“, sagte zu ihr am Vortag Frau S., die die Arbeitsaufteilung verantwortet, „beim kleinsten Fehler bist du wieder im U-Betrieb.“ Ab da bügelt Jasna 30 bis 40 Kilogramm Wäsche täglich, diese Vorgabe erfüllt sie spielend. Sie mag es, ihre Geschicklichkeit und Sorgfalt unter Beweis zu stellen, Falten zu entfernen, Knitter zu glätten, in schnellem Tempo Wäsche in einen makellosen Zustand zu versetzen. Sie braucht kaum Pausen. Die Wäschereileiterin schätzt sie.

„Als eine Mörderin nach verbüßter Strafe aus der Haft entlassen wurde, sie war Vorarbeiterin in der Wäscherei, bekam ich das Angebot, ihre Stelle zu übernehmen“, erzählt Jasna. Damit ist sie jetzt für die gesamten Abläufe dort mitverantwortlich, auch für die Aufteilung der Arbeit unter den anderen Gefangenen. „Es ist mir damals gelungen, einen Platz für mich in Schwarzau zu finden, eine Position zu erkämpfen, die es mir ermöglichte, halbwegs unbeschädigt die vielen Haftjahre zu überstehen. Damit hörten auch die Probleme mit den anderen Insassinnen auf. Irgendwie habe ich es geschafft, ihren Respekt zu gewinnen“, stellt sie fest.

Woher hat Jasna ihre unbeirrte Zähigkeit, ihr Durchhaltevermögen? Ihre Herkunft ist sicher auch ein Grund dafür.

Sie wird in Prijedor, in der Nähe Banja Lukas, geboren. Ihre Eltern sind bosnische Muslime, Bosniaken. Ein ständiger Überlebenskampf, das Ringen um die eigene Identität gehört zu ihrer kulturellen Prägung. „Mein Vater ist jetzt zwar alt, aber immer noch ein Kämpfer, so stark, wie ein richtiger Mann sein sollte. Ich habe ihn nie müde gesehen, nie krank. Ich fragte ihn vor einigen Tagen: ‚Papa, hast du Schmerzen?‘ ‚Nein, wie kommst du darauf‘, grinste er. Auch meine Mama war eine starke Persönlichkeit, eine Kämpferin. Sie ging arbeiten, daneben hat sie gekocht, gewaschen, gebügelt. Als mein Vater nach Hause kam, war alles auf dem Tisch. Sie hat nie geklagt, war immer fröhlich, immer positiv." Jasna lächelt bei dieser Erinnerung.

Ihre Eltern waren nicht sonderlich religiös, sagt Jasna. Als Kind ging sie nie in die Moschee. Aber die Zugehörigkeit zu den Bosniaken wird in ihrer Familie gepflegt und hochgehalten. Dieses Bewusstsein schlägt sich auch auf Lebenshaltung und Werte nieder. Ihr strenger Vater ist ein Patriarch, das unbestrittene Familienoberhaupt. Er entscheidet und bestimmt. Seine drei Töchter werden von ihm kurzgehalten, dürfen abends nicht ausgehen, nicht bei Freundinnen übernachten, keine kurzen Röcke tragen. Im Gegenzug sorgte er gut für sie. „Er hat uns immer behütet. Es war alles für uns da. Es gab nichts, was wir nicht bekamen, wenn wir es uns unbedingt wünschten", sagt Jasna. So war sie es gewohnt, so hat sie es verinnerlicht.

Die Ehe ihrer Eltern wird zu ihrem großen Vorbild. „Meine Mutter war 15, als sie meinen Vater heiratete; sie war sehr hübsch. Natürlich war ihr Leben damals als Frau mühsam. Sie hatte unzählige Pflichten, viel zu ertragen. Sie hat aber meinen Vater sehr geliebt. Und sie haben alles zusammen gemacht, alles miteinander besprochen. Es ist schön, als Kind in einem Haus aufzuwachsen, wo beide Eltern sich derart verstehen und respektieren. Überhaupt wurde der gegenseitige Respekt bei uns großgeschrieben. Dazu musste jeder seinen Beitrag leisten."

Jasna ist zwölf, als sie mit ihrer Familie einige Jahre vor dem Jugoslawien-Krieg nach Österreich übersiedelt. Sie wird in die Hauptschule aufgenommen. Plötzlich müssen sie und ihre beiden Schwestern sich in einer völlig fremden Welt, einer fremden Kultur zurechtfinden, deren Sprache sie erst erlernen müssen. Ihre Eltern arbeiten beide „viel und hart", der Vater als Bauarbeiter, die Mutter putzt im Kindergarten. Aber für ihre Töchter bleiben sie ein Anker, der ihnen die familiäre Geborgenheit in der fremden Welt garantiert. So werden sie für das Leben „draußen" gewappnet. „Mein Vater hat keine Söhne", erzählt Jasna, „also wurden wir Mädchen wie Jungen zur Selbstständigkeit erzogen."

Nach dem Kriegsausbruch in ihrer Heimat rückt die Familie noch näher zusammen. Die in Bosnien lebende Oma, Vaters Mutter, erzählt von zerstörten Häusern und getöteten Menschen; später berichtet sie auch über das Massaker von Srebrenica. Der Krieg hinterlässt Spuren, quer durch Freundeskreise, Firmenbelegschaften oder gar Familien, die weit über sein Ende hinauswirken. Anfeindungen ehemaliger Landsleute untereinander beeinflussten den Alltag in Österreich noch lange Jahre, erinnert sich Jasna. „Ich musste aufpassen, mit wem ich als Bosniakin spreche, wen ich treffe. Noch immer spürte ich die Angst, überfallen, verprügelt, vergewaltigt zu werden, wenn ich einfach so im Park spazieren gehe."

Als Teenager will sie auch mal unbeschwert mit Gleichaltrigen ausgehen, bei einer Schulfreundin übernachten, sich schick anziehen, so wie ihre österreichischen Mitschülerinnen. Aber sie weiß auch, irgendwann will sie heiraten und eine genauso harmonische Ehe führen wie ihre Eltern. Sie will ihrem Mann alles anvertrauen, sich auf ihn verlassen können und von ihm beschützt werden. Er soll entscheiden und die Familie leiten. Sie wird, sie will sich ihm unterordnen. Ihre Mutterrolle wird sie dafür entschädigen, sie ausfüllen, träumt sie, ihr genug Verantwortung und Respekt verschaffen. „Das Paradies liegt zu den Füßen der Mütter", ist im Koran zu lesen. Auch wenn Jasna nicht religiös erzogen wurde, diesen Spruch hat sie verinnerlicht. Familie und Mutterschaft sind für sie heilig.

Eines Tages geht Jasna mit ihrer Schwester und ihrem Schwager in ein Café in Wien. Sie ist 18, macht gerade ihre Friseurinnenlehre. Ein junger Mann will sie zu einem Bier einladen, bietet ihr eine Zigarette an. „Ich trinke nicht, ich rauche nicht", antwortet sie. Der Mann, ein Bosniake, ist begeistert. „Diese Frau heirate ich!", ruft er in die Runde. Er ist wie sie 18; in dem Café, wo er oft bis in die späten Nachtstunden trinkt, ist er wohlbekannt. Aus dem Spaß wird Ernst: Er beginnt, intensiv um Jasna zu werben, sucht sich eine solide Arbeitsstelle, verzichtet auf Saufexzesse. Dann macht er ihr einen Heiratsantrag. „Aus einem Kind habe ich einen Mann gemacht", sagt Jasna. Sie ist nicht wirklich in ihn verliebt. Aber die Vorstellung einer eigenen Familie, auch der strengen väterlichen Aufsicht zu entkommen, überwiegt. Als sie dann noch von ihrem neuen Freund schwanger wird, willigt sie ein.

Ihre Eltern sind überglücklich; sie lieben den Schwiegersohn, erfüllen ihm jeden Wunsch, helfen bei der Ratenzahlung für seinen neuen Wagen, geben dem jungen Paar Geld für die Einrichtung der Wohnung. Und Jasna folgt den Spuren ihrer Mutter. Sie arbeitet als Kassiererin in einem Lebensmittelgeschäft, führt den Haushalt und sorgt für ihr Kind, ihr Ein und Alles: „Wie es bei uns Frauen in der Ehe üblich ist, ich war das Dienstmädchen der Familie." Nur den gegenseitigen Respekt, den sie so an der Ehe ihrer Eltern bewunderte, den erreicht sie nicht. Sie fühlt sich von ihrem Mann nicht wirklich akzeptiert. Er verhält sich auch nicht so, wie ein „richtiger Mann" es ihrer Vorstellung nach tun sollte: Er übernimmt keine Verantwortung, er behütet ihre kleine Familie nicht, sorgt nicht für ihr Wohl. Er ist nicht wie ihr Vater. Die aufkeimende Verachtung verdrängt sie. Ihr Sohn braucht einen Vater, eine intakte Familie. Nur das zählt für sie.

Sie macht bei den Wiener Sozialdiensten eine Ausbildung zur Pflegeassistentin, wird in einem Seniorenheim im 15. Bezirk angestellt. Sie spricht viel mit den alten Leuten, hilft ihnen beim Essen, beim Anziehen, schneidet ihnen die Haare. Die familiäre Situation mancher SeniorInnen erschüttert sie zutiefst: „Wie kommt es, dass eine mehrfache Mutter vergeblich auf den Besuch ihrer Kinder wartet? Dass die sie einfach ins Heim abschieben?" Sie heult sich bei ihren Eltern aus: „Ein merkwürdiges Land!"

So vergehen zehn Ehejahre. Dann geht der Wagen ihres Mannes kaputt. Es ist etwas Größeres. In Österreich wäre die Reparatur zu teuer, er entscheidet sich also für Bosnien. Das erweist sich jedoch als viel aufwendiger und kostspieliger als ursprünglich angenommen; er muss mehrmals hinfahren. Wieder springen Jasnas Eltern ein, geben ihm Geld. Sie selbst macht Überstunden, versucht, im Haushalt zu sparen. Sie will ihrem Mann den Spaß an seinem Auto nicht verderben. Außerdem: „Männer brauchen Freiheit", sagt sie. Seine Fahrten nach

Bosnien häufen sich. Sie will nicht misstrauisch sein und sich kleinkariert zeigen. Sie hinterfragt es nicht, bis sie einen Anruf von einer jungen Frau aus Bosnien erhält, einer Kellnerin, die sie bei ihrem letzten Familienurlaub in Doboj bedient hat. Sie erklärt, dass sie ein Verhältnis mit ihrem Mann habe, dass es sich um die große Liebe handle; Jasna möge dieser Liebe bitte nicht im Wege stehen. Für Jasna bricht eine Welt zusammen. Sie stellt den Ehemann zur Rede, er lacht sie aus: „Sie ist eine Kellnerin, eine Hure, eine Schlampe, sie lügt, sie will unsere Ehe zerstören. Sie benutzt mich, um nach Österreich zu kommen, hier arbeiten zu können. Und du glaubst ihr?"

Jasna ist zunächst halbwegs beruhigt. Dann beginnt die angebliche Freundin ihres Mannes, sie regelrecht zu stalken, verfolgt sie Tag und Nacht mit Anrufen. Sie erreichen Jasna bei der Arbeit, in Gesprächen mit Bekannten, auf der Straße. Zunehmende Streits mit ihrem Mann ändern daran nichts. Vor ihren Eltern hält sie die Situation geheim. Sie will das Bild des geliebten Schwiegersohnes nicht zerstören. Sie schläft kaum, hat keine Energie, nimmt Antidepressiva, sieht keinen Ausweg. „Der Junge muss einen Vater haben", ist nach wie vor ihr oberstes Gebot. Und: „Ich kann meinen Mann nicht verlassen." Irgendwann zieht er trotzdem aus, zu seiner Mutter.

In dieser Zeit besucht sie ein Cousin ihrer Mutter. Er arbeitet irgendwo in Tirol, seine Familie lebt in Bosnien. Er muss dringend zu seinem erkrankten Kind und fragt Jasna, ob sie ihm ihr Auto leihen könne. Sie erzählt ihm von ihrem Ehedrama, entscheidet sich kurzfristig, mit ihm zu fahren und die Kellnerin zur Rede zu stellen, von Frau zu Frau. Ihr Cousin bestärkt sie in dieser Absicht. Sie hat noch keinen genauen Plan, weiß nur, sie muss ihre Familie retten, dem Sohn seinen Vater zurückgeben. Die Familie ist heilig, dieses Credo steckt tief in ihr drin.

Während der sechsstündigen Autofahrt überlegt sie, wie sie sich der Nebenbuhlerin gegenüber verhalten soll. Vielleicht könnte sie ihr einen Deal anbieten, Hilfe bei der Arbeitssuche in Österreich, Geld, wenn diese ihren Mann loslässt. Oder ist das Gegenteil erfolgversprechender – die Frau unter Druck setzen, sie bedrohen, ihr Angst machen, damit sie merkt, dass Jasna bereit ist, mit allen Mitteln um ihre Ehe zu kämpfen? Ein rationales Gespräch zieht Jasna gar nicht in Erwägung. Ihre Rivalin ist Serbin, sie Bosniakin, schon aus diesem Grund hält sie eine Einigung für ausgeschlossen.

In Doboj angekommen, parkt Jasnas Cousin in einer abgelegenen Seitenstraße. Er ruft die Kellnerin an, stellt sich als Arbeitsvermittler in Österreich vor, bittet sie, zu seinem Auto zu kommen. Als sie Jasna in dem Auto sitzen sieht, reagiert sie spöttisch, arrogant, will gleich wieder weg. Jasna packt sie durch die geöffnete Autotür an den Haaren, zerrt sie auf den Sitz neben sich auf die Rückbank.

Was dann genau passiert, wohl über mehrere Stunden hinweg, ist für Außenstehende schwer zu rekonstruieren. Da gibt es die Beschreibung von Jasnas Taten im Gerichtsurteil und dann das, was sie selbst erzählt. Es fallen wohl verletzende, demütigende Sätze. Jasna kommt es vor, als ob sie sich selbst aus der Entfernung dabei beobachtet, wie sie die Nebenbuhlerin bedroht, sie zwingen will, von ihrem Mann abzulassen. Sie schlägt die Frau, prügelt mit Händen, Füßen, mit allem, was ihr zur Verfügung steht, auf sie ein. Sie kann es nicht stoppen, sie hat sich nicht mehr unter Kontrolle. Irgendwann wird sie der Frau einen mitgebrachten, stark ätzenden WC-Reiniger einflößen, sie damit auch übergießen. Es ist ein Reinigungsmittel, das Jasna beim Putzen im Seniorenheim benutzt. Die Frau spuckt zuerst, beginnt dann, sich zu erbrechen, stürzt aus dem Auto auf die Straße, schreit, wird dann von dem Wagen ein Stück weit mitgeschleift. Dann rast Jasnas Cousin mit ihr davon. Sie sieht im Rückspiegel nur noch die schwerverwundete Nebenbuhlerin schreiend auf der Straße liegen, will Hilfe verständigen, doch ihr Verwandter ist vorbestraft und befürchtet seine Verhaftung. So erzählt es Jasna. Sie fahren zurück nach Wien.

Dort sucht sie einen Rechtsanwalt auf, schildert ihm die ganze Geschichte, fragt ihn, was sie machen soll. Er rät ihr, „in Deckung zu bleiben“, den Vorfall nirgends zu melden. Sie erfährt dann aus der Presse, dass die verletzte Frau von einem zufällig vorbeikommenden Ehepaar gefunden und ins Krankenhaus gebracht wurde. Bald danach wird der Cousin von der serbischen Polizei verhaftet; er ist in Prijedor gemeldet, leicht zu finden und steht schon lange wegen diverser Vergehen auf der Fahndungsliste. Davon erfährt Jasnas Familie erst jetzt. Er unterschreibt ein ausführliches Geständnis, das Jasna schwer belastet. Er stellt sie als Anstifterin der Tat dar. Später, bei der Gerichtsverhandlung in Wien, beteuert er, dass dieses Geständnis durch Schläge erzwungen wurde, die er beim Verhör als Bosniake im serbischen Gefängnis bekam. Das Gericht in Wien glaubt ihm nicht; seine Aussagen werden als unbeholfener Versuch gesehen, Jasna zu helfen.

Auch Jasnas Mann belastet seine Frau schwer. Bei einem Aufenthalt in Doboj nennt er der serbischen Polizei ihre Adresse und das Kennzeichen ihres Wagens, gibt zu Protokoll, dass er seiner Frau eine derart kaltblütige Tat durchaus zutraut. Das erfährt sie von ihrem Anwalt, als sie schon in U-Haft ist. Für sie ist diese Aussage ganz besonders schlimm. Nicht nur, dass ihr Ehemann sie im Stich lässt, keine Spur Verantwortung für die Ursache des Geschehens übernimmt. Er verhöhnt in ihren Augen auch die bosniakischen Gebote des familiären Zusammenhalts, dieses eiserne Gesetz in ihrer Kultur. „Er ist kein Mann, er ist ein Wiener Würstchen", sagt sie bitter.

„Warum haben Sie sich von ihrem Ehepartner nicht einfach getrennt?", wird sie bei einer der Gerichtsverhandlungen von einem Richter gefragt. „Was sollte ich ihm darauf antworten?", seufzt sie. „Soll ich einem Österreicher erklären, was bei uns die Ehe bedeutet? Ehe, Kinder, Familie, dass das bei uns heilig ist? Dass eine Ehe, besonders für eine Frau, über allem steht? In Österreich interessiert doch niemanden, wenn ein Mann fremdgeht. Dann noch die Frage des Richters, warum ich nicht auch fremdgegangen bin! Die kapieren hier wirklich nichts, gar nichts. Deswegen gehen sie mit ihren alten Eltern auch so erbärmlich um", sagt sie resigniert.

Jasna ist noch in U-Haft, als ihr Ex-Mann versucht, ihr die Obsorge für den gemeinsamen Sohn entziehen zu lassen und die alleinige zu bekommen. Nach sorgfältiger Prüfung und vielen Gesprächen mit der Klassenlehrerin, mit NachbarInnen und dem Kind selbst weist das Jugendamt seinen Antrag ab. Es kommt zu der Auffassung, dass Jasna immer eine gute Mutter war und der Zehnjährige bei seinen Großeltern für die Dauer der Haft gut aufgehoben ist. Jasnas Familie atmet auf.

„Sie hatten selbst keine Söhne, ihr Enkel war für meine Eltern alles. Sie taten alles, um ihn seine Mutter nicht zu sehr vermissen zu lassen. Auch für mich haben sie rührend gesorgt, mich häufig besucht, mir Pakete geschickt, Geld aufs Konto überwiesen. Ich konnte mir so in der Haft ein paar Dinge leisten, Bücher zum Beispiel. Ihr Leben hat sich aber seit meiner Verhaftung sehr verändert, ist irgendwie eingebrochen, das verriet mir mal meine Mutter. Sie sind müde geworden. Sie warteten nur darauf, dass ich endlich rauskomme, dass sie mir mein Kind gesund und wohlerzogen übergeben können, sagte sie."

Jasnas Eltern nehmen auch frühzeitig Kontakt zu der verletzten Frau auf, ihrem Opfer aus Doboj, die mit gebrochenem Kiefer und verätzter Speiseröhre im Krankenhaus liegt. Sie setzen sich für ihre Genesung ein, schicken ihr Geld für notwendige OPs, für Medikamente, organisieren gute ärztliche Versorgung. „Unsere Tochter hat sie verletzt", sagt Jasnas Mutter, „da müssen wir helfen, das gehört sich so."

Nach zehn Jahren im Gefängnis stellt Jasna einen Antrag auf elektronisch überwachten Hausarrest. Falls er genehmigt wird, was nach der Hälfte der vorgesehenen Freiheitsstrafe theoretisch möglich ist, könnte sie mit Fußfesseln nach Hause. Doch ihr Gesuch wird abgelehnt. Zwei Jahre später bemüht sie sich um den Status einer Freigängerin. Als solche dürfte sie außerhalb der Strafanstalt arbeiten, ihre Familie besuchen, manchmal sogar zu Hause übernachten, müsste nur sonst immer um 18:00 zurück in der Justizanstalt Schwarzau sein.

Ihr Sohn ist inzwischen erwachsen. Er hat eine Malerlehre abgeschlossen, den Wehrdienst absolviert, seinen Führerschein gemacht. Sie hat keines dieser Ereignisse mit ihm feiern können. Jetzt will sie ihn wenigstens öfter sehen, will ihr zukünftiges freies Leben vorbereiten. Ihre Friseurinnenlehre hat sie abgebrochen, nachdem sie ihren Ex-Mann kennenlernte. Wenn sie Freigang bekäme, könnte sie sie jetzt abschließen. Das würde ihr die Chance geben, sich „da draußen" zu behaupten, nimmt sie an. Sie ist immer noch in der Wäscherei als Vorarbeiterin tätig, hat sich in die Gefängnisroutine eingelebt, sich einen guten Ruf erarbeitet. In der gesamten Haftzeit hat sie keine einzige Abmahnung bekommen, keine Unkorrektheit begangen, sie ist eine Vorbild-Insassin. All das trägt dazu bei, dass sie schließlich, mit Unterstützung der Gefängnispsychologin und des Gefängnisarztes, den beantragten Freigang bekommt.

In dieser Zeit stirbt ihre Mutter. Sie ist erst 60, hat Wasser in der Lunge, und eines Morgens wacht sie einfach nicht mehr auf. Ihr Tod ist eine Katastrophe für die Familie. Ihr Vater zieht sich nach Bosnien zurück und wohnt dort jetzt allein in seinem vom Krieg beschädigten Haus. Ihre Eltern können ihr also nicht mehr, wie geplant, bei den ersten Schritten nach ihrer Entlassung helfen.

Es wird ihr immer bewusster, wie schwer es ist, sich wieder in die Gesellschaft einzugliedern. Sie fühlt sich dafür nicht wirklich vorbereitet, nicht entsprechend gewappnet. Wenn sie darüber spricht, wird sie bitter. „Wenn Menschen wie Tiere eingesperrt werden, jahrelang, was können sie dabei schon für ihr späteres Leben in Freiheit lernen? Niemand interessiert sich wirklich dafür. Nur wenn eine Sensation passiert, wie als die berühmte ‚Eis-Lady‘ ins Gefängnis eingeliefert wurde, dann ist sofort auch die Presse und der ORF da. Dann werden geschönte Bilder über das Alltagsleben der Insassinnen verbreitet, meine saubere, vorzeigbare Zelle gefilmt. Dann wird auch über Resozialisierung gesprochen, in nichtssagenden Floskeln. Ich denke, dass kaum jemand wirklich an diese Resozialisierung glaubt. Unser harter Kampf um die zweite Chance, um eine mögliche Zukunft wird draußen gar nicht gesehen. Es ist ein Tabuthema, es ist für die Leute zu unspektakulär, zu unbequem.“

Und doch hat zumindest sie es geschafft. Sie ist fest davon überzeugt, dass sie diesbezüglich zu einer der wenigen erfolgreichen Ausnahmen gehört. Darauf ist sie stolz. Sie hat es geschafft, 14 Jahre Gefängnis halbwegs unbeschadet zu überstehen, psychisch wie physisch. Sie wurde auch nicht tablettenabhängig, wie viele ihrer Mitgefangenen. „Das war meine größte Leistung“, sagt sie. Sie verdankt es ihren Eltern, vor allem aber ihrem Sohn. Der Gedanke an ihn hat sie alles überstehen lassen, ihr die notwendige Kraft gegeben, dessen ist sie sich sicher. In der Haft entdeckt sie auch die Religion, beginnt, den Koran zu lesen, fastet im Ramadan, betet regelmäßig. „*Dragi Allahu ti si jeden jedini i največi. Od tebe pomoč tražim*"[2] ist ein Satz, der sie begleitet.

Die Jobsuche nach ihrer Entlassung stellt sie vor neue Herausforderungen. Es fehlen zwar überall Arbeitskräfte, Stellenangebote gibt es zuhauf, Vorbestrafte aber will man nicht anstellen. Mit der Erwähnung ihrer Vergangenheit wird sofort jedes Gespräch beendet. Sie ist jetzt bereit, jeden Job anzunehmen. Dann sieht sie eine Annonce – ein Friseursalon sucht dringend eine Mitarbeiterin. Sie ruft an und erzählt ungefragt einer etwas verblüfften Frau am anderen Ende der Leitung ihre ganze Geschichte. „Damit wir Zeit sparen", schließt sie trocken ab, „und Sie gleich Nein sagen können." Die Frau sagt aber nicht Nein, sondern: „Kommen Sie morgen vorbei. Ich will Sie kennenlernen." Zwei Tage später fängt sie ihre neue Arbeit an. Sie soll nur mit niemandem über ihre Situation sprechen, bittet ihre Chefin. „So ein Glück, dass ich in ihr einen vorurteilsfreien, emphatischen Menschen fand", schwärmt Jasna.

Noch jemand hilft ihr beim Aufbau ihres neuen Lebens extrem und wird selbst Teil davon: ihr neuer Ehemann Enes. Sie kennt ihn schon lange. Nachdem ihre erste Ehe zu wackeln begonnen hatte und ihr Ex zu seiner Mutter gezogen war, fing Enes an, um sie zu werben, versuchte, ihr Halt in ihrer verzweifelten Situation zu geben, sie daraus zu befreien. „Wenn ich ihn damals erhört hätte", sagt sie, „wäre das alles nicht passiert, und ich wäre niemals im Gefängnis gelandet." Damals aber hielt sie krampfhaft an ihrer Ehe fest, wollte noch immer um sie kämpfen.

Jahre später, bei einem ihrer ersten Freigänge, da war sie schon von ihrem ersten Mann geschieden, trifft sie im Friseursalon Enes' Schwester, gibt ihr ihre Handynummer. Er ruft sie gleich an, erklärt ihr, dass sie jetzt zu ihm gehöre, dass sie „seine Welt" sei, dass er nie mehr von

---

2 Etwa: Allah, du Einziger, du Größter! Von dir Hilfe und Zuflucht.

ihr lassen werde. Er ist Sporttrainer, Boxer, durchtrainiert, sieht blendend aus, ist ein Muslime, ein Bosniake. Vor allem aber ist er ein Mann, wie er nach den Idealen ihrer Kultur sein muss: „Ein richtiger Mann, kein Würstchen. Da verzichte ich gerne auf Teile meiner Freiheit, er übernimmt die Verantwortung für uns beide", sagt sie. „Noch in Schwarzau hat er mir ein Auto gekauft, damit ich mich zwischen Wien und dem Gefängnis schnell bewegen konnte. Dann steckte er mir einen Verlobungsring an den Finger, kurz danach auch den Ehering. Er hat mir das Leben gerettet. Mit ihm an meiner Seite fühle ich mich beschützt, mit ihm bin ich sehr glücklich. Es fällt mir leichter, mich in der Gesellschaft zu behaupten. Ich fühle mich wieder angenommen."

Versehentliche Erdrosselung

Kati S., Justizvollzugsanstalt Willich II, Nordrhein-Westfalen

„Ich bin Ophelia. Die der Fluss nicht behalten hat. Die Frau am Strick. Die Frau mit den aufgeschnittenen Pulsadern. Die Frau mit der Überdosis. Auf den Lippen Schnee. Die Frau mit dem Kopf im Gasherd. Gestern habe ich aufgehört, mich zu töten ...“, sagt Ophelia in *Die Hamletmaschine*, einem Theaterstück des großen deutschen Dramatikers Heiner Müller. Shakespeares Ophelia ertränkt sich aus Liebeskummer im Fluss. Selbsttötungsversuche von Müllers Ophelia scheitern, sie entscheidet sich fürs Leben.

An Ophelia muss ich denken, während ich mit Kati rede, einer Insassin im geschlossenen Strafvollzug Willich II. Sie spricht von ihren misslungenen Suizidversuchen. Von ihren schweren, seit Jahren wiederkehrenden Depressionen. Von ihrer Erziehung, die ihr lähmende Selbstzweifel eingepflanzt hat und das Gefühl, nicht gut, begabt, fleißig genug zu sein, um den an sie gestellten Erwartungen gerecht zu werden. Diesen quälenden Leistungsdruck, diese Angst vor dem Versagen beobachtet sie schon als kleines Mädchen bei ihrer Mutter, die vergeblich versucht, als Ehefrau perfekt zu sein. Ihre „Überraschungen“, die sie sich ausdenkt, um ihrem Mann eine Freude zu bereiten, enden meistens in Katastrophen und werden zur Unterhaltung bei Familientreffen erzählt. Wie die Story über den Radi-Salat, Vaters Lieblingsgericht, den seine Schwestern in Regensburg so gut zubereiten konnten und die Mutter so fürchterlich verpatzte. Er landete bei einem von Vaters gefürchteten cholerischen Anfällen an der Küchenwand, seine gescheiterte Schöpferin sperrte sich heulend in ihrem Schlafzimmer ein. „Naja“, bemerkt Kati trocken, „als Köchin sollte sie sicher nicht ihr Geld verdienen.“

Der Grund für solche Dramen lag auch in der Inkompatibilität der beiden Welten, aus denen ihre Eltern kamen. In der gutbürgerlichen

Familie ihrer Mutter, die mit Hang zur Anthroposophie im Wohlstand lebt, gehört es nicht zu den essenziellen Fähigkeiten einer Ehefrau, eine gute Köchin zu sein. Katis Großvater, erfolgreicher Architekt, und ihre Großtante, eine bekannte Düsseldorfer Malerin, die an der dortigen Kunstakademie unterrichtet, sind Beispiele für die Prioritäten der Familie. Die Verwandten ihres Vaters dagegen – kleinbürgerlich, nie finanziell unabhängig, erzkatholisch und wenig tolerant gegenüber Andersdenkenden – frönen den traditionellen Geschlechterbildern. Ihr Vater arbeitet als Schriftsetzer in einem Verlagshaus. Zu Hause, bei seiner Frau und seinen beiden Töchtern, besteht er auf absoluten Gehorsam. „Als ich älter wurde, schon vor meiner Kommunion, da habe ich gemerkt, dass mein Vater wohl kein netter Mensch war. Er machte gerne Leute schlecht und klein. Wenn er etwas behauptete, dann war es genau so, und keinesfalls durfte es hinterfragt werden. Und meine Mutter, die war halt relativ ängstlich und weich. Die kannte ja solche Menschen von zu Hause auch gar nicht. Wenn ihm etwas nicht passte, tobte er und schlug zu. Damals hatte ich mit ihm noch keine Probleme. Mich mochte er. Mit meiner kränklichen Schwester konnte er dagegen nichts anfangen. Mit mir ging er wandern, lobte meine gute körperliche Kondition, mein sportliches Talent. Ich war zu dem Zeitpunkt sein Liebling."

Als Kati zehn Jahre alt wird, stirbt völlig überraschend ihre Mutter. Sie erleidet einen Asthmaanfall, der Arzt lässt lange auf sich warten, später in der Notaufnahme ist das Beatmungsgerät nicht einsatzbereit. Für die kleine Kati ist es ein unvorstellbarer Schock. Tagelang steht sie mit ihrer kleinen Schwester am Fenster, drückt sich die Nase an der Scheibe platt, schaut ständig auf die Straße, wo der Rettungswagen mit ihrer Mutter verschwand.

Katis Großvater, der Architekt, würde die beiden Halbwaisen gern in einem renommierten, weltoffenen Internat unterbringen. Doch ihr Vater lehnt das kategorisch ab. Früher pflegte er gute Beziehungen zu seinen Schwiegereltern. Sie imponierten ihm, waren seine Vorbilder. Er wollte auch etwas „Besseres" werden, wie sie. In seiner Jugend interessierte er sich fürs Malen, lernte seine Frau, Katis Mutter, an der

Kunstakademie kennen, beim Mal- und Zeichenkurs von Katis Tante. Jetzt will er „mit dieser Familie und ihrem Geld“ nichts mehr zu tun haben, untersagt seinen Töchtern jeglichen Kontakt zu den Großeltern, schickt sie stattdessen in ein katholisches, von Nonnen geführtes Kinderheim in Wuppertal. „Was für ein Kontrastprogramm“, seufzt Kati.

Ein Jahr nach dem Tod ihrer Mutter heiratet Katis Vater erneut und holt die beiden Töchter wieder nach Hause. Seine zweite Frau ist Lehrerin. Kati weigert sich, zu ihr „Mama“ zu sagen. Ihr Halbbrüderchen kommt zur Welt. Ihre Stiefmutter ist bald überfordert, vom Säugling, der Hausarbeit, dem langen Weg zur Schule im Nachbarort. Erst spätnachmittags kommt sie von der Arbeit zurück und muss dann gleich mit der Korrektur von stapelweise Schulheften beginnen. Kati muss im Haushalt helfen, ihr Vater will es so, und wird voll eingespannt. Für alles, was schiefgeht, wird ihr die Schuld gegeben. „Es war so unglaublich viel anzupacken“, sagt sie, „es ging so hektisch zu. Da blieb keine Zeit für meine Schulaufgaben.“ Aber egal, wie sehr sie schuftet, den Vater kann sie nicht zufriedenstellen. „100 Prozent Arbeitseinsatz reichen nicht“, pflegt er zu sagen, „es müssen mindestens 150 Prozent sein.“ Seine cholerischen Anfälle werden wieder häufiger, dazu hat er angefangen zu trinken.

„Jetzt war ich nicht mehr sein Liebling.“ Kati spricht darüber wie vom verlorenen Paradies. „Irgendwann war ich nicht mehr die tolle Turnerin, die Begabte, das war jetzt meine kleine Schwester, inzwischen völlig gesund. Ihr hat man das Gymnasium zugetraut, mir nicht mehr. Ich war nur die Blöde, die Unfähige. Auch waren meine Leistungen in der Schule stark eingebrochen. Mit guten Noten wie früher konnte ich also auch nicht mehr glänzen. Ich hatte ständig Angst, irgendetwas falsch zu machen, Angst vor Vaters Wutausbrüchen und Schlägen. Ich wollte doch nur meine Unbeschwertheit zurück, meine Freiheit, wollte fröhlich sein dürfen.“

Katis Stiefmutter findet auch kein Glück in ihrer Ehe. Mehrmals versucht sie, sich von ihrem Mann zu trennen, zieht mit ihrem kleinen Sohn aus, kehrt dann aber doch immer wieder zu ihm zurück. Kati versteht sich inzwischen gut mit ihr. Nachdem der Vater ihr bei einem seiner Wutausbrüche den Kiefer bricht, sucht sie bei ihrer Stieftochter Zuflucht. Diese Phase ihres Lebens wird Jahrzehnte später in ihrem Gerichtsurteil so beschrieben: „Die elterlichen familiären Verhältnisse der Angeklagten waren kleinbürgerlich und geprägt vom Alkoholismus und der Gewalttätigkeit des Vaters, der alle Familienmitglieder, besonders aber die Angeklagte, immer wieder misshandelte. Er war Hobby-Boxer. Die Angeklagte erfuhr ab den späten Grundschuljahren seitens ihres Vaters keinerlei Anerkennung, vielmehr behandelte er sie stets geringschätzig."

Gefragt, ob sie damals dennoch Zukunftsträume hatte, zögert sie lange. Als ob sie mit ihrer Antwort etwas Kostbares, Fragiles verletzen könnte. Sie habe immer viel gelesen, sagt sie. Am liebsten historische Romane, die über die Arbeit von alten Handwerksmeistern berichten. Wie sie Bleiglasfenster in Kirchen anfertigen, Kunstbauten errichten. Das junge Mädchen würde liebend gern als Restauratorin arbeiten, „die angeschlagene, beschädigte, alte Schönheit wieder herstellen, wieder heil, ganz machen". Sie hätte aber auch Spaß daran gehabt, etwas Neues zu erschaffen, Häuser zu bauen, nicht als Architektin, sondern als Handwerkerin. Stein auf Stein setzen, Löcher bohren, mit Maschinen arbeiten. Das hätte ihr Freude gemacht.

Gartenbetriebe in der JVA Willich II

In ihrer Hauptschule werden kurz vor dem Abschluss Praktikumstellen angeboten, damit die jungen Leute in unterschiedliche Arbeitsbereiche Einblicke bekommen, sich ihrer Wünsche, Talente und Kenntnisse bewusst werden. Besonders viel Spaß macht ihr die Arbeit in den Werkstätten der Rheinmetall, eines großen Industriekonzerns in der Metallbranche. Es gelingt ihr dort, einen Eisenwürfel herzustellen, der von ihrem Meister hoch gelobt wird. Solcher Arbeit würde sie gern in der Zukunft nachgehen. Aber auch andere Berufe kann sie sich vorstellen, nur eins nicht – den der Verkäuferin. Und ausgerechnet das wird ihr von ihrem Vater jetzt zugewiesen. Er hilft selbst gelegentlich bei C&A aus; dort wird eine Ausbildungsstelle zur Einzelhandelskauffrau frei. Kati wird eingestellt. Widerstand zu leisten, sich zu widersetzen, zu rebellieren, ihrem Vater ein Nein entgegenzuhalten, das hat sie nie gelernt. Vor sich selbst ihre Bedürfnisse zu erkennen und zu benennen, auch das kann sie nicht. Sie werden verdrängt, mit Schuldgefühlen belegt. „Ich bin zur Jasagerin erzogen worden. Ich habe mich immer gefügt. Meine Taktik war immer, erst mal alles genau zu beobachten, abzuwägen und dann lieber den Weg des geringeren Übels zu gehen, eher Ja zu sagen, als eine Bestrafung zu riskieren. Was ich selber wollte, war unwichtig“, sagt sie.

Ihre Lehre bei C&A macht ihr mitunter sogar Spaß. Insbesondere auf die Berufsschultage freut sie sich, wo sie Lehrlinge aus anderen Bekleidungsketten trifft. Sie lernt viel über die Beschaffenheit der Stoffe, ihre Machart, Farben, Strukturen, über Garderoben für unterschiedliche Anlässe. Sie hat klare Präferenzen: „Herrenanzüge finde ich schön, sie haben Chic, die Geraden, die Schnitte, das besondere Futter innen. Alles ist klar, ordentlich, übersichtlich.“ Der Anblick, wenn alle Anzüge hintereinander an der Stange aufgereiht sind, gefällt ihr. Auch Kinderkleidung liebt sie. Babyhemdchen, -jäckchen, in vielen Farben und Formen. Aber sie trauert dem Handwerklichen immer noch hinterher, ihrer eigentlichen Liebe. Nach der Lehre bleibt sie trotzdem in ihrem Beruf, arbeitet als Verkäuferin im Großhandel, in unterschiedlichen Modeboutiquen.

Mit 16 Jahren lernt sie Paul kennen, ihren ersten Freund und späteren Ehemann. Er ist Bankkaufmann im dritten Ausbildungsjahr, hat ein eigenes Auto, besucht eine Tanzschule. Von seiner Familie ist Kati besonders fasziniert. „Sie waren so lieb, so aufmerksam zueinander. Sie haben über alles reden können, ohne Angst“, schwärmt sie, „eine richtige Familie, so wie ich sie mir erträumt habe. Nicht wie bei mir zu Hause, wo ich immer nur Schläge, Streit, Kontrolle und gegenseitige Respektlosigkeit erlebte.“

Sie verlässt ihr Zuhause, still und heimlich entzieht sie sich der Gewalt des Vaters. Sie übernimmt von einer Kollegin eine kleine Dachgeschosswohnung in der Düsseldorfer Altstadt, nimmt etwas von dem Hausstand ihrer verstorbenen Mutter mit, den diese in ihre Ehe mitgebracht hatte. Nur ihre Schwester und Stiefmutter kennen ihre neue Adresse. Sie will mit ihrem Vater keinen Kontakt mehr.

Mit 21 Jahren heiratet sie Paul. Ihr Vater ist zur Hochzeit zwar eingeladen, aber die ganze Familie überwacht sein Verhalten. Sie befürchtet, dass er wieder zu viel trinkt oder ausfällig wird. Aber alles geht gut; es wird eine schöne Hochzeit. Ein guter Start in eine gute Ehe. „Zumindest dachte ich das damals so“, sagt sie, „von wegen ...“ Sie lacht kurz auf, dann verfällt sie in Schweigen.

„Jetzt kann ich nicht mehr, wir müssen unterbrechen“, sagt sie plötzlich. Sie ist blass, wirkt erschöpft. Mir wird klar, wie viel Kraft sie diese Gespräche kosten. Es ist spät geworden, die Mauer mit dem Stacheldraht hinter dem Fenster, die das Frauengefängnis Willich II vom Männergefängnis trennt, wird dunkler. Frau S. bringt Kati zurück in ihre Zelle.

Als ich sie einige Tage später zum nächsten Gespräch aufsuche, bin ich überrascht. Sie wirkt wie ausgetauscht: entspannt, strahlend. Ihr roter Schottenrock steht ihr richtig gut. „Selbst genäht“, meint sie. Ein ehemals benachbartes Ehepaar war heute zu Besuch. Seit sie herausgekriegt haben, wo sie steckt, kommen sie jede zweite Woche, stützen sie, machen ihr Mut, bringen Vertrautheit und Wärme. Es ist für Kati wie eine Zeitreise in längst vergangene, glückliche Jahre.

Noch vor ihrer Hochzeit zieht sie mit ihrem zukünftigen Mann in das geräumige Haus seiner Eltern. Sie versteht sich mit ihnen glän-

Kati in ihrer Zelle, JVA Willich II

zend. In ihrer neuen Familie, mit zahlreichen Tanten und Onkeln, ist sie glücklich. „Ich war für sie halt einfach ein Kind mehr", schmunzelt sie. Auch ihre Geschwister gehören jetzt zunehmend dazu. Sie und Paul werden als Paar beneidet. Er hat inzwischen eine gute Anstellung bei einer Bank, sie arbeitet in einer Boutique. Bald bauen sie in Meerbusch bei Düsseldorf ihr eigenes Haus, ziehen ein. Ihr erstes Kind wird geboren, ein Sohn „Es war so ein liebes, süßes, niedliches Kerlchen", schwärmt Kati, „es hat so einen Spaß gemacht, ihn zu haben." Zwei Jahre später bekommen sie noch einen Sohn. Pauls Eltern sind überglücklich über ihre beiden Enkel, unterstützen die junge Familie, wo sie nur können, übernehmen häufig die Betreuung der Kleinen. „Sie kamen häufig zu uns, und wir haben gemeinsam im Garten gearbeitet. Mein Mann war an den Wochenenden meist auf dem Fußballplatz, und der Rest der Familie arbeitete dann eben im Garten." Kati findet diese Rollenaufteilung völlig in Ordnung, schildert die gute Entwicklung ihrer beiden Söhne: „Sie waren putzmunter, gesund. Kindergarten, Schule, Grundschule, und Oma und Opa immer dabei. Wir waren ein fester Familienverband, konnten uns immer aufeinander verlassen. Mein Vater besuchte uns höchstens ein oder zwei Mal im Jahr. So konnte er keinen Schaden mehr anrichten. Und wir pflegten freundschaftliche Beziehungen zu unseren Nachbarn."

Als ihre Söhne fünf und drei Jahre alt sind, beschließt Katis Mann, seine Stelle bei der Bank zu kündigen und sich selbstständig zu machen. Er beschäftigt sich schon seit Jahren mit elektronischer Datenverarbeitung. Jetzt plant er, innovative Computerprogramme für Banken zu entwickeln, die ihnen im täglichen Geschäft das Leben erleichtern und die Produktivität steigern sollen.

Katis Leben ändert sich damit radikal. Ihr Mann ist jetzt ständig unterwegs. Zunehmend pendelt er zwischen mehreren Orten gleichzeitig, mal mit dem Flugzeug, mal mit dem Auto. Die Kinder sehen den Vater nur noch an den Wochenenden, wobei Samstage nach wie vor seinem geliebten Fußball gehören, und an den Sonntagen muss er meistens schon wieder zu seiner nächsten Geschäftsreise aufbrechen. Kati versucht, ihren Mann zu entlasten. So kümmert sie sich vollständig um seine Garderobe. Er bekommt sie jede Woche frisch gereinigt, gewaschen und gebügelt, transportfähig zusammengelegt. Sie übernimmt für ihn die Buchführung, sammelt die notwendigen Belege, erstellt Tabellen, hilft ihm bei seinen Umsatzsteuererklärungen. Aber sie und die Kinder vermissen seine Anwesenheit unter der Woche. „Da bekam unsere Ehe zum ersten Mal so einen leichten Knacks, da fing schon so ein bisschen die Entfremdung an", sagt sie. Und während ihr Mann immer mehr Kunden bei den Banken rekrutiert, immer mehr Aufträge bekommt, die ihn in die ganze Republik führen, fangen bei Kati schwere Depressionen an. Sie unternimmt ihren ersten Suizidversuch, dann den zweiten, verbringt einige Monate in einer psychosomatischen Klinik. Dann aber fängt sie sich wieder und „funktioniert" weiter.

Im neunten Jahr von Pauls beruflicher Selbstständigkeit, ihre Söhne sind bereits 14 und 12 Jahre alt, wird Kati von ihrem Mann mit einer überraschenden Idee konfrontiert. Eine Münchner Bank, für die er die Software entwickelt hat, plant, sein Projekt auszubauen und langfristig anzulegen. Wie wäre es, fragt er, wenn die ganze Familie nach München umziehen würde? Dann könnte er wieder mehr zu Hause bei der Familie sein.

Ein äußerst gewagtes Unterfangen: ihre Söhne in eine völlig neue Umgebung zu verpflanzen, in ein fremdes Bildungssystem, sie von ihren Freundinnen und Freunden, ihren Sport- und SchulkameradInnen zu trennen, von ihren Großeltern. Und sie, Kati, aus ihrem vertrauten Umfeld herauszureißen, ihren gewachsenen sozialen Netzwerken. Aber die Hoffnung aller Beteiligten auf die Wiedervereinigung der Familie siegt, die Umsiedlung nach Bayern wird beschlossen und sorgfältig vorbereitet.

Zwei Jahre später, 2006, beziehen sie ihr neues Haus in einem kleinen Ort bei München. Bisher läuft alles wie geplant. Sogar die neue Schule ist für die Kinder kein Problem. Sie integrieren sich prima in ihre neue Umgebung, und Paul ist jetzt täglich zu Hause. Doch acht Monate später wird Pauls Projekt bei der Bank gestrichen. „Große Krise, Fusion, Verabschiedung von diesem Computersystem", solche Stichwörter behält Kati in Erinnerung. Es ist für ihren Mann, für die Familie, für sie eine Katastrophe.

Ihr Mann nimmt ein Angebot in Hamburg an. Sie wohnt jetzt praktisch allein in ihrem Haus bei München mit dem Riesengarten; ihre Söhne sind inzwischen Teenager und leben zunehmend ihr eigenes Leben. Ihre FreundInnen, ihren Sportverein, sogar ihren Nebenjob im Sonnenstudio, als die Kinder in der Schule waren, all das hat sie beim Umzug acht Monate zuvor in Düsseldorf gelassen, alle ihre Bekanntschaften, ihre Kontakte. „Und neue Freunde in Bayern zu finden, war nicht einfach", sagt sie. Nur durch ihren Hund, mit dem sie täglich spazieren geht, lernt sie andere „Frauchen und Herrchen" kennen, mit einer Hundehalterin freundet sie sich sogar ein bisschen an. „Aber sie alle gingen um acht zur Arbeit", sagt sie, „und der Tag war lang."

Eines Tages hört sie im Radio eine Werbung für ein Münchner Kosmetikstudio: Dauerhafte Haarentfernung wird vorgestellt, mit modernster Laser-Technologie. Sie fährt als Kundin hin und kommt nach einem ausführlichen Gespräch mit dem Geschäftsführer als Lizenznehmerin und Betreiberin einer noch zu gründenden Filiale in ihrem Wohnort zurück. Katis Mann ist begeistert, befürwortet das Vorhaben. Die Familie hilft mit. „Um bekannt zu werden in unserem Städtchen, haben wir Flyer verteilt, uns auf lokalen Messen präsentiert, Mundpropaganda eingesetzt. Und so langsam, nach und nach, entwickelte sich das Geschäft. Es machte mir echten Spaß."

Da ihr Studio so gut läuft, bietet ihr die Münchner Zentrale an, noch ein zweites zu eröffnen, in einem anderen kleinen Ort, 60 Kilometer entfernt. Katis Mann befürwortet auch diese Expansion. Stark renovierungsbedürftige Räumlichkeiten werden angemietet: „Es musste alles aufgebaut werden, Wände eingezogen und gestrichen, Böden gelegt." Kati nimmt Kredite auf für die Instandsetzung und die teuren Lasergeräte. Sie pendelt zwischen ihren beiden Geschäften, kümmert sich auch noch um den Haushalt, ihre Söhne, um die frische Garderobe für ihren Mann. Jeden Montag steht sie um 4:00 Uhr auf, bringt Paul zum Münchner Flughafen, am Freitag holt sie ihn wieder ab: Hin und zurück dauert die Fahrt gut zweieinhalb Stunden. Es ist für sie eine extrem aufreibende, hektische Zeit.

2009, bei einer Fortbildung ihres Lizenzgebers auf Mallorca, bricht sie plötzlich zusammen. „Ein absolutes Burnout, mein Körper sagte plötzlich Nein, es ging gar nichts mehr. Depressionen. Ich musste zur Behandlung, ging in so eine Art Rehaklinik am Tegernsee, mitten in wunderschöner Landschaft." Sie geht viel am See spazieren. Oft trifft sie dort einen Mann, der direkt gegenüber der Klinik wohnt und ihr zuhört. Es ist bei ihr Liebe auf den ersten Blick. Sie ist ausgehungert nach Aufmerksamkeit, nach Empathie. Nach jemandem, der sich nicht nur für Smalltalk, sondern auch für tiefergehende Gespräche interessiert, dem sie alles erzählen kann, ohne Angst, ihn zu beleidigen oder zu langweilen. Und der auch ihr alles erzählt. „Ich habe ihn nicht gesucht, aber gefunden", sagt sie.

Drei Monate später geht ihre Therapie zu Ende. Sie erzählt ihrem Ehemann von ihrer neuen Liebe und zieht in die 38 Quadratmeter kleine Wohnung ihres Freundes ein. Er ist Hartz-IV-Empfänger, aufgrund eines Schlaganfalls vier Jahre zuvor arbeitsunfähig, nimmt starke Schlafmittel, um nächtliche Panikattacken zu vermeiden. „Das war mir alles egal, ich war mit ihm total glücklich. Und ich habe es ihm sehr hoch angerechnet, dass er so ehrlich war und mir alles über sich erzählte."

Emotional ist Kati „am Fliegen", wie sie sagt, wirtschaftlich gestaltet sich ihre Situation weniger positiv. Während ihres Klinikaufenthaltes hat ihr Noch-Ehemann nebenberuflich die Leitung ihrer beiden Kosmetiksalons übernommen. Er will expandieren, eine neue Dienstleistung anbieten, „Fettentfernung" – und verhebt sich finanziell, wie sich später herausstellt, dabei völlig. Nach ihrer Rückkehr in ihre Salons steht sie vor einem Berg unbezahlter Rechnungen; die Bilanzen sind tiefrot, die Kundschaft ist verärgert. Schweren Herzens schließt sie die beiden Studios und meldet Insolvenz an, ohne mit Paul darüber zu sprechen.

„Er hat mir das sehr, sehr übel genommen", erzählt sie. „Als ich meine verbliebenen Sachen aus dem gemeinsamen Haus holen wollte, hat er mir dafür nur dreieinhalb Stunden Zeit eingeräumt, hat mir dann den Schlüssel abgenommen und den letzten Karton hinterhergeschmissen. Ich konnte mich nicht mal mehr von meinem jüngeren Sohn verabschieden, weil er ihn zum Gassigehen mit dem Hund weggeschickt hatte."

Einige Monate später reicht Kati die Scheidung ein. Ihr neuer Lebensgefährte drängt sie dazu, aber auch sie will abschließen mit ihrem bisherigen Leben: „Ich habe voll darauf gesetzt, dass meine neue Beziehung die ganz große, dauerhafte Liebe ist." Am wunderschönen Tegernsee, trotz wohnlicher Enge und extrem beschränkter finanzieller Lage, kann sie diesen Traum ein Jahr lang auch leben.

Die erste größere Ernüchterung erlebt sie an seinem Geburtstag. Sie schenkt ihm eine einfache, mit Blümchen verzierte Kerze; sie findet sie schön. Er aber hat etwas Außergewöhnliches, Kostbares erwartet und ist maßlos enttäuscht, beschimpft sie als geizig. Kurz danach, bei einem Ausflug über die nahe Grenze, merkt sie, dass sie ihren Personalausweis vergessen hat. Sie müssen umkehren. Ihr Freund ist außer sich, schreit sie an, bezeichnet sie als „blöd". In ihr verbindet sich sein Auftritt mit den Beschimpfungen des Vaters aus ihrer Kindheit. „Da habe ich gemerkt, dass mein Vater noch immer in meinem Kopf sitzt, dass er nach wie vor mein Selbstbild bestimmt, mein Handeln."

Sie sucht dringend nach einer Arbeit am Tegernsee, wird von einer älteren Dame stundenweise in ihrem Herrenmodegeschäft beschäftigt. Doch es gibt dort eigentlich nichts zu tun, und die Bezahlung ist schlecht, also gibt sie den Job nach einigen Tagen wieder auf.

Dann findet sie eine Anstellung bei einem Drogeriemarkt, wird in München eingeschult. Wegen ihrer früheren Erfahrung als Managerin vertraut man ihr die Leitung der Parfümerieabteilung an. „Das hat mir Spaß gemacht, es war dort immer viel los, und hochwertige Kosmetik konnte ich gut verkaufen", sagt sie. Nur delegieren kann sie nicht. Sie macht alles selbst, packt Kisten aus, räumt Regale ein, hält die Gänge sauber, ignoriert Ermahnungen ihres Chefs, der eine Führungskraft, keine Putzfrau oder Praktikantin haben will. Sie aber will beweisen, dass sie alles schafft, wird unkonzentriert und macht immer mehr Fehler. Also wird sie in die Drogerieabteilung versetzt, als einfache Verkäuferin, aber auch hier erfüllt sie die Erwartungen ihres Chefs nicht. Ein Jahr nach ihrer Einstellung wird sie gekündigt. In ihrer Beziehung ist sie diejenige, die Geld nach Hause bringen muss; ihr Freund kann aufgrund seiner gesundheitlichen Probleme nicht arbeiten. Ihre Lage wird immer auswegloser. Sie sagt zu Hause nichts von der Kündigung, versucht erfolglos, eine andere Arbeitsstelle zu finden, irgendwo in der Nähe, das Benzin für das Auto wäre zu teuer.

Sie ist verzweifelt. „Dann an einem kalten, schönen Sonnentag im Februar", erzählt sie, „ging ich zum See. Zu einer verlassenen Stelle, wo ein Bächlein in den Tegernsee fließt, mit einer kleinen Landzunge und einer Bank darauf. Das Freibad ist im Winter geschlossen. Es lag noch etwas Schnee, das Wasser war noch weit bis zur Mitte gefroren; ich setzte mich auf die Bank, war allein. Ich schrieb einen Abschiedsbrief an meinen Freund, zog ein Tapeziermesser aus der Tasche. Dann habe ich ungeschickt an meinem Arm herumgeschnippelt und -gesäbelt. Ich stand auf. Das rote Blut auf dem Schnee verfolgte mich. Ich dachte, das Eis auf dem Bach wird mich bestimmt halten, ich brach aber ein. Irgendwie habe ich mich dann aus dem eiskalten Wasser herausgekämpft, auf der anderen Seite, bei dem leeren Freibad. Ich lag lange da. Dann fand mich ein Hubschrauber; er kreiste um den Platz, wo mein Freund mit meiner Tasche stand, die ich auf der Bank gelassen hatte. Ja. Dann kam ich ins Krankenhaus. Psychiatrie. Psychosomatische Klinik."

Nach einigen Monaten darf sie wieder raus. Ihre rechte Hand ist durch das „Säbeln" nicht mehr voll funktionsfähig, eine Sehne wurde verletzt. Sie bekommt etwas Geld von der Krankenkasse. Ihr Lebensgefährte wirft sie aus der Wohnung. Sie solle sich erst mal was Eigenes suchen, meint er, es sei ihm zu gefährlich, er habe ständig Angst vor einer bösen Überraschung, wenn er nach Hause kommt.

Sie findet ein zehn Quadratmeter großes, sündhaft teures Zimmer mit Toilette und Dusche am Gang. Kati schaut aus ihrem Fenster zum

See. Ihr Freund wohnt gleich in der Nähe. Sie treffen sich nach wie vor. Er drängt sie dazu, endlich einen Job zu finden: Der Wagen müsse repariert werden, irgendwann wolle er auch wieder mal mit ihr verreisen und Weihnachten stehe vor der Tür. All das kostet Geld; Geld, das beide nicht haben. Sie kann „weder vor noch zurück".

In dieser Zeit beginnt Kati, Wodka zu trinken. Anfangs verdünnt sie ihn noch mit Cola oder Saft. Sie war nie alkoholabhängig. In Düsseldorf trank sie schon mal gerne ein Glas Wein, wenn sie allein zu Hause war. Doch eine Weinflasche reichte für einige Tage. Später in München trank sie mehr. Aber jetzt greift sie zum ersten Mal zu Hochprozentigem. Das schützt sie vor Albträumen und Depressionen, zumindest bildet sie sich das ein.

Einmal träumt sie von ihrer früheren Arbeitgeberin Frau S., der älteren Dame mit dem Herrenmodegeschäft direkt am See. Als sie aufwacht, erinnert sie sich an deren gut gefüllte Geldtasche mit dem Tagesumsatz, oft 1000 bis 2000 Euro. „Und dann", sagt sie, „habe ich den Entschluss gefasst, im Geschäft einzubrechen und ihr Geld zu rauben."

Sie kann sich nicht mehr erinnern, wann das Geschäft schließt. Also ruft sie anonym an, erfährt, dass die Ladenbesitzerin noch kurz da ist. Es ist ein windiger Novembertag. Sie trinkt sich mit Wodka Mut an, zieht eine warme Jacke mit Kapuze über, steckt in ihre Umhängetasche mit langem Schultergurt ein kleines Obstmesser und fährt los. Sie kommt mit dem Bus bis in die Nähe des Modegeschäftes. Durch das Auslagefenster sieht sie ihre ehemalige Chefin; aber es ist noch jemand dort, ein Mann, anscheinend ein Angestellter. Damit hat sie nicht gerechnet, also wartet sie auf der anderen Straßenseite, bis beide das Geschäft verlassen und abschließen. Der Mann steigt in ein Auto und fährt weg, Frau S. verschwindet in einem Wohnhaus direkt gegenüber.

Kati lässt einige Minuten vergehen und folgt ihr dann. Es ist ein Haus mit mehreren Luxuswohnungen, die meist nur im Sommer bewohnt werden. Bei den Türklingeln am Eingang kann sie den Namen von Frau S. nicht finden. Sie drückt auf Verdacht einige Knöpfe. Jemand öffnet mit dem Türsummer. Sie geht rein, dann die Treppen hoch. Frau S. steht in der Tür ihrer Wohnung. Sie erkennt Kati nicht, fragt, was sie von ihr wolle. „Ich möchte nur etwas abholen“, antwortet sie. Frau S. weicht zwei Schritte zurück, Kati steht jetzt an der Türschwelle, oder vielleicht doch schon im Wohnungsflur, das weiß sie nicht mehr. Sie weiß nur, dass danach alles sehr schnell geht.

Sie zieht mit ihrer verletzten rechten Hand das kleine Messer, kann den Griff nicht richtig halten, versucht trotzdem, sich drohend vor ihrer Ex-Chefin aufzubauen. Sie spürt, dass es lächerlich wirkt, hört ihren Vater verächtlich auflachen. Frau S. geht auf sie zu, nimmt ihr das Messer mit einer einzigen geschickten Bewegung aus der Hand und schubst sie weg. „Das war der letzte Moment“, sagt Kati, „wo ich mich einfach hätte umdrehen und wegrennen können. Warum tat ich es nicht?“ Diese Frage wird sie immer verfolgen. Stattdessen nimmt sie mit Frau S., die sie jetzt selbst mit dem Messer attackiert, einen Kampf auf. Kati packt sie am Arm. Beim Befreiungsversuch verheddert sich die alte Dame in einer Teppichfalte, fällt zu Boden, greift dabei nach ihrer Gegnerin und bekommt von ihr einen Schlag aufs Kinn verpasst; das Zahnprovisorium fällt ihr aus dem Mund. Irgendwann liegt Frau S. bäuchlings auf dem Boden und versucht, ihre Angreiferin abzuschütteln, die auf ihr sitzt und ihre Tasche mit dem inzwischen gerissenen Gurt in der Hand hält. Kati wickelt den Gurt um den Hals von Frau S., einmal, zweimal. „Ich habe einfach nur gezogen und gewartet, dass sie aufhört zu zappeln“, sagt sie. Als sich die Frau nicht mehr bewegt, lässt Kati von ihr ab, nimmt das Obstmesser wieder an sich und sucht die Wohnung nach Geld ab. Sie findet 270 Euro und eine Kreditkarte. Die 40.000 Euro in bar, die im Schlafzimmerschrank liegen, entdeckt sie nicht.

Sie fährt in ihre kleine Wohnung, trinkt ein Glas Wodka und schläft dann ein. Am nächsten Tag fährt sie mit der Bahn nach München und kauft für ihren Freund eine elegante teure Winterjacke, die sie mit der Kreditkarte von Frau S. bezahlt. Draußen überlegt sie, wie sie ihm den plötzlichen Geldbesitz erklären soll. Weil ihr nichts einfällt, kehrt sie um und gibt die Jacke zurück. Zu ihrer großen Enttäuschung wird ihr das Geld aber nicht in bar ausgezahlt, sondern auf die Kreditkarte zurückgebucht. Beim Ausgang wird sie von einer der Überwachungskameras erfasst. Ihr Gesicht ist nicht deutlich zu erkennen; man sieht nur einen blonden Pferdeschwanz und eine schmale Gestalt.

Zwei Tage später wird der Mord an Frau S. öffentlich. Zeitungen berichten darüber, das Radio. ZeugInnen gibt es keine. Niemand hat etwas mitbekommen, etwas gesehen oder gehört. Die Gerüchteküche brodelt. Eine Beziehungstat? Rache? In der *Tagespost* erscheint das undeutliche Bild von der Überwachungskamera, das die Verdächtige zeigt, die mit der Kreditkarte der Ermordeten eingekauft hat. Ein Nachbar von Kati scherzt: „Sie sind ja heute in der Zeitung!" Unter dem Bild steht eine Telefonnummer für mögliche Hinweise. Eine Belohnung von 5000 Euro wird ausgelobt. Kati ruft an, erklärt, dass sie mit der Person auf dem Foto zwar eine gewisse Ähnlichkeit aufweise, es „aber nicht war". Dann passiert einige Wochen nichts.

An einem kalten Januartag, sie sitzt gerade mit ihrem Freund im Auto, kommt ein Anruf von der Kripo. Ob sie bereit sei, gleich zum Polizeirevier zu kommen, man habe ein paar Fragen an sie. Das Verhör dauert nicht einmal eine Stunde, dann legt sie ein Geständnis ab: „Ich wollte sie ja nicht umbringen, ich wollte sie nur bedrohen, erschrecken, damit sie mir das Geld gibt."

Sie wird an Ort und Stelle verhaftet, verbringt ihre erste Nacht in Gewahrsam im Polizeipräsidium München, dann wird sie in die U-Haft nach Aichach gebracht, in das größte Frauengefängnis Deutschlands. Sie wird zunächst in eine Beobachtungszelle einquartiert: Hier herrscht komplette Einsicht. Rund um die Uhr helles Licht, Kameraüberwachung auch auf der Toilette, keine Vorhänge. Anscheinend wurde sie als suizidgefährdet eingestuft.

Nach ein paar Tagen kommt sie in eine normale Einzelzelle, in der sie 23 Stunden am Tag verbringen muss, mit nur einer Stunde Hofgang. Es dringen entfernte Geräusche von Fernsehern oder Radios zu ihr durch, sicher von ihren Nachbarinnen. Dieser Luxus steht ihr als Neuankömmling noch nicht zu, auch Bücher darf sie anfangs nicht in der Zelle haben. Nach zwei Monaten verlegt man sie in die JVA München-Stadelheim, in eine Mehrbettzelle. Dort entwickelt sie eine Überlebenstechnik: „Meine Taktik war es, erst mal zu beobachten. Mit was für Menschen habe ich es zu tun, wie gehen sie miteinander um, wie ist so ihr Ton? Bei Gossensprache, aggressiven Sprüchen, da zog ich mich lieber gleich zurück. Extrem vorsichtig war ich bei solchen, die auf Krawall gebürstet waren und wo die Hand etwas lockerer saß. Aber sich extrem anzupassen, sich gleich unterzuordnen, war auch nicht immer eine gute Idee: Es könnte als Schwäche ausgelegt werden. Auch frech sein war oft falsch. Ich versuchte, möglichst unauffällig zu sein, mich nie zu beschweren. Als mich der dicke Rauch in der Zelle störte – fast alle Insassinnen waren Raucherinnen, und wenn fünf bis sechs Personen ununterbrochen paffen und das Fenster nicht auf Kipp stellen wollen, naja, dann ist die Luft dementsprechend stickig –, also, ich habe dann immer abgewartet, dass alle zur Freistunde weg waren, und dann habe ich ordentlich gelüftet. Wichtig war, sich etwas aufzubauen, zu jemandem auf dem Flur Hallo zu sagen, ins Gespräch zu kommen. Das ist mir in München in der Mehrbettzelle ganz gut gelungen."

Im Dezember 2013 fällt ihr Gerichtsurteil. Sie wird des Mordes in Tateneinheit mit Raub mit Todesfolge für schuldig erklärt und deswegen zu lebenslanger Freiheitsstrafe verurteilt. Man bringt sie wieder nach Aichach, diesmal in den regulären Strafvollzug. Die JVA hier verfügt über eigene Arbeitsbetriebe, in denen Insassinnen für Industriefirmen Plastikteile, Leiterplatten und vieles mehr herstellen. Für Gefangene, die nicht in die „normalen" Arbeitsabläufe integriert werden können, gibt es eine spezielle Arbeitstherapie. Kati ist eine von ihnen. Sie schildert mit Begeisterung ihre Zeit in dieser Abteilung: „Es war ein sehr großer, heller Raum mit verschiedenen Handwerksmaschinen zum Bohren, Schleifen, Holzsägen. Man konnte mit Holz arbeiten, Körbe flechten, Gefäße aus Ton formen. In Schränken lagen Papier und Pappe zum Basteln, Wolle zum Stricken. Ich habe mal vom Boden so ein kleines Steinchen aufgehoben: ein Specksteinchen. Ich fragte, ob ich mehr davon haben könnte ..." Sie bekommt mehr. Und beginnt, intensiv damit zu arbeiten; sie bastelt Schmuck, kleine Anhänger, ein „Sammelsurium" für Büroschreibtische. „Mit dem Speckstein lässt sich so wahnsinnig viel machen", schwärmt sie, „er ist weich, leicht zu schnitzen und zu schleifen. Und sieht manchmal wie Rosenquarz aus. Ich habe sogar mal eine Skulptur daraus gemacht." Von einer Zellennachbarin lernt Kati auch stricken. Es fasziniert sie.

Im Frauengefängnis Willich II, wohin sie 2018 verlegt wird, macht Kati eine Lehre als Modeschneiderin. Dazu gehört auch stricken, was sie inzwischen hervorragend beherrscht.

Schneiderwerkstatt in der JVA Willich II

Bei der Industrie- und Handelskammer legt sie ihre Gesellenprüfung ab. Den praktischen Teil schafft sie mit großem Erfolg, im theoretischen Teil schneidet sie schwach ab, das ärgert sie: „Diese Prüfungsangst – da falle ich wieder in die Kinderrolle zurück. Chaos im Kopf, Leere, Angst vor Bewertung, vor schlechtem Abschneiden. Ein Gefühl, blöder zu sein als alle anderen." Inzwischen weiß sie mit dieser Angst umzugehen, genau so wie mit ihren Depressionen.

Wenn alles gutgeht, könnte sie bald, nach zwölf Jahren abgebüßter Gefängnisstrafe, in die offene Anstalt wechseln. Und 2028 wäre theoretisch ihre Entlassung möglich. „Vielleicht gelingt es mir dann, mir ein bescheidenes Leben aufzubauen, mit kleiner Wohnung, Job, womöglich einem Partner", hofft sie. Erst mal freut sie sich aber auf ihre geplante „Ausführung" am kommenden Montag: Ihre Schwester kommt aus Berlin und sie werden, unter Aufsicht von zwei Beamtinnen, ihre Tante und ihren Onkel im Grafenberger Wald besuchen, mit ihnen irgendwohin essen fahren.

In den zwölf Jahren ihrer Haft hat Kati viel über ihre Tat nachgedacht, über Schuld, das Leben im Gefängnis: „Auch wenn es nicht meine Absicht war, ich habe einen Menschen getötet. Ich finde es schrecklich, es ist aber passiert, und ich muss mit dem Status leben: Mörderin. Ich muss es akzeptieren. Das Urteil habe ich akzeptiert. Aber ich lasse mich nicht nur darauf reduzieren, mich in ein Klischee pressen, mich davon ganz einvernehmen. Ich bin nach wie vor noch ein denkender Mensch. Ich habe Werte, ich habe Gefühle. Ich bin empathisch. Ich bin kein kaltherziges Monster, das aus Spaß tötet. Nachdem ich meine Strafe hier abgebüßt habe, will ich diese Anstalt mit erhobenem Haupt verlassen, mit einem Lächeln. Alles Schlechte bleibt hier. Ich möchte mich auf das, was kommt, noch freuen dürfen."

Betrogene Betrügerin

Irene G., ehem. Justizanstalt Schwarzau, Niederösterreich

Die Engel haben beeindruckende Stimmen: „Fest der Liebe“, singen sie, „das Christkind kommt!“ Ein gebückter Mönch, die Kapuze übers halbe Gesicht gezogen, hebt langsam den Kopf, schaut forsch ins Publikum: „Gibt es hier jemanden, der würdig ist, dieses Fest der Liebe zu feiern?“, fragt er. „Wirklich würdig? Ich suche schon überall, aber bis zum heutigen Tag habe ich noch niemanden gefunden. Vielleicht hier, in diesem Saal?“ Niemand antwortet. „Und was würdet ihr brauchen, um würdig zu werden?“, lässt er nicht locker. „Sagt es laut! Hier, die Engel um mich herum, sie geben es weiter an das Christkind, und wer weiß ...?“ Erst vereinzelt, dann bricht es aus dem Publikum heraus. Ein Stimmenchaos erhebt sich. Viele im Publikum versuchen, etwas über sich zu erzählen, die Aufmerksamkeit auf sich zu lenken. Die Wünsche werden herausgeschrien, bedrängen die Engel, die, von so viel Empathie überwältigt und völlig überfordert, einer nach dem anderen zu Boden sinken. Die Wünschenden versuchen sie aufzurichten, rücken ihre Flügel zurecht. Dann flößen sie ihnen Schnaps ein, damit sie wieder zu Kräften kommen. Am Ende sind alle Engel betrunken. So können sie nicht vor ihrem Schöpfer erscheinen, und alle Wünsche bleiben unerfüllt.

Das unkonventionelle Weihnachtsspiel wird zum Riesenerfolg. Der Applaus nimmt kein Ende. Der Aufführungsort ist die Justizanstalt Schwarzau am Steinfeld, früher ein kaiserliches Jagdschloss, heute das einzige österreichische Frauengefängnis. Nach einer kurzen Premierenfeier im Versammlungsraum werden die Engel, der Mönch, ein paar andere Figuren aus dem Stück und die meisten der Zuschauerinnen schnell wieder zurück in ihre Zellen gebracht.

Irene spielte den Mönch, den heiligen Wanderer. Sie fand seine Geschichte in einem Tiroler Erzählband in der Gefängnisbibliothek und machte daraus ein Theaterstück. Es ist nicht ihr erstes – Theater ist ihre große Leidenschaft. Es markiert Stationen in ihrer Kindheit, ihrer Jugend. Auch das Singen. „Eine der Beamtinnen hier hat eine unvorstellbar schöne Stimme, so etwas Göttliches habe ich ganz selten gehört! Sie leitet eine Singgruppe, und da mache ich auch mit.“ Das Singen gehört zu Irenes frühesten Kindheitserinnerungen. Es versetzt sie in glücklichere Zeiten, als sie noch ganz klein war, in die Wohnung ihrer geliebten Großeltern im 16. Wiener Gemeindebezirk.

Diese werden als Reichsdeutsche aus Lemberg nach dem Krieg vertrieben. Ihr Landgut mit allen Besitztümern müssen sie zurücklassen. In Wien finden sie über das Rote Kreuz ihre verschollene Tochter, Irenes Mutter, die aus einem KZ in Polen fliehen konnte und sich wochenlang durch die böhmischen Wälder in Richtung Österreich durchschlug. Sie wird bald nach ihrer Ankunft mit Irene schwanger, will aber nicht mit dem Vater ihres Kindes zusammenleben, also zieht sie bei den Eltern ein. Aus ihrer Wohnung in der Wichtelgasse hört man oft Singen: Irenes Oma war früher Opernsängerin, ihre Mutter hat eine ebenso „traumhaft schöne“ Stimme, wie Irene sagt. Sie wird in die Musik hineingeboren, beginnt sehr früh, mit ihrem kleinen Stimmchen den Familienchor zu verstärken. Auch ihr Großvater kann toll singen; er ist ein großer, eleganter Mann mit riesiger Silbermähne, witzig und charmant. „Wenn ich mal groß bin, werde ich meinen Opa heiraten“, erklärt sie als Dreijährige ihrer leicht verblüfften Oma. Die Gestalten der Liebsten verwischen sich in ihren Erinnerungen, verblassen langsam; aber das gemeinsame Singen und dieses Gefühl der Wärme, Nähe, Glückseligkeit, das dabei entstand, das Lachen, bis Tränen kommen, das spürt sie noch immer in sich, wie ein Traum vom verlorenen Paradies.

Irgendwann heiratet ihre Mutter und zieht mit ihr zu ihrem neuen Mann nach Neulengbach im Wienerwald. Zur gleichen Zeit verlassen auch ihre Großeltern Wien. Sie erhalten aus Deutschland eine Wiedergutmachung für ihr eingezogenes Landgut, investieren es in ihre Alterspflege bei einem Stift in Augsburg und ziehen dorthin um. „Augsburg ist ja in Bayern, also nicht ganz so fremd; es ist ja fast wie

Österreich", meint Irenes Mutter tröstend. Tatsächlich sieht Irene ihre Großeltern nie wieder. „Mein Leben wäre ganz anders verlaufen, wenn ich bei ihnen geblieben wäre", sagt sie heute.

Mit ihrem Stiefvater kommt sie gut aus. Sie hält ihn für ihren leiblichen Vater. Vor allem aber hängt sie an seiner Mutter, ihrer neuen Oma, die mit der jungen Familie zusammenwohnt. Deren Verhältnis zu ihrer Schwiegertochter ist eher schwierig. Desto inniger aber liebt sie ihre angenommene Enkelin, beantwortet geduldig ihre ständigen Fragen, erlaubt ihr, sich auszutoben, holt sie täglich mit ihrem kleinen Hund vom Kindergarten ab. Dort entdeckt Irene ihre große Leidenschaft für das Theater. „Ich habe in Schneewittchen die böse Königin gespielt", erzählt sie, „ich musste in dieser Rolle so richtig gemein, heimtückisch, verlogen sein, und nach der Vorstellung war ich dann wieder ich. Beides war für mich irgendwie echt; das war faszinierend. Wenn ein Kind stotterte und seinen Text vergessen hat, habe ich hinter der Bühne bitterlich geheult. Das konnte ich einfach nicht ertragen. Ich war da schon richtig theatersüchtig."

Vielleicht hilft ihr das, die nächsten Jahre halbwegs unbeschadet zu überstehen. Denn die neue Familienidylle, mit gemeinsamen Kinobesuchen, Ausflügen, fröhlichem Beisammensein, dauert nicht lange. Sie endet abrupt, als ihre Eltern anfangen, ein Haus zu bauen. Wenn sie von der Arbeit nach Hause kommen, eilen sie sofort zur Baustelle. Beide sind bei einem Elektrotechnik-Unternehmen angestellt, die Mutter in der Verwaltung, der Stiefvater als Elektro-Werkmeister. Das neue Haus wird zu ihrer Lebensaufgabe. Sie verwenden darauf ihre gesamte Energie und Zeit, sind täglich auf der Baustelle, machen viel selbst. „Ab da hatten sie für mich keine Zeit mehr. Ich habe nur gestört. Klar, ich wollte dazugehören, überall mitmachen. Aber ich war eher ständig allen im Weg, immer fehl am Platz. Ich kann mich erinnern", erzählt sie, „wie mir Papa einmal eine Pumpe zum Wasserabsaugen zeigte. Ich steckte da sofort meine Finger rein. Papa hat es nicht gesehen, drückte zu und klemmte sie mir ein. Blau und blutig waren sie danach. Alle schrien aufgeregt herum und schimpften mit mir. ‚Es ist leichter, einen Sack Flöhe zu hüten als dich‘, hieß es.“

Sie ist ein sehr lebhaftes Kind mit viel Fantasie, ihrem Alter weit voraus. Sie will alles wissen, alles erforschen, ihre Neugier ist nicht zu stoppen; sie muss sich ständig ausprobieren, ihre Grenzen ausloten. Als sie sich mit fünf den genauen Unterschied zwischen einem Bub und einem Mädchen erklären lassen will, stottert ihre Mutter überfordert herum. Genauso, als ihre kleine Tochter leicht angetrunken zum Mittagstisch kommt, weil sie prüfen wollte, wie der junge Sturm schmeckt, ein leicht angegorener Traubensaft. Und als sie im Kindergarten die Kleinen dazu überredet, heute mal ohne Schuhe nach Hause zu gehen, und alle tatsächlich barfuß durch die Straßen marschieren, einer ihrer vielen Streiche, geben ihre Eltern auf. Sie beschließen, die Verantwortung für die Erziehung ihrer Tochter katholischen Nonnen zu überlassen. Oma allein ist nicht imstande, diesen dramatischen Schritt zu verhindern; das forsche Mädchen überfordert auch sie.

Irene ist noch keine sechs Jahre alt, als sie in das von den Kreuzschwestern geführte Mädcheninternat Breitensee im 14. Bezirk abgegeben wird. Aber auch dort bleibt sie nicht lange. Nach einigen Turbulenzen landet sie mit acht Jahren in der katholischen Erziehungsanstalt in Hollabrunn. Diese ebenfalls von Nonnen geführte Einrichtung ist eigentlich für Waisenkinder gedacht, Irenes Eltern suchen aber für ihre Tochter eine möglichst preisgünstige Unterbringung; die Baustelle verschlingt all ihre Ersparnisse, die Fertigstellung ihres Traumhauses verzögert sich immer wieder. Und für die Unterbringung in Hollabrunn, in dem auch schwer erziehbare Kinder leben, müssen sie nichts zahlen, das übernimmt der Staat.

Sie besuchen Irene zwei Mal im Jahr; nach Hause kommt sie in dieser Zeit nicht mehr. Weihnachten verbringt sie immer im Heim, zieht mit anderen Waisenkindern von Haus zu Haus und singt Weihnachtslieder. Singen mag sie noch immer, vor allem liebt sie die Messen in der Kapelle, wo die Stimmen durch Kerzenlicht und Weihrauch hochsteigen und mit Hall umhüllt zu ihr zurückkommen. Hier ist ihre

Zufluchtsstätte; hier kann sie sich immer kurz dem strengen erzieherischen Zugriff der Nonnen entziehen. Und der ist für die temperamentvolle, wissbegierige Irene ganz besonders hart. Sie ist ihm voll ausgeliefert. Sie erinnert sich, wie sie als Achtjährige die ganze Nacht barfuß auf dem kalten Steinboden neben ihrem Bett stehen muss, als Strafe für ihr „unzüchtiges Verhalten". Diesen Ausdruck kennt sie überhaupt nicht, ganz zu schweigen von dem, was damit gemeint ist. Sie hatte sich beim Einschlafen ihre kalten Hände zwischen die Schenkel gelegt, um sie zu wärmen. Warum dann die Nonne, die sie dabei „ertappt", sich so furchtbar aufregt, versteht sie überhaupt nicht.

Zu der düsteren katholischen Welt findet sie keinen Zugang. Die geschundenen, verstümmelten Leiber der heiligen Märtyrer auf Bildern in der Kirche, der tote Christus, mit Wunden übersät am Kreuz angenagelt. Sie sieht in dieser Welt nur Leid, Schmerz, Demütigung, Verleugnung alles Körperlichen, Selbstkasteiung, Schuldgefühle, Buße, sogar für Sünden, die man nicht begangen hat. „Woher kommt das alles? Wer hat uns das so angeordnet?", fragt sich Irene. „Ich bin keine Büßerin, ich bin Mutter-Gottes-Fan, Fan von Maria."

Der Herkunft des Glaubens, der Religion, versucht sie während ihrer Zeit in Hollabrunn auf die Spur zu kommen. Sie hat dazu so viele Fragen. „Warum gibt es keine einzige Frau, die diese Geschichte mitgeschrieben hat? Warum nur Männer? Das Alte Testament liest sich für mich wie ein Kriminalroman, richtig spannend", meint sie, „eigentlich besteht es nur aus Grausamkeiten, aus Mord und Totschlag. Wie viele Kriege hat die Kirche angezettelt?" Auf den „Spuren der Bibel" bleibt sie ihr ganzes Leben. Später, als Erwachsene reist sie mehrmals nach Israel, besucht Jerusalem, Masada, steht vor den Klagemauern, lässt sich die Bedeutung dieser Orte erklären. „Das ist für mich ein bisschen wie ‚Stille Post'. *Wer* gibt *was* und *wie* weiter, darauf kommt es an, daraus wird irgendwann die Realität", sagt sie. Sie staunt, welche Macht Interpretationen und Deutungshoheit haben.

Über solche Themen unterhält sie sich natürlich nicht mit den Nonnen in Hollabrunn. Sie merkt sehr früh, dass die sich für die Wahrheitssuche gar nicht interessieren, nur für ihre eigenen Interessen, dass Wahrheit und Ehrlichkeit nicht wirklich gefragt sind. Wenn Irene sagt, was sie denkt, bekommt sie Schläge. Wenn sie sich aufrichtig zu einer Tat bekennt, wird sie auch geschlagen, diesmal eben wegen ihrer „selbstgerechten Arroganz". Wenn sie aber die Tatsachen geschickt verdreht, verleugnet, mit schönem, demütigem Lächeln dekoriert, dann „passt es schon". „Warum wollen alle ständig belogen werden?", fragt sie sich.

„Wir haben mehr Hiebe als Mahlzeiten bekommen. Die Schwestern haben Enthaltsamkeit gepredigt, aber im Refektorium königlich gespeist, und bei uns Kindern gab es immer nur Nudeln und Erdäpfel, Erdäpfel und Nudeln. Das war schon heftig. Da habe ich gelernt, dass ich mehr bekomme, wenn ich ihre Erwartungen erfülle, wenn ich ihnen etwas vormache. Wenn ich diese Menschen manipuliere. Ich war neun, als ich dieses Prinzip erstmals kapiert habe. Ich habe mich in Hollabrunn immer so durchlaviert, wie ein Schlawiner. Der Kuchen war zwar ungenießbar, aber ich habe mir die Rosinen rausgepickt, die gibt's immer, man muss sie nur finden. So habe ich dieses Kloster gut überstanden, bis ich 16 wurde. Natürlich hat mir dabei auch meine Theater- und Singgruppe sehr geholfen. Und Bücher, die ich stapelweise gelesen habe. Das Lernen fiel mir leicht; ich war eine Vorzugsschülerin, auch meine Zeugnisse waren immer gut."

Noch im Heim erfährt Irene, dass der Mann, den sie für ihren leiblichen Vater hält, „nur" ihr Stiefvater ist. „Wieder mal eine Lüge", denkt sie. Es fügt sich konsequent in ihr Weltbild, das ihr – unbeabsichtigt – im Erziehungsheim vermittelt wurde: „Gute Inszenierungen beherrschen die Welt; sie sind wichtiger und überzeugender als die Realität." Trotzdem entscheidet sie sich, an der Sache mit ihrem Vater nicht zu rühren, will keinen Kontakt zu ihrem biologischen Vater und ihren zwei Halbbrüdern. Das wäre für sie ein Verrat an ihrer jetzigen Familie.

Mit 16 Jahren verlässt sie das Erziehungsheim in Hollabrunn. Die uniformierte Anstaltskleidung eignet sich nicht für die Welt „da draußen". Die Klosterschneiderei fertigt ihr traditionsgemäß bei Entlassung eine komplette Kleider-Ausstattung „nach ihren Vorgaben". Irene wünscht sich alles in Blau, ihrer Lieblingsfarbe. Sie fühlt sich wie in einer Theatervorstellung; so neu eingekleidet wird sie von ihrer Umwelt spürbar respektvoller behandelt.

Ihr Stiefvater holt sie ab, bringt sie in das längst fertiggestellte elterliche Haus. Als sie es damals verließ, war es noch eine Baustelle. Sie denkt an ihre eingeklemmten Finger. Schön ist das Haus geworden, mit Riesengarten. Irene hasst es.

Zu Hause will ihre Mutter wissen, warum sie kein Vertrauen zu ihr hat. Irene schweigt. Als Kind war sie immer „bitter-bitterböse" auf ihre Mama, weil sie sie weggegeben, in ein Heim abgeschoben hat, weil ihr Kind so unwichtig, regelrecht lästig war. Später versteht sie, dass die Mutter wahrscheinlich gar nicht anders konnte, nach all dem Traumatischen, das sie selbst erlebt hat. Sie war während des Zweiten Weltkrieges als reichsdeutsche Lembergerin in einem Passamt in Warschau beschäftigt. Diese Position nutzte sie, um polnischen jüdischen FreundInnen falsche Pässe auszustellen, damit diese ausreisen konnten. Ihre zeichnerische Begabung half ihr dabei, Dokumente, Stempel und Unterschriften fein säuberlich zu fälschen. Irgendwann flog sie auf und wurde von den Nazis in ein KZ gesteckt. Das Grauen dort hat sie fürs Leben gezeichnet, vermutet Irene. Sie ist ziemlich stolz auf die Vergangenheit ihrer Mutter. „Sie hat für ihre Freunde alles riskiert", sagt sie, „und sie war eine ausgezeichnete Fälscherin."

Die Mutter hat mit Irene große Pläne, will sie in einer „gehobenen Position" sehen. „Du kannst so gut reden, so geschickt mit Menschen umgehen, sie überzeugen, du solltest Politikerin werden", meint sie. Aber erst mal meldet sie ihre Tochter zur Aufnahmeprüfung für die dreijährige Chefsekretärinnen-Schule an der Handelsakademie in Wien an. Von 65 Mädchen bestehen nur sechs die Prüfung. Irene ist eine davon. Sie will aber keine Sekretärin werden, auch keine Politikerin. Schließlich einigt sie sich mit der Mutter darauf, dass sie zumindest eine zweijährige kaufmännische Ausbildung absolviert. „Damit du einen Beruf hast, und danach kannst du machen, was du willst", sagt ihre Mutter.

Neben der Schule jobbt sie als Kellnerin. Es macht ihr großen Spaß: „Leute um mich zu haben, die das Leben nicht ganz so ernst nehmen, scherzen, blödeln, da blühte ich voll auf!" Nach der strengen, freudlosen Klosterzeit genießt sie es, ihr Temperament, ihre Lebensfreude nicht verstecken zu müssen, unbekümmert sein zu dürfen. Sie pflegt jetzt viele Freundschaften, hat viele Bekannte, wird gemocht und bewundert. Diese Anerkennung bedeutet ihr viel. „Für meine Freunde gehe ich durchs Feuer", ist bis heute ihr Lebensmotto. Zusammen spielen sie anderen Leuten Streiche, beweisen sich in pubertären Mutproben. Wenn gefragt wird, wer sich traue, im Kaufhaus eine Mütze zu klauen, ist sie die Erste, die reingeht und sich kurz danach mit einem Hut auf dem Kopf, an dem noch das Preisschild baumelt, triumphierend ihrer Clique präsentiert.

„Natürlich war das falsch. Aber ich war 16 und hatte keinen einzigen Menschen, der mich ein bisschen angeleitet hat, an dem ich mich orientieren konnte; da war niemand, der mir sagte, was falsch und was richtig ist", sagt sie heute. „Aber immerhin sind wir nicht auf U-Bahn-Schienen gesprungen, um uns zu beweisen."

Als sie 17 Jahre alt ist, wird ihr Unsägliches angetan: Sie verpasst abends ihren Zug nach Neulengbach. Ein Bekannter bietet an, sie mit seinem Auto nach Hause zu bringen. Er wolle zuvor nur schnell etwas in seiner Wohnung holen, sie solle kurz mit rauf kommen. Dort warten bereits seine Kumpels auf sie: fünf Männer. Irene ist noch Jungfrau. Sie ist erst vor Kurzem aufgeklärt worden; bei ihrer ersten Periode mit zwölf wusste sie noch gar nicht, was da mit ihr passiert. Sie dachte an eine schreckliche Krankheit, dass sie jetzt sterben müsse. Die Vergewaltigung traumatisiert sie. Sie verdrängt das brutale Erlebnis, erzählt keinem davon. Ihr Leben lang. Erst als ältere Frau kann sie darüber sprechen. Aber damals? „Hätte ich es meiner Mutter erzählen sollen? Für sie wäre es eine Schande gewesen, sie hätte Spott gefürchtet, hätte geschimpft, dass ich zu kurze Röcke trage. Oder der Polizei? Die interessierte so etwas nicht. Es war Mitte der 60er, da gab es auch noch keine Psychologen, keine Netzwerke, die dich auffangen", sagt sie.

Mit 20, Irene wohnt mittlerweile in einem eigenen kleinen Zimmer zur Untermiete in Wien, wird sie schwanger. Sie plant die Hochzeit mit dem Vater ihres Kindes. Da das Risiko einer Fehlgeburt besteht, verbringt sie eine Weile im Krankenhaus. Als sie erfährt, dass ihr Partner in dieser Zeit eine Affäre mit ihrer besten Freundin hat, macht sie mit ihm Schluss, noch vom Krankenbett aus. Später bringt sie einen gesunden Sohn zur Welt, hat aber als alleinstehende Kellnerin keine Möglichkeit, ihn selbst zu betreuen, und bringt ihn in einem Säuglingsheim unter.

Zwei Jahre später heiratet sie einen Mann, den sie aus einem Tanzlokal kennt. Sie holt ihren Sohn nach Hause, und bekommt kurz nacheinander zwei Töchter. Wenn sie heute von dieser Ehe spricht, kann sie nur staunen. Wie konnte sie, mit ihrer Hollabrunner Erfahrung, sie, die sich selbst so gut in Täuschungstechniken auskennt, auf so einen Blender hereinfallen? „Weil er toll aussah, hielt ich ihn auch für einen guten Menschen. Was für ein Blödsinn", sagt sie. Ihr Mann tanzt hervorragend, ist charmant, witzig und lieb. Aber nur, wenn andere dabei sind. Zu Hause, wenn sie mit ihm allein ist, entpuppt er sich als gewalttätig. Er schlägt, misshandelt, demütigt sie.

Irene hasst Gewalt, ihre ganze Kindheit und Jugend über ist sie damit konfrontiert. Sogar in ihrer glücklichen Zeit, mit Mutter und Stiefvater zu Hause, war der „Pracker", der Teppichklopfer, allgegenwärtig. Den holte die Mutter aus dem Küchenschrank, um mit Schlägen aus der Tochter „einen besseren Menschen zu machen". Auch in Hollabrunn gehörten Schläge zum Alltag. Sie weiß noch, wie sie sich zur Strafe vor einen Stuhl stellen musste, auf dem eine Nonne mit dickem Schlagstock thronte. „Meine Handflächen sollte ich brav den Schlägen entgegenstrecken, den Kopf dabei demütig gesenkt halten. Die anderen Mädchen mussten im Chor die Hiebe mitzählen. Wenn ich auch nur einmal die Hände wegen der Schmerzen zurückzog, begann das Zählen von vorn. Wir wurden mit dicken Stöcken, mit Ruten, mit Ledergürteln geschlagen, mit den Händen auch direkt ins Gesicht."

Die Gewalttätigkeiten ihres Mannes lassen diese Erinnerungen in Irene aufleben. Doch sie will ihre Familie zusammenhalten, den Kindern nicht durch eine Trennung ihren Vater wegnehmen. Und vor allem will sie ihre Schwiegermutter nicht verlieren: „Sie war eine ganz bezaubernde Person, eine richtige liebe Oma. Sie hat für meine Kinder gesorgt, mir den Rücken freigehalten, und ich konnte arbeiten gehen."

Mit 29 Jahren steht sie zum ersten Mal in ihrem Leben vor dem Bezirksgericht. Sie hat schon früher kleine Gaunereien begangen, Unsinn getrieben, balancierte oft an der Grenze zur Kriminalität – oder knapp darüber. Nie hatte sie dabei das Gefühl, etwas Schlimmes zu tun, anderen wirklich zu schaden. Doch diesmal ist es anders. Sie ist in Geldnot und sieht bei einem Freibadbesuch ein offen stehendes Kästchen für Wertsachen. Sie greift hinein, holt eine Goldkette heraus. Beim Versuch, sie zu verkaufen, wird sie ertappt und zu vier Monaten bedingter Freiheitsstrafe verurteilt. Sie verspricht dem netten, väterlich wirkenden Richter, so etwas nie wieder zu tun.

„Für mich war damals diese Strafe völlig abstrakt; ein Gefängnis konnte ich mir gar nicht vorstellen", sagt sie heute. „Als mir drei Jahre später eine Freundin panisch vorheulte, dass man sie sucht, weil sie auf Bewährung eine Straftat begangen hat, habe ich mich statt ihrer gestellt, habe ihren Diebstahl auf mich genommen. Ich war richtig anmaßend; ich dachte, mir kann nichts passieren." Beim Bezirksgericht begegnet sie wieder dem wohlwollenden Richter. Sein Urteil diesmal: acht Monate bedingte Freiheitsstrafe, also wieder Bewährung.

Nach sieben Jahren Ehe trennt sie sich von ihrem gewalttätigen Mann. Die Kinder bleiben bei der Oma. Sie kellnert weiter. Bis der verhängnisvolle Tag kommt, irgendwann im September 1979, der ihr Leben verändern wird.

Am Vorabend tanzt sie bis spät in die Nacht auf der Geburtstagsparty einer Freundin. Sie ist eine hervorragende Boogie-Tänzerin; Tanzen ist ihr liebstes Hobby. Am nächsten Morgen verschläft sie. Weil sie nicht zu spät zur Arbeit kommen will, rennt sie eilig die Treppe hinunter, nimmt mehrere Stufen auf einmal. Dann passiert es: Bei einem hastigen Schritt verdreht sich ihr linkes Bein. Sie spürt einen stechenden Schmerz im Knie, stürzt zu Boden.

Man diagnostiziert einen Riss im Meniskus. Sie wird operiert. Dann kommt noch eine Wundinfektion hinzu. Sie wird mehrmals nachoperiert und liegt monatelang im Krankenhaus. „Glauben Sie mir, fünf Jahre Gefängnis sind nichts dagegen", sagt sie. „Ich habe nicht gewusst: Komme ich da lebend wieder raus? Mein Bein sollte oberhalb des Knies amputiert werden. Ich war 32, wollte nicht mehr leben. Meine härteste Zeit." Nach langen Monaten kann sie das Krankenhaus verlassen – mit beiden Beinen. Ein klinisches Experiment mit dem Einsatz eines künstlichen Kniegelenks, damals noch wenig erprobt, hat funktioniert. Es muss nur regelmäßig gewartet werden. Diese schwere Verletzung prägt ihr gesamtes weiteres Leben.

Für das Geld, das sie von der Versicherung bekommt – sie ist gut versichert –, kauft sie eine Gaststätte im 14. Bezirk. Sie ist jetzt nicht mehr allein: Ein alter Bekannter, den sie schon als 19-Jährigen im Gasthaus bediente und jetzt wiedertrifft, erweist sich als die Liebe ihres Lebens. Er ist inzwischen 25, sieben Jahre jünger als sie. Sie ziehen zusammen, heiraten. Weil sie vorbestraft ist, erhält sie keine Gewerbeberechtigung; also gibt ihr Mann seinen Beruf als Elektriker auf und will die Geschäftsführung des Lokals übernehmen. Als ihr Ehemann bekommt allerdings auch er die Gewerbeberechtigung nicht. „Lasst euch doch scheiden", rät ihnen ein Beamter aus dem Magistrat, was sie auch tatsächlich pro forma tun. Sie hat jetzt das Gefühl, ihr Leben im Griff zu haben.

Ihr Gasthaus läuft ausgesprochen erfolgreich. Tagsüber essen Friseurinnenlehrlinge aus der benachbarten Berufsschule bei ihnen, etwa 100 Mädchen, die alle ihren Ehemann anhimmeln. Abends wechselt die Klientel; da kommen die von ihr so gemochten „Leute mit Schmäh", viele Stammgäste. Bald eröffnet das Ehepaar drei weitere Lokale in verschiedenen Wiener Bezirken. Irene arbeitet überall mit, ist „immer mitten im Geschehen, immer", fährt Essen aus, macht Einkäufe. Und sie will ständig mehr, am liebsten in jedem Bezirk ein Café. „Mein Unfall hat mich verändert", erzählt sie. „Meine Behinderung wollte ich nicht akzeptieren. Mein Lebenshunger wuchs jetzt erst recht ins Unendliche. Ich wollte alles, und das am besten gleich und ohne Kompromisse, ich wollte durch die Decke, hurra, ich habe keinen Plafond!"

In dieser Zeit ärgert sich Irene besonders heftig über die Banken. „Ich hatte vier Bankkonten", erzählt sie, „zwei private für meinen Mann und mich, und zwei Geschäftskonten. Am 25. jedes Monats habe ich Geld für die Löhne eingezahlt. Aber erst mehrere Tage später reichte die Bank das Geld an die Mitarbeiter weiter. So lange arbeiteten die Banken mit unserem Geld und verdienten daran. Aber wenn ich mal mein Konto überziehen musste, hat man mir vom ersten Tag an 15 Prozent Zinsen abgeknöpft. Ist das ehrlich, ist das korrekt? Für mich sind die Banken Betrüger, staatlich erlaubte Betrüger." Ihr damaliger Zorn ist auch heute noch zu spüren. „Dazu sind sie noch so wahnsinnig geldgierig. Wie damals 1982, bei der Geschichte mit dem *Wienerwald*. Das war die größte Restaurantkette Europas, gegründet von einem Linzer Gastwirtsohn. Sein Welterfolg hat mir damals sehr imponiert. Er war für mich als Gastwirtin ein Ansporn, ein Vorbild. Er hatte alles nur mit Krediten finanziert. Und die Banken verdienten jahrelang wie verrückt daran. Dann gab es einen Artikel in der *Süddeutschen Zeitung*. ‚Ist die *Wienerwald*-Kette noch in der Lage, alle Kredite zurückzuzahlen?', wurde da gefragt. Und das reichte: Die Banken bekamen kalte Füße und forderten die sofortige Rückzahlung aller Kredite ein. Das schafft keiner, auch ganz große Unternehmen nicht. *Wienerwald* musste noch im selben Jahr Insolvenz anmelden. Alle Restaurants, auch die über 800 Filialen in den USA, mussten zum Spottpreis verkauft werden."

Irene hat keine Hemmungen, eine Bank zu betrügen. Der Mann einer Freundin ist gestorben, und sie braucht dringend einen Kredit, um ausstehende Rechnungen zu bezahlen, bekommt aber aufgrund mangelnder Bonität keinen. Irene stellt ihr eine falsche Lohnbestätigung aus. „Der Frau musste doch geholfen werden. Ihre Kreditraten hat sie dann auch brav gezahlt. Wem habe ich also damit geschadet?", fragt sie.

Daraufhin melden sich bei ihr aber auch andere, Bekannte von Bekannten, bald auch gänzlich Unbekannte. Sie hilft auch ihnen. Selber hat sie nichts davon; die Kredite für ihre Cafés seien alle legal gewesen, sagt sie. Sie tut es, weil sie es kann und dafür Anerkennung und Respekt bekommt. „In meinem Größenwahn fühlte ich mich wie Rubber Duck", erzählt sie. Der charismatische Anführer einer Fernfahrer-Rebellion aus dem amerikanischen Actionfilm *Convoy* wird zu ihrem Helden.

Sie ist besonders geschickt darin, Dokumente „umzuschreiben": ein Datum auf einem Führerschein, Namen auf Krankenkassen- oder Meldescheinen zu verändern. „Anscheinend das Erbe meiner Mutter", grinst sie. Ein schlechtes Gewissen hat sie dabei nicht. „Als unser Wiener Krankenhaus neu gebaut wurde, das AKH", erzählt sie, „da ließ sich der für die Planung verantwortliche technische Direktor mit 30 Millionen Schilling (*heute über 6 Millionen Euro, Anm.*) persönlich schmieren. So wurde der Krankenhausbau zum teuersten Klinikum Europas. Welchen Schaden habe ich dagegen angerichtet? Der Hauptverantwortliche wurde übrigens 1981 wegen gewerbsmäßigen Betrugs zu neun Jahren Freiheitsstrafe verurteilt", sagt sie mit spöttischem Lächeln.

Einige ihrer Urkundenfälschungen fliegen schließlich auf. Sie landet immer wieder vor dem Bezirksgericht, kommt aber jedes Mal mit Geld- oder bedingten Freiheitsstrafen davon. Der freundliche Strafrichter, der sie, wie sie erzählt, immer zur Begrüßung so anschaut, als wolle er sagen: „Na, Pupperl? Was haben wir diesmal angestellt?", gibt ihr wiederholt eine Chance. Sie spielt kurz mit dem Gedanken, mit ihren strafbaren Aktivitäten tatsächlich Schluss zu machen, aber: „Für mich waren damals diese Strafen völlig abstrakt, tatsächlich im Gefängnis zu landen, konnte ich mir gar nicht vorstellen. Ich dachte, ich komme mit allem davon."

Aber irgendwann kippt das Ganze. Es fängt harmlos an. Einer ihrer Stammgäste bittet sie um Hilfe: Seine Frau sei mit dem dritten Kind hochschwanger und seine Baufirma überschuldet; ihm drohe der Konkurs. Er brauche einen Kredit. Und dafür benötige er eine Bonitätsbescheinigung. Sie will sie ihm nicht ausstellen. Er wirkt völlig verzweifelt, bekniet sie so lange, bis sie aufsteht, auf ihren Schreibtisch mit

Briefbögen und Firmenstempel zeigt und sagt: „Ich geh jetzt mal draußen ein paar Minuten spazieren."

Ein paar Tage später wird Irene verhaftet. In Zeitungen erscheint ihr Foto, in der U-Haft geschossen, so wie es die Boulevardpresse liebt: mit geröteten Augen, Augenringen, fettigem Haar. Wer so aussieht, muss doch schuldig sein, denken sich flüchtige LeserInnen da vielleicht. Darunter steht in großen Buchstaben: „Betrügerin!" Ihr Stammgast hat den Stempel ihrer Firma benutzt, um gegen Geld Dutzende von Lohnbestätigungen an Obdachlose auszustellen. Die kreuzten dann alle bei Banken in Wien auf, wollten einen Kredit beantragen. Und alle legten als Bonitätsnachweis einen Lohnzettel ihres Gewerbes vor. Bei der Gerichtsverhandlung werden 20 von ihnen vorgeladen, und alle behaupten, dass sie Irene persönlich kennen und ihr auch viel Geld für die Bestätigungen gezahlt hätten. Der Staatsanwalt ordnet eine Gegenüberstellung an: Niemand unter den ZeugInnen erkennt sie. Damit wird die Klage gegen sie fallengelassen.

Aber das Foto in der Presse zeigt Wirkung. Am nächsten Tag steht ihr Telefon nicht mehr still. Es melden sich nacheinander alle Lieferfirmen, die Brauerei, die Kaffee- und Weinservis. Sie kündigen ihre Zusammenarbeit auf, verlangen die sofortige Bezahlung der schon gelieferten Ware. Mit einer „Betrügerin", wie es in der Zeitung stand, wollen sie nicht in Zusammenhang gebracht werden. Das ist das Ende ihrer Café-Kette, Ende eines Traumes, den sie immerhin etliche Jahre erfolgreich lebte. Auch ihren Mann, die Liebe ihres Lebens, verliert sie. „Ich bin beziehungsunfähig. Seit meinem Unfall ist mein Selbstbewusstsein unterirdisch. Ich will immer wissen: Bin ich noch begehrenswert? Das muss ein Partner erst mal aushalten. Zehn Jahre hat er das ertragen. Dann haben wir uns getrennt", sagt sie.

Ab da entscheidet sich Irene, professionelle Betrügerin zu werden. Ihre Wut auf die Gesellschaft, in der „das Wahre weniger zählt als der Schein", ist ihr Antrieb. Und natürlich ihre Wut auf die Banken. Ihr Lebenshunger, ihre Hyperaktivität werden Motor für eine rasende kriminelle Energie, die keiner bremsen kann und jegliche Hemmungen ausschaltet. 44-jährig landet sie zum ersten Mal im Gefängnis. Mit den jetzt aktivierten Bewährungsstrafen muss sie fünf Jahre sitzen; sie hat wieder Urkunden gefälscht, sich unter anderem als Beamtin ausgegeben. Als Freigängerin begeht sie in ihrem letzten Haftjahr erneut Straftaten und bekommt weitere Jahre Gefängnis dazu. Zwischendurch werden ihr mehrmonatige Haftunterbrechungen gewährt, um sich von ihren immer wieder notwendigen Knieoperationen zu erholen.

In der Zeit stirbt ihr Stiefvater. Sie pflegt die kranke Mutter, bis diese einige Monate später ebenfalls stirbt. In ihrer letzten längeren Haftunterbrechung heiratet sie einen Mann, den sie ihren „Hafen im Sturm“ nennt, bezieht mit ihm ein Häuschen, richtet sich ein. Aber sie muss zurück nach Schwarzau, und ihr Ehemann verlässt sie. Ein geregeltes Leben für danach kann sie sich so nicht aufbauen. Zumal sie bei Freigängen immer wieder straffällig wird.

Während der Verbüßung einer weiteren Haftstrafe in einer Wiener Justizanstalt lernt Irene 2004, im Alter von 56 Jahren, Eva kennen, eine junge, dort beschäftigte Justizwachbeamtin. Zwischen den beiden entwickelt sich eine enge Freundschaft, die auch erhalten bleibt, als Irene nach Schwarzau verlegt wird. Dort bekommt sie bald den Freigängerinnenstatus, wird beim Roten Kreuz als Reinigungskraft beschäftigt. Die neue Freundschaft gibt ihr Lebensmut. Nach ihrer Entlassung beschließen die beiden Frauen, zusammen in Wien ein Lokal zu eröffnen. Eigenkapital besitzen sie nicht. Ein ehemaliger Mithäftling vermittelt ihnen eine spanische Investmentfirma, die eine Million Euro in ein Wiener Gasthaus investieren möchte. Als Sicherheit soll die Immobilie genügen. Bei Internetrecherchen stoßen die Freundinnen auf ein Lokal im 23. Bezirk, das samt Inventar zum Verkauf steht: *Mondlichtoase* heißt es. Sie einigen sich mit den Besitzern auf einen Preis von 485.000 Euro, unterschreiben einen Kaufvertrag mit einer Zahlungsfrist. Nutzen können sie die Immobilie sofort, doch die Frist muss mehrmals hinausgeschoben werden, denn die beiden können das Geld nicht aufbringen. Die spanische Investmentfirma hat sich in Luft aufgelöst. Trotzdem investieren die Frauen weiter, in die Renovierung, die Innenausstattung, die Maschinen. Bei Eröffnung des Lokals ist noch keine einzige der Rechnungen bezahlt. Da macht es kaum mehr etwas aus, dass die *Mondlichtoase* ohnehin nicht betrieben werden darf. Der Vorbesitzer hat verschwiegen, dass die Gaststätte ohne Baugenehmigung errichtet wurde und er daher auch niemals eine Gewerbeberechtigung erhalten hätte. Die Freundinnen wurden über den Tisch gezogen.

Die monatelang hingehaltenen GläubigerInnen zeigen Irene und ihre Freundin an. Auch der Kredit, den Irene mit falscher Identität bei einer Bank erschwindelt hat, reicht nicht. Ende September 2006 kehrt Irene nach einem Freigang nicht in die Justizanstalt Schwarzau zurück. Sie versteckt sich in der Wohnung ihrer Freundin, wird knapp zwei Monate später festgenommen, wieder vor Gericht gestellt.

„Sie mussten doch wissen, dass Sie damit nicht durchkommen, dass Sie wieder geschnappt werden würden?“, frage ich sie. Sie schaut mich länger an. Wir sitzen auf einer sonnenüberfluteten Terrasse in ihrem neuen Zuhause, einer kleinen Senioren-Wohngemeinschaft, auf ihrem Schoß ihr geliebter Yorkshire Terrier, um sie herum mehrere Stapel mit Büchern. Es ist ein außergewöhnlich warmer Septembertag im Jahr 2023.

„Sie haben doch bestimmt schon mal vom BAWAG-Skandal gehört?“, fragt sie zurück. „Von der österreichischen Bank für Arbeit und Wirtschaft AG, von ihren gigantischen Verlustgeschäften, die genau in dem Jahr aufgedeckt wurden? Die neun Angeklagten wurden wegen Untreue und Bilanzfälschung schuldig gesprochen. Der Generaldirektor der BAWAG, der laut Urteil des Wiener Landesgerichtes einen Schaden von über anderthalb Milliarden Euro verursachte, bekam zehn Jahre Haft. Der war nach weniger als fünf Jahren wieder draußen. Krankheitsbedingt. Und ich sollte noch weitere Jahre absitzen, mit meinem kaputten Herzen? Der Schaden für die Bank, der damals durch meine gefälschten Lohnzettel für die Obdachlosen entstand, betrug null Euro. Wer ist hier bitte der größere Verbrecher?“, ereifert sie sich.

Ihre letzten Freiheitsstrafen wurden zusammengerechnet: Sie wird im September 2011 zu zehn Jahren Haft verurteilt; 2014 unterzieht sie sich einer schweren OP an den Aortenklappen ihres Herzens. Nach der Rekonvaleszenz muss sie zurück nach Schwarzau. Dort hat sie inzwischen einen ziemlich guten Status. Ihre schweren Depressionen bekommt sie mithilfe einer Freundin unter Kontrolle. Sie betätigt sich wieder kulturell, schreibt Theaterstücke, singt, leitet eine Gefängniszeitung. Sie wird mitunter von der Gefängnisleitung als „Vorzeigeinsassin" eingesetzt. Beim Besuch eines Jura-Professors und 50 seiner Studierenden rät sie ihnen, nie auf den äußeren Schein reinzufallen. Denn die frisch gebügelten Hemden und freundlichen Gesichter der VollzugsbeamtInnen seien nicht Gefängnisalltag, erklärt sie. Sie seien für Gäste von außerhalb gedacht, insbesondere für die aus dem Ministerium. Sie wünscht sich, dass ein mehrwöchiger Aufenthalt im Gefängnis, eine Art Praktikum, für alle Jura-Studierenden Pflicht wird. Nur so würden sie verstehen, was Haftstrafen für Gefangene wirklich bedeuten.

Im Sommer 2021, sie ist jetzt 74, wird sie vorzeitig aus der Haft entlassen. Drei Jahre werden ihr erlassen. Die Anstaltsleitung hat sich für sie eingesetzt: „Aufgrund ihres tadellosen Vollzugsverhaltens, des fortgeschrittenen Alters und nachgewiesenen schweren körperlichen Beeinträchtigungen kann erwartet werden, dass sie durch die bedingte Entlassung mit gleichzeitiger Anordnung der Bewährungshilfe nicht weniger als durch die weitere Verbüßung der Strafe von der Begehung strafbarer Handlungen abgehalten wird."

Irene fühlt sich in ihrem neuen Zuhause wohl. Sie genießt die Ruhe, die sie so vorher nicht kannte: „Ich muss endlich aufhören". Sie wirkt plötzlich müde. „Alle müssen aufhören." Sie richtet sich kerzengerade auf. „Wie kann es sein, dass ich heute für einen kleinen Ratenkredit bei der Bank oder bei Überziehung meines Girokontos weit über zehn Prozent Zinsen zahlen muss, für mein Guthaben bei der heimischen Bank aber kaum mehr als ein Prozent Zinsen bekomme?"

Sie zeigt aufgebracht auf die Zeitung, die vor ihr auf dem Tisch liegt: „Ich sage Ihnen, warum. Weil sie es ungestraft können. Die heimischen

Banken haben schon im Vorjahr Rekordgewinne von 10 Milliarden Euro gemacht. Der Gewinn der UniCredit, explodiert ... die Bank Austria ... die Raiffeisenbank ...“ Sie wirft mit Zahlen und Namen nur so um sich, wirkt plötzlich wieder wie das Kind, das sie wohl in Hollabrunn gewesen sein muss, als sie sich gegen die Ungerechtigkeiten auflehnte. „Ja, und auf wessen Kosten?“, beendet sie ihre Ausführungen. „Wer sind denn nun die wirklich Kriminellen in der Gesellschaft?“

Irene, eine ehemalige Insassin

Hintergrundkommentare – Fachleute beleuchten das Umfeld

Beate Peters
Leitende Regierungsdirektorin, Nordrhein-Westfalen

Frauen im Vollzug

Es gibt nur wenige gesellschaftliche Bereiche, in denen Frauen und Männer so unterschiedlich „repräsentiert" sind wie bei der Begehung von Straftaten und den daraus resultierenden Folgen: Lediglich rund 25 Prozent aller Straftaten werden von Frauen begangen, und noch deutlich seltener werden sie zu einer Freiheitsstrafe verurteilt. In den nordrhein-westfälischen Haftanstalten waren Ende Mai 2023 gerade einmal 835 Frauen inhaftiert – gegenüber etwas über 12.000 Männern.

Vielleicht ist die geringe Anzahl inhaftierter Frauen ein Hauptgrund dafür, dass der Frauenvollzug in der Öffentlichkeit auf ein noch geringeres Interesse stößt als der Strafvollzug im Allgemeinen. Allenfalls dann, wenn ein spektakuläres Tötungsdelikt von einer Frau begangen wurde, mehren sich journalistische Anfragen. Gerade die Tötung des eigenen Kindes löst Schrecken und Unverständnis aus. Wie kann eine Mutter nur dem Menschen, dem sie das Leben geschenkt hat, dieses nehmen? Solche Taten werden als moralisch auf der niedrigsten Stufe stehend angesehen und wirken deshalb so verstörend, weil sich, vor allem von außen, keine einfachen Erklärungen dafür finden.

Bei schweren Straftaten wird fast immer – ausnahmsweise unabhängig vom Geschlecht des Täters oder der Täterin – der Ruf nach als gerecht empfundenen und somit in der Regel härteren Strafen und einer ebensolchen Vollstreckung laut. Vergeltung und Abschreckung stehen auf der Wunschliste der Öffentlichkeit ganz oben. Der Vollzug der Freiheitsstrafe dient jedoch laut Paragraf 1 des Strafvollzugsgesetzes NRW dem Ziel, „Gefangene zu befähigen, künftig in sozialer Verantwortung ein Leben ohne Straftaten zu führen", und hat darüber hinaus die Aufgabe, die Allgemeinheit vor weiteren Straftaten zu schützen. Der Strafvollzug hat also nicht in erster Linie nur die Bestrafung der Täterin oder des Täters im Blick, sondern fokussiert vor allem auf die Resozialisierung. Viele inhaftierte Frauen leiden an schwerwiegenden psychischen Erkrankungen, sind alkohol- oder drogenabhängig und waren in ihrem Leben vor der Tat häufig körperlicher Gewalt oder sexuellem Missbrauch ausgesetzt. Ihre Wiedereingliederung in die Gesellschaft nach der Haft kann auch deshalb nur gelingen, wenn sie adäquate Hilfen in Form von Therapie oder ärztlicher und psychologischer Begleitung erhalten.

Es liegt mir fern, Frauen grundsätzlich als Opfer darzustellen und somit ihre Taten zu entschuldigen. Meine Erfahrung aus meiner 20-jährigen Tätigkeit als Leiterin verschiedener Justizvollzugsanstalten in Nordrhein-Westfalen zeigt mir jedoch, wie wichtig es ist, jeden einzelnen Menschen in den Blick zu nehmen und möglichst passgenaue Behandlungsmaßnahmen anzubieten. Dabei spielen die Lebenserfahrungen der Betroffenen genauso eine entscheidende Rolle wie die konkreten Umstände, die zu einer Straftat geführt haben. In der Welt hinter Gittern gibt es neben den aus unterschiedlichen Gründen mehr oder weniger verfestigten „kriminellen Karrieren" auch die Fälle, in denen Menschen aus der Mitte der Gesellschaft situativ und – von außen betrachtet – unvorhersehbar straffällig geworden sind.

Mit den in diesem Buch beschriebenen, äußerst unterschiedlichen Biografien zeigt Anna Badora, dass es in jedem Einzelfall Menschen sind, die – aus welchen Gründen auch immer – eine Straftat begangen haben. Ihre Geschichten werden nicht erzählt, um sie zu entschuldigen oder gar ihre Taten zu verharmlosen, sondern um aufzuzeigen, wie leicht Situationen entstehen können, die zu einem Desaster führen – immer für die Opfer, aber eben auch für die Täterinnen. Jede dieser (Lebens-) Geschichten von straffällig gewordenen Frauen ist mit bestimmten gesellschaftlichen Realitäten verwoben und in gewisser Weise ein Spiegelbild unserer Gesellschaft. Auch für diese Täterinnen muss und soll das Leben weitergehen, auch sie werden wieder in die Freiheit zurückkehren. Damit das Leben nach der Haft gelingen kann, sind faire Chancen unerlässlich, wie auch eine Perspektive, die wegführt vom abstrakten Bild der „Verbrecherin", hin zu einer konkreten Person in ihrem jeweiligen sozialen Kontext. Und vielleicht ermutigt die Lektüre dieses Buches, Vorurteile nicht nur zu hinterfragen, sondern sogar aufzugeben.

✦

Frau L.
Abteilungsleiterin einer Justizvollzugsanstalt, Nordrhein-Westfalen

Die Perspektiven

Hatten Sie nie Angst, im Gefängnis, hinter Gittern mit Straffälligen zu arbeiten?
Diese Frage hat mir auch meine Tante gestellt, als ich direkt nach dem Abitur in der Justizvollzugsanstalt Köln ein Praktikum begonnen habe. Ich habe ihr geantwortet, an dem Tag, an dem ich Angst habe, zur Arbeit zu gehen, würde ich sofort aufhören. Ich kann sagen: Bis heute, 18 Jahre nach meinem Anfang, war das an keinem einzigen Tag der Fall.

Sind Sie Juristin?
Nein, ich komme aus dem gehobenen Verwaltungsdienst. Ich habe an der Fachhochschule für Rechtspflege, Fachbereich Strafvollzug, studiert. In den Jahren danach war ich auch in der Aufsichtsbehörde tätig, im Jugendvollzug und vertretungsweise in der Untersuchungshaft, aber ansonsten nur in den Frauentrakten der Gefängnisse.

Unterscheidet sich die Arbeit hier im Frauengefängnis von der im Männer-Strafvollzug?

Das Strafvollzugsgesetz ist für alle gleich. Aber im täglichen Zusammenleben hinter Gittern gibt es zwischen Männern und Frauen gravierende Unterschiede. Unsere Insassinnen kommen überwiegend aus prekären sozialen Schichten. Sie lebten vor ihrer Verhaftung in überkommenen Geschlechterrollen. Das heißt, wenn Kinder da sind, sind Frauen diejenigen, die sich allein um sie zu kümmern haben. Sie fühlen sich für ihre Familien allein verantwortlich. Auf ihre Männer können sie sich in den seltensten Fällen verlassen. Das ändert sich auch nicht in der Haft. Während eingesperrte Männer sich meistens in sich zurückziehen und auf Distanz zur Außenwelt gehen, nehmen Frauen gedanklich ihre ganze Familie, ihre sozialen Kontexte ins Gefängnis mit. Ihre Probleme verschwinden ja nicht, nur weil sie jetzt ein paar Jahre im Gefängnis verbringen müssen. Ob es um unbezahlte Gasrechnungen, um die schwangere Tochter oder um Ärger mit dem halbwüchsigen Sohn zu Hause geht. Lösen müssen sie die familiären Probleme trotzdem. Und woran das auch immer liegen mag, ob es genetisch oder anerzogen ist, Frauen sind einfach viel emotionaler und gesprächsbedürftiger. Frauen brauchen ganz viel Austausch, Ansprache und Teilnahme. Viele sind auch sehr dankbar für die Arbeit, die hier für sie geleistet wird.

Wirkt sich das positiv auf ihre Resozialisierungschancen aus?

Wie schon gesagt: Die meisten Insassinnen bleiben von Emanzipationsbewegungen völlig unberührt. Manche werden früh schwanger, viele haben keine abgeschlossene Schul- oder Berufsausbildung und gleiten so ab in die Kriminalität, besonders, wenn sie aus Familien mit entsprechenden kriminellen Vorbildern stammen. Das bürgerliche Vorbild einer Frau in gehobener Position, die Familie und Karriere verbindet, gehört kaum dazu. Durch eine Berufsausbildung, die wir ihnen hier bieten, können sie zur Selbstständigkeit finden. Eines unserer größten Anliegen ist es tatsächlich, Frauen zu bilden und auszubilden. Schulbildung, auch Berufsausbildung, ist hier ein hohes Gut. Wir können den Insassinnen hier in der JVA eine komplette Schullaufbahn bis hin zum Fachabitur anbieten. Das ist ziemlich einzigartig. Wenn sie die Eignung für den offenen Vollzug erlangen, können unsere Frauen auch draußen ihre (Schul-)Ausbildung weiter betreiben. Wir kooperieren mit einem Abendgymnasium, dem Weiterbildungskolleg. Diese Kooperation macht es möglich, dass wir sowohl in der Haft als auch später im offenen Vollzug unsere Verurteilten bis zum Abitur führen können.

Das ist bemerkenswert. Ich habe auch von Ihren vielfältigen Berufsausbildungsmöglichkeiten gehört. Ich habe in der JVA Köln einen großzügigen, lichtdurchfluteten Friseursalon besucht, ein Ausbildungsbetrieb für Insassinnen.

Ja, da gibt es zum einen die Friseurinnenausbildung. Wir können aber auch in vielen anderen Ausbildungsberufen eine modulare Qualifikation anbieten. Das heißt, auch wenn eine Inhaftierte nur für sechs Monate in eine modulare Qualifikation geht, bekommt sie einen Nachweis über diese Lehrlingszeit, die dann draußen bis zu einer Vollausbildung fortgesetzt werden kann. Wir bieten zum Beispiel in Köln auch Lehrstellen in Bürokommunikation, Modenäherei und Textilreinigung an. Und wir sind durchlässig. In den JVAs in Nordrhein-Westfalen gibt es insgesamt noch mehr Ausbildungsangebote. Bei Bedarf dürfen wir entsprechende Gefangene auch in andere Strafanstalten verlegen. Wenn eine Insassin beispielweise Köchin werden möchte, schicken wir sie nach Bielefeld, für die Ausbildung zur Malerin und Lackiererin nach Bochum, zur Floristin oder Gärtnerin nach Gelsenkirchen.

Richtig imponierend. Etwas anderes: Ein weiblicher Friseurlehrling aus der Haftanstalt hat mir erzählt, dass sie auf ihre Gerichtsverhandlung über drei Jahre lang warten musste. Inzwischen hatte sie sich ein Leben aufgebaut und musste dann alles aufgeben, um ihre Haftstrafe abzusitzen. Kann das so stimmen?

Ja, wir haben eine Inhaftierte hier im offenen Vollzug gehabt, die fast zehn Jahre auf ihr Urteil gewartet hat. Sie war halt auf freiem Fuß und das Gericht war mit einem ganz großen Verfahren beschäftigt, sodass ihr Fall immer wieder nach hinten gestellt wurde, weil keine Dringlichkeit bestand. Und letztendlich hat sie zweieinhalb Jahre Haftstrafe erhalten. Bei einem Urteil von bis zu zwei Jahren hätte man die Strafe auch zur Bewährung aussetzen können. Die Frau hatte sich in der Zwischenzeit draußen ein Leben aufgebaut, geheiratet, Kinder bekommen und musste dann für zweieinhalb Jahre zu uns in den Vollzug. Überlastung der Gerichte, klar, es ist nicht immer alles so, wie man es sich wünschen würde. Wobei die zehn Jahre, das war eher eine Ausnahme. Aber ja, es gibt auch häufiger Verzögerungen von mehreren Jahren zwischen Anzeige und Urteil oder Strafantritt. Die wirken sich dann natürlich entsprechend auf die Lebensrealität aus.

Mit welchen Delikten sind Sie in der JVA konfrontiert?
Da gibt es so ziemlich alles, von Diebstahl bis zu Raub und mehrfachem Mord. Seit 2019 greift eine Vollstreckungsplanänderung, das heißt, die Zuweisung zu einer Justizvollzugsanstalt richtet sich ausschließlich nach dem Wohnort. Wir können eine deutlich spürbare Häufung bei niederschwelligen Delikten beobachten, also bei Diebstahl und Betrug. Das sind eigentlich die häufigsten Delikte hier, die oft auch mit Drogenmissbrauch und Beschaffungskriminalität zusammenhängen. Viele unserer Inhaftierten sind drogenabhängig. Wir betrachten die Sucht als eine Krankheit, anders könnten wir da gar nicht drangehen. Wir haben hier eine sehr gut aufgestellte Drogenberatung und versuchen, die Abhängigen in Therapien zu vermitteln. Aber eins hat mich meine langjährige Arbeit hier gelehrt: Sucht ist extrem schwer heilbar, sie ist tief verankert. Selbst wenn es die Menschen nach dem Entzug schaffen, jahrelang clean zu bleiben, so reicht oft ein einziges starkes, negatives Erlebnis, und sie werden wieder rückfällig. Trotzdem ist es sehr wichtig, sich mit jeder einzelnen Insassin und ihrer Geschichte individuell auseinanderzusetzen, um für sie einen konkreten Therapieansatz auszuarbeiten, der sie der Resozialisierung näherbringen soll.

Wie verstehen Sie Ihre Aufgabe gegenüber den Inhaftierten?
Wir haben ja hier einen gesetzlichen Auftrag als Behandlungsvollzug. Und „Behandlung“ bedeutet für mich, möglichst genau zu verstehen, warum eine Straftat passiert ist. Es bedeutet, die Straftäterin in dem, was sie war, was sie ist und was sie getan hat, so zu erkennen, dass die Ursachen ihrer Straffälligkeit für die Zukunft bekämpft werden können. Das müssen wir bei jeder einzelnen Gefangenen tun, das ist unser Auftrag. Wir müssen Verständnis für die Situation entwickeln, in der sie sich befunden hat. In dem Sinne arbeiten wir auf der Täterinnenseite. Nicht, weil wir keine Empathie für die Opfer empfinden oder gar billigen, was die Täterinnen gemacht haben. Ihre Taten sind manchmal wirklich schwer zu ertragen. Mein Auftrag ist aber nicht, sie zu verurteilen. Das macht schon das Gericht. Die Sanktion, die spricht das Gericht aus, deswegen sind sie in Haft. Für meine Arbeit grenze ich mich vom Gericht ab.

Heißt das, dass Sie die Position der Insassin übernehmen?
Keinesfalls. Ich weiß, dass Menschen dazu neigen, sich selbst zu entschulden, ihren Blick auf die Realität dafür gegebenenfalls zu verzerren. Ich fordere von den Gefangenen, dass sie Selbstkritik zulassen, dass sie für ihr Tun die Verantwortung übernehmen, das ist ganz wichtig. Das Gerichtsurteil ist für mich selbstverständlich bindend. Ich würde nie auf die Idee kommen, es infrage zu stellen. Aber die juristische ist nur eine der vielen Perspektiven. In Gesprächen mit Insassinnen, oft jahrelangen, entsteht eine zusätzliche. Auch Haftpsychologen und unterschiedliche Gutachter haben ihre eigene. Ich muss alle diese Perspektiven übereinanderlegen, daraus meine eigene erschaffen, mit kühlem Kopf und einem kleinen Schuss Empathie für die Insassinnen – und so meinen Auftrag erfüllen.

Dr. Christian Kuhn
Seelsorger, Justizanstalt Josefstadt, Wien

Schuld

Als Mitarbeiter der katholischen Gefängnisseelsorge begegnet man in den Gesprächen mit Insassinnen und Insassen oft genug dem Thema Schuld. Selten läuft dies freilich so ab, wie es das Klischee vielleicht vorgibt: Straftat – Verhaftung – Verurteilung – Schuld – Einsicht und Reue. Wohl gibt es das auch, aber es ist nicht die Regel. Schwere Schulderfahrung gibt es zumeist bei Tötungsdelikten im Familienkreis; wenig Schuldbewusstsein für die Tat erlebt man etwa bei Eigentums-, Betrugsdelikten und so weiter. Hier hört man oft: „Es zahlt ja ohnehin die Versicherung ..." Ich antworte dann: „Wie wütend bist du, wenn dir ein Zellenkollege Zucker oder Zigaretten aus dem Spind stiehlt?" Und: Ein Einbruch ist immer ein tief verletzendes Eindringen in eine fremde Intimsphäre ...

Das heißt nicht, dass im Gefängnis nicht weitgehend Schuldgefühle da sind. Sie beziehen sich etwa auf die *Folgen* der Straftat, wie die Trennung von der Familie („Was habe ich damit meinen Kindern angetan?"). Sie sind aber häufig weit schwammiger und diffuser und beziehen sich auf die ganze eigene Existenz, die als nicht wertvoll erlebt wird. Die einzelne Straftat wird dagegen als ein zu vernachlässigender Aspekt erlebt.

Manche Psychologen unterscheiden zwischen existenzieller und personaler Schuld. Nur für die zweite ist man persönlich verantwortlich. Als existenzielle Schuld kann zum Beispiel erlebt werden, wenn man als Kind einer Prostituierten in verschiedenen Heimen aufwächst, und sich zu Recht oder Unrecht das Gefühl einstellt, für die anderen mehr eine Last als eine Freude zu sein. Dies kann die (als Schuld erlebte) Grundmelodie eines Lebens werden. Daneben wird der Einbruch in einen Kiosk, um sich Essen zu verschaffen, als Nebensache erlebt, oder gar als Kompensationshandlung – sich etwas zu holen, das einem ja „zusteht".

Genau mit einem solchen Schicksal waren ich und zwei ehrenamtliche Mitarbeiterinnen konfrontiert, als wir vor Kurzem einen erst 27-jährigen Mann zu Grabe tragen mussten. In der Justiz als schwierig angesehen, schwer lenkbar, hatte er zu einer ehrenamtlichen Mitarbeiterin über die Zeit großes Vertrauen gefasst. Sie organisierte um nicht wenig Geld ein recht würdiges Begräbnis, weil der Mann ihr sehr am Herzen gelegen war. Beim Hinfahren zu dem kleinen Friedhof außerhalb der Großstadt, 9:00 Uhr früh, dachte ich, wir würden neben dem Priester drei oder vier Betreuungspersonen sein. Umso größer war das Erstaunen, dass uns dort ein gutes Dutzend junger Leute erwartete, alles „Nachtvögel", also nicht typisch gesellschaftlich integrierte Leute. Wie sehr haben sie um diesen Mann geweint: „Mich wollte er von der Droge wegbringen!", „Mich nannte er seine kleine Schwester!" – solche Sätze konnte man hören. Ich habe sie anschließend zu McDonalds eingeladen und konnte erfahren, wie viel ihnen dieser junge Verstorbene bedeutet hatte. „Das Letzte, was er hatte, hat er oft uns gegeben ..." Was bedeutet, in Summe, in diesem Leben das Abwägen zwischen Schuld und Unschuld?

Suchtgiftkranke, die keinen kleinen Teil der Gefängnispopulation ausmachen, sind in einer besonderen Situation. In suchtgiftfreiem Zustand kann man sehr sensiblen, feinfühligen Menschen begegnen. Doch: Wie stark ist die Sucht? Wie stark ist ihr Widerstand? Für sie ist die sogenannte Beschaffungskriminalität typisch.

Schuld! Dieses Wort ist so vielschichtig und viel verwendet, dass es einiges Nachdenken wert ist. Zunächst setzt es einen freien Willen voraus, denn wenn wir in unserem Handeln determiniert sind, also bestimmt durch innere Vorgänge, denen wir ausgeliefert sind, wie nicht wenige Wissenschaftler behaupten, macht dieses Wort keinen Sinn. Übrigens nimmt auch das Strafrecht auf eine solche Möglichkeit Bezug und stellt „Straftaten", wo nicht zumindest ein Anteil an freiem Willen, an Zulassen oder Billigen, an Fahrlässigkeit vorhanden ist, nicht unter Strafe: *Nulla poena sine culpa* – keine Strafe ohne Schuld. Liegt eine besondere Gefährlichkeit des Täters, der Täterin vor, greift in einem solchen Fall der Maßnahmenvollzug: die Unterbringung in einer entsprechend gesicherten Anstalt, bis die zuständigen Stellen zur Auffassung gelangen, dass die Gefährlichkeit genügend abgebaut ist und die Person entlassen werden kann. Dies kann (selten!) rasch gehen, kann sich aber auch Jahrzehnte hinziehen.

Freilich sind „Schuld" und „Schuldgefühle" nicht immer identisch. Man kann sich für etwas schuldig fühlen, obwohl man gar keine Verantwortung – und damit Schuld – dafür trägt (zum Beispiel Kinder, die sich auch für das Verhalten oder die Taten der eigenen Eltern schuldig fühlen; oder Menschen, die sich schwertun, sich abzugrenzen, und dann – nicht berechtigte – starke Schuldgefühle haben, wenn sie mal notwendigerweise Nein sagen müssen). Man kann schlimme Dinge tun, für die man tatsächlich verantwortlich ist, ohne Schuld dafür zu empfinden (zum Beispiel aus ideologischer Verblendung wie etwa bei Nazi-Verbrechern oder den „Kämpfern" des Islamischen Staates; oder auch aus Verdrängung, Gewöhnung, oder vielleicht sogar aus Gedankenlosigkeit).

Gibt es Menschen völlig ohne Schuldgefühle – selbst für schlimmste Verbrechen? Dem Anschein nach muss man es bejahen. Leider muss hier auch ein Phänomen genannt werden, das im letzten Jahrzehnt stark wurde: ideologische Verblendung und Terrorismus.

Der Transaktionspsychologe Thomas A. Harris unterscheidet zwischen vier möglichen Grundhaltungen:

- Ich bin okay, du bist okay
- Ich bin nicht okay, du bist okay
- Ich bin okay, du bist nicht okay
- Ich bin nicht okay, du bist nicht okay.

Die erste Haltung (Ich bin okay, du bist okay) ist die (angestrebte) Einstellung eines reifen Menschen: Er akzeptiert sich und den anderen.

Die dritte Haltung (Ich bin okay, du bist nicht okay) nennt Harris die kriminelle Grundhaltung. Es ist die Einstellung eines Menschen, der alle anderen abwertet und nur sich selbst als wertvoll sieht. So jemand ist nicht automatisch im Gefängnis. Ist die Person klug genug, kann sie Karriere machen, hoch angesehen sein, und es können dennoch viele unter ihr leiden. Im Extremfall ist hier auch der Psychopath zu nennen, der Schaden und Leid, das er anrichtet, gar nicht registriert.

Sehr oft aber wird man im Gefängnis Menschen der zweiten Grundhaltung (Ich bin nicht okay, du bist okay) antreffen. Das sind Menschen, die sich nicht zutrauen, zu glauben, dass sie wertvoll, das heißt geliebt, sind.

Bei Schuld denkt man meist sofort an gewisse *Taten*, aber: Es gibt auch ein *Schuldig-Bleiben*. Man kann jemand anderem, man kann selbst dem Leben etwas schuldig bleiben. In der Bibel steht das Gleichnis von den Talenten: Verschiedene Personen bekommen alle ein gewisses Vermögen. Manche setzen es ein, um damit etwas zu vollbringen – einer aber vergräbt es, um ganz sicher zu sein. Und dieser Mann wird getadelt. Nicht jede Person, die sich unauffällig verhält, nichts „Schlimmes" anstellt und ein „braves Leben" führt, ist deswegen automatisch schuldfrei. Vielleicht, ja wahrscheinlich, hat es Situationen, Begegnungen gegeben, wo diese Person für jemand anderen etwas hätte tun können, sollen; oder auch für sich selbst etwas hätte tun können, sollen: an der eigenen Entwicklung arbeiten, seine Talente einsetzen, Chancen nutzen, Erkenntnisse verwerten ...

In den frühen 1980er-Jahren begegnete ich einem jungen Mann in Haft, der im Streit seine Freundin getötet hatte. Er, der mit Kirche nie etwa zu tun gehabt hatte, bat um eine Bibel, die er intensiv zu lesen begann. Zu lebenslanger Haft verurteilt, wurde er in eine entsprechende Vollzugsanstalt verlegt, wo ich ihn einige Male besuchte. Er war von tiefer Reue für seine Schuld erfüllt, und entwickelte ein echtes „Sühnebedürfnis": Er fastete an bestimmten Tagen oder schlief am Boden, um freiwillig zusätzlich Sühne zu leisten. Er arbeitete in der Bäckerei der Anstalt, und wenn ich ihn später beim Besuch fragte, wie es ihm gehe, sagte er: „Bei der Arbeit denke ich, dass Gott mir zusieht, und das erfüllt mich." Er wurde nach 22 Jahren begnadigt und führt seitdem ein „normales Leben".

Eine Sache ist aus meiner Sicht gewiss: Wie weit sich jemand subjektiv, also *ganz persönlich,* schuldig gemacht hat, kann kein anderer Mensch wirklich ermessen. Wer weiß denn, von welchen inneren Mächten (auch zerstörerischen) jemand getrieben war? Viele weise Menschen sagen: Wer weiß, wie ich mich in dieser oder jener Situation verhalten hätte? Oder: Wer weiß, was aus mir geworden wäre, wenn ich das Schicksal des oder der anderen gehabt hätte? Wir Menschen müssen, um das Zusammenleben zu ordnen, Kategorien haben und eine Ordnung, die auch Schuld kennt und Sanktionen. Ein *letztes* Urteil aber steht nur dem Ewigen zu. Die Gefängnismauer ist nicht notwendig die Grenze zwischen den Guten und den Bösen.

✦

Ines Sturm
Gefängnispsychologin, Justizvollzugsanstalt Willich II, Nordrhein-Westfalen

Gefängnis und Freiheit

„Ich bin froh, ins Gefängnis gekommen zu sein, denn hier bin ich frei geworden."

Diesen auf den ersten Blick paradox wirkenden Satz habe ich häufig von Frauen gehört, die ich während einer langen Haftstrafe als Psychologin begleitet habe. Er ergibt Sinn, wenn man die unterschiedlichen Lebensgeschichten genauer betrachtet, die, trotz großer Unterschiede, auch Gemeinsamkeiten aufweisen. Das Gefängnis ist für die meisten ein Ort, in dem nur die „bösen Anderen" sitzen. Ein Ort, dem man sich, vielleicht ein wenig neugierig, in den zahlreichen Tatort- und Krimisendungen aus der Ferne annähert.

In meiner langjährigen Arbeit als Anstaltspsychologin habe ich viele Frauen mit sehr langen Haftstrafen begleitet, die oft aus einem bürgerlichen Umfeld kamen. Ein Leben in Haft, das bei langen Strafen 15 und mehr Jahre dauern kann, erfordert von den inhaftierten Frauen sehr viel Kraft.

Zu Beginn der Inhaftierung stehen der Schock, die Fassungslosigkeit, die Angst, die Traumatisierung durch eine oftmals schwere Straftat an erster Stelle. In dieser Phase sind die Selbstzweifel besonders groß, aber auch die Scham und die Angst vor Ausgrenzung sind stark ausgeprägt. Im Zuge dessen zerbrechen auch häufig soziale Bezüge. In den zahlreichen Gesprächen, am Anfang zur Stabilisierung, später dann zur Beantwortung vieler Fragen, hörte ich zu Beginn oft: „Wie konnte das passieren?“ Später ist meist eine Entwicklung der Frauen erkennbar: Aus dem „Wie konnte das passieren?“ wird im Laufe der beraterischen Arbeit ein „Wie konnte ich das tun?“ oder „Warum habe ich das getan?“. Darin zeigt sich zum einen die Verantwortungsübernahme für die Straftat, aber auch die Spurensuche nach dem oft Unaussprechlichen. Dabei entdecken die Frauen oftmals selbst, wie gefangen sie in ihrem bisherigen Leben waren.

Durch unterschiedliche Einflüsse in prägenden Entwicklungsphasen können sich Glaubensätze und Verhaltensmuster entwickeln, die im späteren Leben unbewusst handlungsleitend sind. Dabei fällt in vielen Biografien auf, dass die Frauen, die später eine oftmals grausame Straftat begehen, schon sehr früh versucht haben, anfallende Probleme selbst zu lösen: „Ich schaffe das alleine. Wenn ich mich nur genug anstrenge, klappt es. Ich brauche keine Hilfe.“ Diese Überzeugungen führten dann oftmals zu einem Lebensstil, der Handlungsalternativen in Problemsituationen erschwert oder sogar unmöglich macht. Dies kann weiter dazu führen, dass Überforderungen nicht als solche erkannt werden und Überlastungssituationen durch Medikamente, Alkohol oder psychische Erkrankungen kompensiert werden.

Die Straftat, bei langen Strafen oftmals ein Tötungsdelikt, ist eine gewaltige Zäsur im Leben. Sie steht für das Ende eines Lebens in scheinbarer Freiheit und den Anfang eines Lebens in großer Einschränkung der Freiheit. Gerade diese Einschränkung der Freiheit kann einen Prozess anstoßen, der in mühevoller, manchmal erschreckender Weise erkennen lässt, welche Eigenanteile dazu geführt haben, die Tat zu begehen. Dieser Prozess verläuft in Etappen und kann auch einige Jahre dauern, bis die gewonnenen Erkenntnisse auch verhaltenswirksam werden. Dabei kristallisiert sich immer wieder ein Kernelement heraus: Die schonungslose Selbstbetrachtung und Verantwortungsübernahme für die Straftat erfordert ein Sich-Öffnen gegenüber einer anderen Person. Das Annehmen eines Hilfsangebots ist ein wesentlicher Bestandteil der beraterischen Arbeit. Dieses Annehmen ist zunächst für viele Frauen sehr ungewohnt und es entsteht oftmals zum ersten Mal die Wahrnehmung eines Gegenübers. Ein Gegenüber, das zuhört, spiegelt, erklärt, aber auch tröstet und das manchmal Unaushaltbare mit aushält.

Im Laufe dieses Prozesses beginnt dann irgendwann die Selbstentwicklung, die es der inhaftierten Frau ermöglicht, ihre Fähigkeiten zu erkennen, Handlungsalternativen zu erproben und eine Perspektive zu entwickeln. Freiheit bedeutet dann, eine größere Entscheidungsfreiheit zu haben, achtsamer und bewusster Beziehungen zu leben und reflektierter mit den eigenen Bedürfnissen umzugehen. Dieser Entwicklungsprozess verläuft in dem ständigen Spannungsfeld zwischen dem Bedürfnis, sich zu entwickeln, und dem, sich wegen der Straftat zu bestrafen. Freiheit bedeutet dann am Ende der Haftzeit nicht nur die Entlassung aus der Haft, sondern ein Leben in größerer Selbstverantwortung – bei gleichzeitiger Annahme der Schuld.

✦

Nikolaus Tsekas
Leiter Verein NEUSTART, Wien

Neustart: Erfolgsmodell Tatausgleich

Seit 1957 arbeitet der gemeinnützige Verein NEUSTART in den Bereichen Straffälligenhilfe, Opferhilfe und Prävention. Der Verein bietet Einzelnen und der Gesellschaft Hilfen und Lösungen zur Bewältigung von Konflikten und zum Schutz vor Kriminalität an. NEUSTART beschäftigt rund 700 hauptberufliche und rund 1.000 ehrenamtliche Mitarbeiter:innen. Damit zählt unser Verein zu den größten Non-Profit-Organisationen in Österreich. Seit 1985 wird er auch für Tatausgleichsfälle in Österreich herangezogen, an denen inzwischen mehr als 300.000 Menschen entweder als Beschuldigte oder Opfer beteiligt waren.

Der Tatausgleich ist ein erfolgreiches Modell für einen Täter-Opfer-Ausgleich und damit eine wichtige Alternative zu einem Strafverfahren. In einem intensiven Prozess wird nach den Prinzipien der Allparteilichkeit von allen Beteiligten unter der Anleitung von speziell in der Konfliktregelung Ausgebildeten an einer gemeinsamen Vereinbarung gearbeitet, um einerseits einen klaren Gewaltstopp zu erreichen und andererseits den entstandenen Schaden sowohl emotional als auch finanziell zu regeln.

Der Tatausgleich ist die außergerichtliche Regelung eines Konfliktes meist nach Delikten wie Körperverletzung oder gefährlicher Drohung. Diese Art der Diversion wird von Konfliktregler:innen durchgeführt, wenn von Staatsanwaltschaft oder Gericht ein Tatausgleich beauftragt wurde. Sowohl Beschuldigte als auch Opfer müssen zustimmen, damit es zu einem Tatausgleich kommt.

In einer Umfrage des beauftragten Instituts für Konfliktforschung (IKF) wurde die Zufriedenheit von Opfern mit dem Tatausgleich durch NEUSTART erhoben. Die Ergebnisse wurden 2022 präsentiert und zeigen folgende Erkenntnisse: Mehr als drei Viertel der Opfer waren mit dem Tatausgleich zufrieden. In rund 60 Prozent der untersuchten Fälle kam es während der Konfliktregelung auch zu einer von Sozialarbeiter:innen begleiteten persönlichen Aussprache zwischen Beschuldigten und Opfern. Diese Aussprache und Konfliktbereinigung von Angesicht zu Angesicht wird von Opfern sehr geschätzt, denn eine derart intensive Auseinandersetzung mit den Bedürfnissen von Opfern kann in einer Gerichtsverhandlung nicht stattfinden. Beim Tatausgleich geht es für alle Beteiligten um eine faire und tragfähige Lösung außerhalb des gerichtlichen Prozessweges. Beschuldigte können aktiv Wiedergutmachung leisten und Opfer haben die Möglichkeit, ihre Gefühle zu formulieren und ihre Interessen durchzusetzen. Das dient dem sozialen Frieden.

Pro Jahr führt NEUSTART rund 5.000 Konfliktregelungen durch. Bei Erwachsenen wird in 70 Prozent der Fälle eine Einigung zwischen Beschuldigten und Opfern erzielt, bei Jugendlichen liegt die Erfolgsquote deutlich höher. Zu einem erfolgreichen Tatausgleich gehören neben der Schadenswiedergutmachung auch die Verantwortungsübernahme durch die Beschuldigten, eine Entschuldigung sowie Vereinbarungen, um künftige Vorfälle zu vermeiden.

Insbesondere die Anwendung bei Jugendlichen hat sich als außergewöhnlich erfolgreich herausgestellt; bei über 85 Prozent der Fälle gelingt mit professioneller Unterstützung eine Einigung zwischen Beschuldigten und Opfern, und annähernd 90 Prozent davon werden nicht neuerlich straffällig. Obwohl Begleitforschungen dem Tatausgleich ein sehr gutes Zeugnis ausstellen, sanken die Zuweisungszahlen seit vielen Jahren besonders bei Jugendlichen.

Mit dieser Tatsache setzt sich NEUSTART in Wien intensiv auseinander und bemüht sich in einer Arbeitsgruppe um verbesserte, altersadäquate Methoden. Diese sollen in eigenen Besprechungen, im Austausch mit externen Expert:innen und in der Konzeption und Erprobung zusätzlicher Materialien und Methoden umgesetzt werden. Durch diese Reflexion soll die Sprachlosigkeit, die bei Jugendlichen in der Konfliktbearbeitung manchmal auftaucht, überwunden werden. Das Ziel wäre, mit den jungen Beteiligten in einen differenzierteren Austausch im Hinblick auf den Vorfall, die Umstände und ihre Handlungsalternativen zu kommen. In unserem Austauschprogramm „Vice Versa“ in Zusammenarbeit mit der Staatsanwaltschaft Wien soll ein Fokus auf diese Auseinandersetzung gelegt werden, denn was der Tatausgleich kann, zeigt ein exemplarisches Beispiel einer Fallkonstellation, die von zwei Kolleginnen in Wien bearbeitet wurde.

Ausgangspunkt war eine Beleidigung eines Burschen über soziale Medien, die mit einer „Klarstellung“ beendet werden sollte, um „die Ehre“ wiederherzustellen. So begab sich eine Gruppe von 15 bis 20 Jugendlichen aus Wien in eine Kleinstadt nach Niederösterreich. Die Situation eskalierte erwartbarerweise, wenn zwei Gruppen von Jugendlichen aufeinandertreffen. Die von Passanten herbeigerufene Polizei fand eine unübersichtliche Situation vor. Die Staatsanwaltschaft Wien beauftragte NEUSTART mit einem Tatausgleich. So wurden uns zehn Jugendliche als Beschuldigte und das Opfer zugewiesen. Das Ergebnis war neben einer intensiven Auseinandersetzung die Entschuldigung gegenüber dem Opfer. Zusätzlich hat jede:r eine persönliche Erklärung an die Staatsanwaltschaft geschrieben, warum von einem Strafverfahren abgesehen werden kann und warum nicht mit neuerlicher Straffälligkeit gerechnet werden muss. Diese Erklärungen führten dazu, dass das Verfahren von der Staatsanwaltschaft eingestellt wurde.

Dieser Fall zeigt exemplarisch, wie sinnvoll und nachhaltig der Tatausgleich als alternative Methode bei Jugendlichen eingesetzt werden kann. Trotz allgemein sinkender Zahlen in der Diversion konnte somit bei Jugendlichen und jungen Erwachsenen der Zugang in Wien im Tatausgleich gesteigert werden. Diese Entwicklung zeigt uns: Je intensiver wir uns mit abweichenden Verhalten im Jugendalter auseinandersetzen, desto geringer ist die Wahrscheinlichkeit einer neuerlichen Straftat.

Die Polarisierung in unserer Gesellschaft hat in den letzten Jahren spürbar zugenommen. Die allgemeinen Krisen verunsichern Menschen, und der Ruf nach strengen Sanktionen auf gewalttätiges Verhalten wird lauter. Das Max-Planck-Institut hat allerdings in einer Studie belegt, dass für Opfer das Wiedergutmachungsbedürfnis zentraler ist als das Bedürfnis nach Strafe. Wenn die Tat aufgearbeitet und der Schaden wiedergutgemacht wird, kann das Opfer wieder ein aktives und selbstbestimmtes Leben führen. Studien belegen zudem eine deutlich geringere Rückfallswahrscheinlichkeit bei Täter:innen und somit einen effektiven Opferschutz.

Der Tatausgleich hat sich als eine alternative und sozialkonstruktive Reaktion auf Straffälligkeit bewährt. Damit kann der Tatausgleich als ein gelungenes Erfolgsmodell gegen Polarisierung angesehen werden, denn er setzt auf Dialog statt Hass und schafft mehr Sicherheit in unserer Gesellschaft.

✦

Szymon Świderski
Rechtsanwalt, Wien

Strafverfahren als Stigma und das Leben danach

Es ist kein Zufall, dass der Schriftsteller und Jurist Franz Kafka ein Strafverfahren als Kulisse seines Meisterwerks *Der Prozeß* ausgewählt hat. Denn schon die Einleitung eines Strafverfahrens stigmatisiert die beschuldigte Person in der Öffentlichkeit und stellt sie einem staatlichen Machtapparat gegenüber.

Die erste Phase des Strafverfahrens – das Ermittlungsverfahren – kann bereits aus Anlass einer plausibel verfassten anonymen Anzeige beginnen. Gegen die Einleitung eines Ermittlungsverfahrens kann man sich nicht wehren. Es gibt keine Rechtsmittel dagegen. Jede und jeder Beschuldigte kann zwar die Einstellung des Ermittlungsverfahrens bei einem Gericht beantragen. Das geht aber in den allermeisten Fällen erst nach drei Monaten ab Beginn der Ermittlungen und wird in der

Praxis selten in Anspruch genommen, da die Erfolgsaussichten äußerst bescheiden sind. Die demgegenüber wahrscheinlicher eintretende Niederlage führt zu gerichtlicher Bestätigung (im Fachjargon „Zementierung“) der Verdachtslage. Das ist ein Rückenwind für die Strafverfolgungsbehörde und eine Art Freibrief für weitere (womöglich langwierige) Ermittlungen.

Das Ermittlungsverfahren ist nicht öffentlich. Eine Hausdurchsuchung oder Befragung der Personen aus dem privaten oder beruflichen Umkreis können leicht zur gesellschaftlichen und wirtschaftlichen Ausgrenzung führen. Es interessiert meistens höchstens nur die Familie und enge Freunde, dass nach dem Gesetz bis zu einer rechtskräftigen Verurteilung die Unschuldsvermutung gilt. Der Arbeitgeber fängt an, sich Sorgen um seinen guten Ruf zu machen. Der Job ist dann leicht weg. Plötzlich wird man als „toxisch“ angesehen.

Je länger das Verfahren dauert, desto größer wird die psychische, finanzielle und gesellschaftliche Belastung. Der Zeitablauf arbeitet reputationstechnisch gegen die Beschuldigten: Die Umgebung gewinnt leicht den Eindruck, dass etwas an der Sache dran sein muss, sonst hätte ja nicht so lange ermittelt werden müssen. Die Strafverfolgungsbehörden haben hingegen keinen Zeitdruck. Bis zum Ablauf der dreijährigen Ermittlungsfirst müssen sie von sich aus keine Rechenschaft über die Wahrung eines Beschleunigungsgebotes abgeben. Für die Dauer des Strafverfahrens wird die Verjährungsfrist unterbrochen.

Wenn man das Verfahren zu einem schnellen und positiven Abschluss – also aus der Perspektive eines oder einer Beschuldigten zu einer Einstellung des Verfahrens oder einem Freispruch – bringen will, muss man sich in der Praxis nicht selten faktisch „freibeweisen“. Dazu braucht man die fachkundige Hilfe eines Verteidigers. Die Kosten dafür muss man in der Regel selbst tragen. Bei einem Freispruch von der Anklage kann man auf Antrag lediglich einen Kostenbeitrag erhalten, der, je nach Verfahrensart, mit 1.000 Euro (Bezirksgericht), 3.000 Euro (Einzelrichter beim Landesgericht), 5.000 Euro (Schöffengericht) und 10.000 Euro (Geschworenengericht) Maximalbetrag gesetzlich gedeckelt ist. Bei einer Einstellung des Ermittlungsverfahrens bekommt man hingegen keinen Cent. Der Freibeweis ist aber trotz professioneller Unterstützung schwierig, da die Justiz in Österreich sowohl den Beschuldigten als auch den Strafverteidigern mit einem generellen Misstrauen begegnet, wie auch der mittlerweile emeritierte Salzburger Strafrechtsprofessor Otto Lagodny in seinem Buch *Zwei Strafrechtswelten* aus dem Jahr 2021 eindrucksvoll beschrieben hat.

Nach dem Abschluss der Ermittlungen kommt es entweder zur Einstellung des Verfahrens oder zu einer Anklage. Über die Anklage entscheidet das Gericht in einer öffentlichen Verhandlung. Der Beschuldigte wird in diesem Fall zum Angeklagten. Durch die Öffentlichkeit der Hauptverhandlung steigt automatisch die Intensität der Brandmarkung und findet ihre Kulmination in der Verurteilung, insbesondere im Fall einer Freiheitstrafe. Das Ziel der Freiheitsstrafe ist jedoch eigentlich nicht nur, die Straftat zu vergelten, sondern auch oder vor allem, die verurteilte Person zu resozialisieren, also ihr die Rückkehr in die Gesellschaft zu ermöglichen.

Jeder Verurteilte hat nach Verbüßung seiner Strafe so etwas wie ein Recht auf „Vergessenwerden" der kriminellen Vergangenheit. Die Resozialisierung ist dadurch geschützt, dass nach § 113 des Strafgesetzbuches unter bestimmten Umständen unter Strafe gestellt ist, der Person die bereits abgetane Straftat vorzuwerfen.

Man verlässt zwar das Gefängnis nicht mit einem gelben Pass wie Jean Valjean, der Protagonist in Victor Hugos *Die Elenden*; jede Verurteilung wird jedoch im Strafregister eingetragen und erst nach Ablauf einer Tilgungsfrist – für Erwachsene mindestens fünf Jahre – gelöscht. Erst dann gilt man also wieder als unbescholten. Viele Arbeitgeber fordern im Zuge der Bewerbung die Vorlage eines Auszugs aus dem Strafregister. Damit wirkt jede Strafe auch nach ihrer Verbüßung wie ein Stigma fort.

Der einzige Weg für eine vorzeitige Löschung einer Eintragung aus dem Strafregister führt über ein Gnadeersuchen an das Justizministerium, das man jederzeit stellen kann. Das letzte Wort darüber hat – auf Vorschlag des Justizministers – der Bundespräsident. Man hat keinen

Rechtanspruch auf Begnadigung und sie kommt sehr selten vor: Im Jahr 2022 waren es in Österreich insgesamt 40 Begnadigungen, die Bundespräsident Alexander Van der Bellen vorgenommen hat.

✦

Sabine Matejka
Vize-Präsidentin der Internationalen Richtervereinigung, im Gespräch mit Thomas Marecek, Pressesprecher, Verein NEUSTART, Wien

„Es gibt ein Leben nach der Haft"

Der Blick über die Grenzen Österreichs zeigt, dass der Umgang mit der Richterschaft Gradmesser einer funktionierenden Demokratie ist. Was braucht die dritte Staatsgewalt, um ihre Rolle in einer Demokratie gut auszufüllen?
Die Gerichtsbarkeit als maßgebliches Element einer funktionierenden Demokratie braucht eine unabhängige, gut ausgebildete Richterschaft und sie braucht entsprechende Rahmenbedingungen. Der beste Richter kann seine Aufgaben nicht erfüllen, wenn es an Ressourcen mangelt. Wir haben in Österreich ein funktionierendes Auswahlverfahren von Richter:innen und wir haben ein sehr gutes Aus- und Fortbildungsprogramm. Wesentlich ist auch das starke Selbstverständnis innerhalb der Richterschaft, das unsere Unabhängigkeit wahrt. Es ist wichtig, dass man Richter:innen auswählt, die diese Unabhängigkeit leben, notfalls verteidigen und gegen Einflussnahmen auftreten. Was wir in letzter Zeit erlebt haben, sind Versuche politischer Einflussnahme, insbesondere bei der Ernennung von Richter:innen in hochrangigen Positionen. Das sind bedenkliche Entwicklungen, die wir so offen-

kundig in Österreich noch nicht gesehen haben. Da gilt es, rechtzeitig gegenzusteuern und Maßnahmen zu setzen, damit das verhindert wird. Es braucht auch ein Umdenken seitens der Politik. Hier wurde eine Grenze überschritten, denn derartige Eingriffe in die Gerichtsbarkeit sind unzulässig.

Schadet diese aktuelle Diskussion der Justiz, oder ist es gut, dass sie endlich geführt wird?

Einerseits ist sie nachteilig, weil sie das Vertrauen in die Arbeit der Justiz schädigt. Andererseits ist es positiv, dass Aufmerksamkeit auf das Thema gelenkt wird und somit die Chance für Reformen real ist. Wir haben schon seit vielen Jahren Reformen gefordert. Nun ist aufgrund der jüngsten Ereignisse die mediale Öffentlichkeit da und damit auch ein gewisser Druck auf die Politik, Reformen durchzusetzen.

Sie haben angesprochen, dass die Richterschaft eine ausreichende Mittelausstattung benötigt. Wie ist Ihr derzeitiger Befund?

Wir haben in den letzten Jahren wieder bessere Justizbudgets. Die sehr prekäre Situation hat sich etwas gebessert. Es gäbe auch die Mittel für eine bessere Personalausstattung. Womit wir allerdings kämpfen, sind die Pensionsabgänge. Wir haben Probleme, nachzubesetzen – nicht nur im richterlichen Bereich und bei den Staatsanwält:innen. Uns fehlen ausreichend ausgebildete, ernennungsfähige Richteramtsanwärter:innen. Also nehmen wir verstärkt wieder externe Bewerber:innen auf – aus der Rechtsanwaltschaft zum Beispiel. Hier liegen momentan eher die Probleme als beim Budget, denn da hat es Verbesserungen gegeben. Ich hoffe, dass das so bleibt.

Teil der Richterausbildung sind Praktika – zum Beispiel bei NEUSTART. Was bewirkt dieser Perspektivenwechsel?

Diese praktischen Ausbildungsstationen bei der Bewährungshilfe oder bei Opferschutzeinrichtungen sind extrem wichtig, weil man den jungen Kolleg:innen einen Blick auf die andere Seite ermöglicht. Als Richter:in sieht man immer nur einen Teil des Bildes: das, was sich im

Verhandlungssaal abspielt, und das, was im Akt steht. Vieles kommt aber weder da noch dort zur Sprache. Erst einmal zu verstehen, was im Hintergrund abläuft, welche Prozesse damit verbunden sind, welche Emotionen – sei es bei Opfern, sei es bei Täter:innen –, das ist eine ganz wichtige Erfahrung. Ich höre immer wieder von den jungen Kolleg:innen, dass sie das als sehr bereichernd empfinden.

Als Richter:in greift man häufig in den höchstpersönlichen Lebensbereich seiner Mitmenschen ein. Wie werden die Anwärter:innen darauf geschult?

Diese Sensibilisierung, was die Eingriffe in den höchstpersönlichen Lebensbereich betrifft, erfolgt in der praktischen Ausbildung. Das kann man nicht theoretisch vermitteln, sondern die Ausbildung bei erfahrenen Kolleg:innen gibt das mit. Als Richter:in ist man, gerade was die Lebensverhältnisse anderer Menschen und die Auswirkungen auf ihr Verhalten betrifft, einem ständigen Lernprozess ausgesetzt. Deshalb legen wir schon bei der Auswahl viel Wert auf Empathie und Reflexionsfähigkeit.

Aktuell findet in den Medien eine Debatte über Strafvollzug und Untersuchungshaft statt. Sitzen in Österreich zu viele Menschen im Gefängnis?

Die Diskussion schwankt häufig. Derzeit wird kritisiert, dass sich zu viele Menschen in Haft oder zu lange in U-Haft befinden. Andererseits wird oft kritisiert, dass manche Verdächtige nicht in Haft genommen werden oder dass jemand früher entlassen wird. Die Diskussion ist immer von aktuellen Ereignissen geprägt. Grundsätzlich gibt es aber den Standpunkt bei allen, die sich inhaltlich damit auseinandersetzen, dass Haft nur die Ultima Ratio ist und die Dauer der Haft und die Frage, ob es sinnvoll ist, jemanden in Haft zu nehmen, eine ganz wichtige ist. Die Antwort entspricht nicht immer der gesellschaftlichen Erwartungshaltung. „Wegsperren" vermittelt Sicherheit – ist ein:e Täter:in nicht in Freiheit, schützt das die Gesellschaft. Das ist aber zu kurz gedacht, denn jede Haft hat einmal ein Ende. Die meisten Täter:innen kommen wieder in Freiheit, und es gibt ein Leben nach der Haft. Dass eine lange Freiheitsstrafe nicht dazu beiträgt, dass diese Menschen reintegriert und nicht rückfällig werden, wird in der öffentlichen Diskussion leider oft weniger beachtet.

Auch der Zweck strafrechtlicher Sanktionen – insbesondere der Haft – wird öffentlich wenig diskutiert …

Ja, und bei dieser Frage handelt es sich immer um eine Abwägung. Auf der einen Seite stehen der Sanktionsgedanke, der Ausgleich für die Tat und den Schaden und natürlich die Interessen des Opfers. Auf der anderen Seite steht das gesellschaftliche Ziel, aus dem Täter einen Nicht-Täter zu machen, also dass er nicht wieder straffällig wird und die Gesellschaft nicht noch einmal schädigt. Das sind die Pole, zwischen denen wir uns bewegen. Die Frage, welche Strafe und welches Strafausmaß verhängt wird, ist eine im Einzelfall sehr schwierige Abwägung, bei der die jeweilige Persönlichkeit und die Umstände der Tat miteinbezogen werden. In der politischen Diskussion wird das oft sehr pauschal betrachtet und wenig auf die sehr diversen Fallkonstellationen eingegangen.

Für eine differenzierte politische Auseinandersetzung steht das Netzwerk Kriminalpolitik – eine informelle Plattform von Organisationen und Einrichtungen im Justizumfeld. Die Richtervereinigung ist auch Mitglied. Wie findet da der Diskurs statt?

Wir versuchen, einen Gegenpol zu der tagespolitischen Diskussion zu setzen, in der sehr anlassbezogen argumentiert wird. Wir wollen in diesen Diskurs die Fachexpertise einbringen – zum Beispiel in Bereichen, wo gerade Reformen anstehen. Aktuell widmen wir uns den Themen Korruption, Gewaltprävention und Maßnahmenvollzug …

… dessen Reform auch schon lange ansteht …

Leider. Psychische Krankheit ist ein Thema, bei dem man auch als Gesellschaft gerne wegschaut, damit möchte man nicht konfrontiert werden. Der Umgang mit psychisch Kranken ist kein sehr populäres Thema für die Politik und wird daher nicht prioritär behandelt. Aber es wird zunehmend zu einem Problem, und die Lösung kann nicht sein, dass wir am Ende – nachdem etwas passiert ist – alle wegsperren, im schlimmsten Fall ohne geeignete Therapie. Man müsste schon viel früher ansetzen und psychisch kranken Menschen mehr Angebote machen, um zu verhindern, dass sie gefährlich werden und eine Straftat begehen. Da gibt es ganz große Mängel im System. Das betrifft nicht nur die Justiz, auch das Gesundheitswesen und die gesellschaftliche Akzeptanz, dass entsprechende Angebote Geld kosten dürfen. Das sehe ich als großes gesellschaftliches – nicht nur kriminalpolitisches – Problem, und das harrt nach wie vor einer Lösung.

Ein weiteres gesellschaftliches Problem hat uns die Coronapandemie verdeutlicht. In manchen Bereichen scheinen die Fronten verhärtet, immer öfter prallen unvereinbare Positionen aufeinander. Was kann die Richterschaft zu einem gelingenden Miteinander beitragen?
Die Gerichte kommen in diesen Konflikten erst sehr spät ins Spiel. In Zeiten, in denen es umstrittene Entscheidungen gibt, ist es umso wichtiger, dass Entscheidungen der Gerichte – bis hinauf zum Verfassungsgerichtshof – erklärt werden, und zwar in einer für Nicht-Jurist:innen verständlichen Sprache. Das heißt nicht, dass alle Leute damit einverstanden sein werden, aber man setzt einen ersten Schritt, um Entscheidungen verstehen und nachzuvollziehen zu können. Im Zivilverfahren können wir auch versuchen, den Konflikt zu bereinigen. Ein Urteil ist ja nicht immer die beste Lösung, oft gibt es auch andere Möglichkeiten. Da können wir Richter:innen einen Beitrag leisten: einzelfallbezogen und als Teil unserer täglichen Arbeit.

✦

Petra Velten
Professorin für Strafrecht, Johannes Kepler Universität Linz

Über das Gericht

Das Regime des Strafrechts ist ein ziemlich brutales. Jahrelange Freiheitsentziehung ist nur ein Aspekt, strafrechtliche Nebenfolgen vernichten die materiellen und sozialen Ressourcen für einen Neuanfang. Meist wird die gesamte Familie mitbestraft, und so entstehen oft früh neue kriminelle Lebensläufe.

Das Strafrecht bietet außerdem eine Scheinlösung an für Probleme, die eigentlich tiefer liegen. So blockiert es die Suche nach Alternativen, die helfen könnten, Ursachen für Kriminalität zu bearbeiten. Wenn wir jemanden strafen, ist für uns der Konflikt bereinigt. Wir haben den Einen gefunden, der schuld ist und ersparen uns das Nachdenken darüber, welche Verantwortung die Gesellschaft ihrerseits für „kriminogene" Situationen trägt: Straftaten kommen nicht aus dem Nichts. Sie haben eine Geschichte und Ursachen, sie spiegeln Beziehungen, Konflikte und Lebensumstände wider. Zwar kann man auch unter widrigen Bedingungen straffrei leben, aber Menschen aus benachteiligten Schichten sind als Klientel der Strafverfolgungsbehörden und Inhaftierte weit überrepräsentiert. Das gilt erst recht für Angehörige ethnischer Minderheiten, psychisch auffällige, suchtmittelkranke oder wohnsitzlose Menschen. Armut, mangelhafte – insbesondere widersprüchliche, autoritäre oder sogar gewaltsame – Erziehung, fehlende Anerkennung und Diskriminierung bei der Schulausbildung können Straftaten verursachen. In diese Lebensbedingungen wurden Täter und Täterinnen hineingeworfen: Sie wären ohne sie nicht aggressiv geworden, hätten nicht gestohlen, keine Suchtmittel konsumiert und zur Finanzierung der Sucht gehandelt. Die Gemeinschaft der Nichtkriminellen ist meist nicht „besser", sondern sie hatte es einfacher im Leben.

Das Strafrecht reißt die Tat aus ihrem sozialen Kontext; die Lebensgeschichte wird zu einem skizzenhaften Überblick über Eltern, schulischen und beruflichen Werdegang; dominant ist die Kriminalisierungsgeschichte, also die Frage nach den Vorstrafen.

Es liegt aber eben auch daran, wie vor Gerichten verhandelt wird, dass im Verfahren aus einem komplexen Geschehen ein blutleeres Abbild der Realität wird. Vor Gericht treffen meist zwei verschiedene Welten aufeinander. Richter und Richterinnen stammen normalerweise aus bürgerlichen Schichten des oberen Mittelstandes, die vor Gericht zum ersten Mal mit Menschen aus anderen Lebenswelten zusammentreffen. Sie kennen deren Probleme nicht, und sie lernen sie auch nur schematisch kennen. So verblassen im Prozess Individuen schnell zu Typen. Das erleichtert die Aburteilung. Der Habitus von Richtern und Richterinnen ist häufig schulmeisterlich und paternalistisch. Ihr Wertehimmel ist bürgerlich, die Sprache manchmal auch. Das schüchtert viele ein.

Eigentlich sollten Richter neutrale Schiedsrichter zwischen Anklage und Verteidigung sein. Sie müssen ergebnisoffen sein. Eine Verurteilung soll über jeden Zweifel erhaben sein, die Maxime gelten, dass man lieber Schuldige freispricht als Unschuldige verurteilt. Das richterliche Selbstkonzept ist aber oft das einer entscheidungsfreudigen Person mit einem bestimmten Auftrag, nämlich die Überführung zu garantieren. Hinzu kommt eine *Déformation professionelle*, eine Abhärtung, die der Beruf mit sich bringt. In einem von Föhrig herausgegebenen *Kleinen Strafrichter-Brevier* aus Deutschland, das von vielen angehenden Richterinnen und Richtern als Ausbildungsschrift gelesen wird, finden sich einige Beispiele. So etwa, wenn Föhrig bewundernd feststellt „mühsam entlockt die Vorsitzende der armen Kleinen das Tatgeschehen“ (S. 84). Oder er preist eine Kollegin als Vorbild an, die „behutsam aufbauend“ den Angeklagten „zu einer geständnisnahen, halbwegs realitätsbezogenen Aussage“ führt (S. 66). Es sind bei Weitem nicht alle Richter und Richterinnen so eingestellt, aber doch zu viele. Meist wird in Strafprozessen nur das Ergebnis der heimlichen Ermittlungen öffentlich wiederholt, Neues wird als Störung wahrgenommen. So, wenn Föhrig formuliert: „Unsicherheiten verbleiben nur in den Fällen, in denen die Überführung des Angeklagten mithilfe mehrerer, oft vieler Zeugen, Sachverständiger, sächlicher Beweise und/oder Indizien versucht werden muss." (S. 22) Als Strafverteidigerin ist mir das Desinteresse an dem Hintergrund der Tat sehr geläufig, obwohl von diesem die Strafhöhe abhängt.

In Österreich wird dies den Richtern besonders leicht gemacht: Hier fehlt ein Recht der Verteidigung, Hintergründe der Tat, die Situation des Täters, seine Gefühle und so weiter unter Beweis zu stellen, wenn sie nicht für die Überführung, sondern nur für die Strafzumessung relevant sind. Alles was etwa beim Diebstahl über „Wegnehmen einer Sache", „Enteignungsvorsatz", „fehlendes Recht auf die Sache", „akute Not" oder Zurechnungsunfähigkeit hinausgeht, wird also nur dann ermittelt, wenn es den Richter selbst interessiert. Das ist eher selten der Fall.

Auch in den Tätern selbst liegen oft Hindernisse dafür, dass ihre Lebensumstände artikuliert werden: ihre Scham, ihre Situationsverkennung, ihre Unfähigkeit, vor Gericht die Initiative zu ergreifen. Auch die Zwickmühle, gegen jemanden zu opponieren, der einen verurteilen kann und will. Das habe ich als Verteidigerin häufig erfahren. Falls jemand verteidigt wird, ist es nur mit viel Überredungskunst möglich, ihn oder sie zu einer Äußerung über eine intime Tatsache oder eine als Demütigung empfundene Situation zu bewegen. Ohne Verteidigung gehen diese Umstände unter.

Aber auch mit Verteidigung scheint mir dies nicht zuverlässig gewährleistet – zumindest in Österreich. Wenn es sich um kleinere Pflichtverteidigungen handelt oder um Fälle, die wenig lukrativ sind, weil das öffentliche Interesse fehlt, müssen oft Konzipienten und Konzipientinnen die Verteidigung übernehmen. Das sind Auszubildende auf dem Weg zur Rechtsanwaltsprüfung, die oft gerade erst ihre Diplomprüfung absolviert haben und Strafprozessrecht nur rudimentär beherrschen. In Deutschland sind Pflichtverteidigungen ein Weg, sich als Anwalt einen Ruf zu verdienen und eine Klientel zu sichern. Nicht so in Österreich. Die Anwaltskanzleien müssen hier jemanden stellen, die Bezahlung für diese Dienste erhalten nicht die Verteidiger selbst. Sie ist recht ansehnlich – etwa das zwei- bis dreifache von deutschen

Honoraren –, aber sie geht an den Pensionsfonds aller Rechtsanwälte. Das Geld fließt also zu gleichen Teilen an alle; die Pflicht trifft die Kanzleien im Rotationsprinzip. Daher besteht kein Anreiz, sich gut auf die Verhandlungen vorzubereiten. Das führt leider häufig dazu, dass sogenannte Verfahrenshelfer, also Pflichtverteidiger, ohne Aktenkenntnis, oft auch ohne Vorgespräch mit den Angeklagten, also vollkommen unvorbereitet, in die Verhandlung gehen. Das ist keine gute Basis dafür, dass die Hintergründe der Tat im Prozess zum Thema werden.

Eigentlich wäre es mal wieder an der Zeit, das Strafrecht neu zu denken. Leider ist die Stimmung aktuell zu sehr durch eine Abkehr von „zu viel Verständnis" für Täterinnen und Täter geprägt.

✦

Astrid Wagner,
Rechtsanwältin, Wien

„Richter sind keine Götter"

Kann ein Richter, eine Richterin irren?
Richter sind keine Götter. Sie sind auch nur Menschen wie wir alle, können also auch irren. Sie sind geprägt von ihrer Sozialisation und ihrem sozialen Kontext. Sie kommen überproportional oft aus gesicherten Verhältnissen, aus bürgerlichem Haus, haben einen krisenfesten Arbeitsplatz, ein regelmäßiges Gehalt, und die Altersvorsorge ist gesichert. Sie können halt oft nicht nachvollziehen, dass es Menschen gibt, für die das nicht so selbstverständlich ist. Sie leben in einer Art Blase. Ich habe das ganz stark bei Corona bemerkt: Die allergrößte Angst vor Ansteckung herrschte unter den Richtern und Staatsanwäl-

ten. Ich selber als Strafverteidigerin habe natürlich darauf gepocht und gehofft, dass meine Klienten geimpft sind, aber ich bin mit ihnen auch „direkt“ und persönlich umgegangen. Die Richter waren durch Glas geschützt, abgeschirmt vom „gemeinen“ Volk, das „draußen“ blieb. Richter sind oft Menschen, die mit vielen Fragen, die für andere existenzbedrohend sind, nie konfrontiert werden: Wie kann ich meine Familie ernähren, wie sie beschützen? Wie bezahle ich meine Gas- und Stromrechnungen, wie meine Miete? Was wird aus meiner Firma? Das alles sind reale Probleme. Bei den Richtern werden oft nur scheinbare Probleme überdramatisiert. Da hat man als Anwalt das Ohr schon näher „am Volk“ und seinen Nöten als die Richter. Darüber hinaus sind sie oft betriebsblind. Sie werden täglich mit unzähligen, allzu oft auch grausamen Straftaten konfrontiert. Sie stumpfen ab. Daher geht Empathie für das Leid anderer bei der Ausübung ihres Berufes über die Jahre leicht verloren.

Wie kommt ein Urteil zustande?

Der Richter oder die Richterin führt die Gerichtsverhandlung und ist für ihre Abläufe verantwortlich. Bei besonders schweren Straftaten, bei denen ein möglicher Strafrahmen von mindestens fünf Jahren gegeben ist, entscheiden die Geschworenen. Das sind Laien, keine Juristen. Sie werden nach dem Zufallsprinzip aus dem Wählerverzeichnis bestimmt. Natürlich besteht bei ihnen die Gefahr, dass sie sich, zum Beispiel durch den Richter, beeinflussen lassen, indem sie seine Haltung zum Fall, oft auch unbewusst, übernehmen. Oder dass sie die emotionalen Manipulationsversuche und Darstellungstechniken, die im Gericht üblicherweise eingesetzt werden, übrigens von allen beteiligten Parteien, nicht durchblicken und für bare Münze halten. Aber die Vorteile der Laienrichter, die auf Gerichtsabläufe nicht routiniert reagieren und gegenüber den Angeklagten auch noch Empathie empfinden können, überwiegen meines Erachtens eindeutig. Ich bin ein Fan des Geschworenengerichts.

Wer versucht wen zu manipulieren?

Naja, die Gerichtsverhandlung gleicht manchmal einer Theatervorstellung, mit dem Richter in der Hauptrolle. Es geht nicht nur darum, die richtigen Argumente zu haben; genauso wichtig ist es, sie richtig zu präsentieren, regelrecht zu inszenieren. Das Ringen um das Urteil spielt sich auch auf psychologischer Ebene ab. Da wird alles eingesetzt, zum Beispiel die bekannten Vorher-Nachher-Fotos der Todesopfer, wie das Foto eines fröhlichen kleinen Mädchens vorher, und dann das Nachher-Foto mit dem erschlagenen, im Blut liegenden Kind. Wirkungsvoll sind auch immer die mittlerweile etablierten „Schweigeminuten", die Staatsanwälte mit Stoppuhr in der Hand dem Gerichtspublikum vorführt, mit der Ansage: „So lange dauerte der Todeskampf." Oder auch die Ansage des Staatsanwalts: „Sie werden jetzt gleich von der Verteidigerin hören, dass die Angeklagte nur ein Opfer ist. Aber so ist es ja gar nicht. Umso mehr ..." In Österreich, überhaupt in Europa, ist dieser Inszenierungswahn allerdings weit nicht so schlimm wie bei amerikanischen Gerichten, wo tatsächlich das Spektakel überwiegt und der Richter in der Mitte lediglich die Rolle eines Schiedsrichters innehat, wie bei einem Match. Bei uns in Österreich hat der Richter vor allem die Wahrheitsfindung zu betreiben.

Welche Rolle spielen Sie in dieser Wahrheitsfindung als Verteidigerin?

Eine sehr undankbare, würde ich sagen, gerade in Österreich. Der Richter geht hier sehr offensiv in die Verhandlung, befragt den Angeklagten, vernimmt ihn meistens recht lange. Dann kommen die Geschworenen, dann nacheinander alle Sachverständigen, falls welche da sind. Danach die Staatsanwälte, sofern noch Fragen offen sind. Und am Schluss kommt der Verteidiger. Naja, der hat natürlich eine stiefmütterlich Rolle. Er sitzt am Katzentisch, sozusagen.

Wenn Sie die Macht hätten, was würden Sie am Strafverfahren in Österreich unbedingt verändern wollen?

Da gibt es so viel zu verbessern, da weiß ich gar nicht, wo man da anfangen müsste. Ich würde es wahrscheinlich stärker am anglo-amerikanischer Rechtsraum ausrichten. Die Rolle des Verteidigers müsste aufgewertet werden. Und gleichzeitig würde ich unser Modell, Richter auf Lebenszeit zu berufen, entschieden infrage stellen. Ich würde Richter nur für eine begrenzte Frist ernennen, wie in den USA. Das würde sicher nichts an der richterlichen Unparteilichkeit ändern, die während dieser Amtsperiode garantiert sein muss. Man wird als Richter ernannt, macht es ein paar Jahre, und dann wechselt man die Seiten und wird wieder zum Anwalt. So einen Perspektivwechsel halte ich für sehr förderlich und notwendig. Es würde die „Betriebsblindheit" der Richter minimieren, sie wieder näher ans Volk bringen. Und die falschen Entwicklungen beseitigen. Aber das wäre in Österreich nie durchsetzbar.

Welche falsche Entwicklung meinen Sie?

Ich finde es beispielsweise sehr gut, dass heute viele Frauen Richterinnen werden. Noch vor 25 bis 30 Jahren gab es das kaum. Die Ernennung der ersten Richterin in Graz hat der damalige Justizminister Christian Broda mehr oder weniger erzwungen, indem er sagte: „Entweder eine Frau oder ihr bekommt gar keine Richter mehr!" In letzter Zeit beginnt sich aber in Österreich der Richterberuf zu „verweiblichen". Wir haben jetzt einen Frauenanteil von fast 60 Prozent, mit einer stark steigenden Tendenz. Das hat natürlich mit der guten Vereinbarkeit von Beruf und Familie beim Richterberuf zu tun. Man kann sich den Dienst frei einteilen. Dagegen sind Anwältinnen mit knappen 24 Prozent nach wie vor in der Minderheit, weil der Beruf so familienfeindlich ist. Und es wird auch nichts dagegen unternommen. Es gibt zwar neben dem *Anwaltsblatt* der Anwaltskammer (Kundmachungsorgan der Österreichischen Rechtsanwaltskammer, Anm.) mittlerweile auch ein *Anwältinnen-Blatt*. Aber das war's dann auch. Für konkrete Unterstützung von Frauen im Anwaltsberuf interessiert sich niemand. Man könnte doch zum Beispiel anstatt des teuren Blattes den jungen Anwältinnen-Müttern eine Krabbelstube bei der Rechtsanwaltskammer mit zwei Kindergärtnerinnen einrichten und bezahlen. Ich halte eine vernünftige Durchmischung, egal auf welcher Berufsebene, für unbedingt erstrebenswert. Gefühlt sitzen momentan bei Gericht männliche Anwälte und weibliche Richter. Das halte ich zum Beispiel für eine der vielen Fehlentwicklungen, die sich durchaus auf die Funktion des Gerichts auswirken kann.

Gibt es im System der Justiz etwas, das Sie als „typisch österreichisch" bezeichnen würden?

Ja, die Obrigkeitsgläubigkeit. Die ist bei uns in Österreich ohnehin groß. Es hat schon beinahe was Religiöses. Und die Obrigkeitsgläubigsten und Konservativsten sind die Juristen. Das war schon bei meinem Studium in Graz so, als ich diese Typen auf dem Campus gesehen habe, wie sie bereits als Studenten steif mit ihren Aktenkoffern herumschritten und es kaum mehr erwarten konnten, Richter zu werden. Da wollte ich mein Studium fast schon wieder abbrechen. Zum Glück haben meine Eltern mich davon abgehalten. Das ganze System ist bei uns dermaßen von Obrigkeitsgläubigkeit durchdrungen, dass Kritik strukturell ausgeschaltet wird oder zumindest sehr erschwert und mit Sanktionen belegt. Wozu sich auf unbequeme Diskussionen einlassen, wenn man die Kritiker einfach mundtot machen, die Kritik verbieten kann? Die Meinung, ich müsse allein aufgrund meiner Funktion eine unangreifbare Autorität haben, als Richter sakrosankt sein, halte ich für falsch. Gerade, weil ich als Juristin eine wichtige Funktion im Rechtsstaat habe und mich für diesen Rechtstaat mitverantwortlich fühle. Zu einer Demokratie gehört unverzichtbar die Meinungsfreiheit und die Möglichkeit, Kritik, selbstverständlich konstruktiv und sachbezogen, an allen staatlichen Funktionen auszuüben, also auch an Richter und Richterinnen. Das hat der Europäische Gerichtshof für Menschenrechte 2015 bei einem exemplarischen Fall in Frankreich so bestätigt.

Danksagung

Ich danke den Frauen in diesem Buch, die sich für Interviews zur Verfügung stellten, für ihr Vertrauen, das sie mir als Autorin schenkten, was in den gegebenen Umständen nicht selbstverständlich war.

Mein besonderer Dank gilt Beate Peters, Leitende Regierungsdirektorin, die mir entsprechende Kontakte vermittelte und für fachliche Fragen immer unterstützend zur Seite stand. Auch Ines Sturm, der Gefängnispsychologin in der JVA Willich II, die mir mit bemerkenswertem Einfühlungsvermögen Gespräche mit geeigneten Insassinnen vermittelte, danke ich herzlich.

Ich danke der Leiterin der JVA Köln, Angela Wotzlaw, und dem Leiter der JVA Willich II, Marek Świtkiewicz, die mir unkompliziert den Zugang zu ihren Strafanstalten ermöglichten. Danke an den Pressesprecher der JVA Willich II, Thomas Fegers, und an den Justizvollzugsamtsinspektor Dirk Heimann aus der JVA Dinslaken für die tatkräftige Unterstützung meines Buchprojektes.

Einen Einblick ganz besonderer Art verdanke ich dem Bundesministerium für Justiz, das in Österreich die Erlaubnisse für Interviews mit Gefängnisinsassinnen gibt, oder besser gesagt: verweigert. Nachdem es mir, nach mehreren Monaten Recherche, unzähligen E-Mails und Telefonaten, endlich gelungen war, im Ministerium eine potenziell entscheidungsbefugte Ansprechpartnerin zu finden – eine wirklich kafkaeske Situation –, wurde es zäh. Ich überbrückte die Wartezeit und versuchte, mögliche Genehmigungsanforderungen zu antizipieren, schrieb Begründungen, warum meine geplanten Gespräche mit Insassinnen „den Zwecken des Strafvollzuges nicht widersprechen" und die jeweilige Inhaftierte in ihren „schädlichen Neigungen" nicht bestärken werden. Eine endlich formulierte Anforderung des BMJ für eine mögliche Genehmigung – ein Unterstützungsschreiben der Gefängnisleitung – wurde von dieser umgehend dem Ministerium zugeschickt, löste dort aber trotzdem keinen Entscheidungsschub aus. Nach weiteren Monaten wurde mein Ersuchen mit einem Standardbrief abgelehnt.

Desto wichtiger war die Hilfe durch den Leiter des Wiener Vereins NEUSTART, Nikolaus Tsekas, der mir Kontakte zu ehemaligen Insassinnen der Justizanstalt Schwarzau vermittelte. So konnte ich auch ohne Behördenerlaubnis Interviews mit ihnen führen. Bei ihm und seinen MitarbeiterInnen bedanke ich mich dafür ganz herzlich. Dank gilt auch meinen FreundInnen aus Ottakring, die diese Kontakte ergänzten.

Ich danke insbesondere Thomas Finkenstädt, der mir für meine Ideen und geplanten Vorgehensweisen für das vorliegende Buch als erster Sparringpartner zur Verfügung stand und mit mir um die eine oder andere Formulierung gerungen hat.

Und, last but not least, gilt ein großer Dank den Fachleuten für ihre Beiträge, die das Buch mit ihrem Wissen und berufsspezifischen Blickwinkeln erweitert und bereichert haben.

Über die Autorin

Anna Badora wurde in Polen geboren und absolvierte als erste weibliche Regie-Studentin das Max-Reinhardt-Seminar in Wien. Sie war zunächst Hospitantin bei Giorgio Strehler in Mailand sowie Assistentin von Peter Zadek und Jürgen Flimm. Später bekleidete sie für zehn Jahre das Amt der Generalintendantin des Düsseldorfer Schauspielhauses,

2006 wurde Anna Badora geschäftsführende Intendantin des Schauspielhauses Graz. Sie führte das Theater in die „Union des Théâtres de l'Europe". 2015 übernahm sie als künstlerische Direktorin die Leitung des Volkstheater Wien.

Für ihre Arbeit hat sie zahlreiche Auszeichnungen im In- und Ausland erhalten: Unter anderem gewann sie die Wahl zur Österreicherin des Jahres in der Kategorie Kulturmanagement, bekam die Silberene Palme für ihre *Antigone*-Inszenierung bei Cultural Olympiade in Epidauros, den Nestroypreis für ihre Inszenierung von *Geister in Princeton*, das große Ehrenzeichen des Landes Steiermark, den Berufstitel Professorin.

Sie war viele Jahre Universitätsrätin an der Karl-Franzens-Universität in Graz, parallel dazu Mitglied des Bühnenbeirats beim Bundesministerium für Unterricht, Kunst und Kultur. Bis 2021 war sie Vizepräsidentin der Europäischen Theaterunion und ist jetzt Ehrenmitglied auf Lebenszeit. Sie ist Ambassador des Österreichischen Rotes Kreuz. Als Mitglied des International Women's Forum Austria engagiert sie sich in Mentoring-Projekten, die junge Frauen in ihren Karrieren beraten, leitet Business-Masterclasses.

Anna Badora lebt und arbeitet in Wien und Düsseldorf.

Anna Badora hat ausführliche Interviews mit dreizehn besonderen Frauen aus Österreich geführt und erzählt deren Geschichten. Aus völlig unterschiedlichen Metiers und Milieus stammend, haben sie eines gemeinsam: Sie alle sind ihren Träumen und Berufungen gefolgt und dafür neue Wege abseits der ausgetretenen Pfade gegangen.
Von der Verfassungsrichterin Brigitte Bierlein bis zur Weltraumarchitektin Barbara Imhof, von der Ultratriathlon-Weltmeisterin Alexandra Meixner bis zu Rapperin Esra Özmen, Schauspielerin Adele Neuhauser und Mobilitäts- und Urbanitätsforscherin Katja Schechtner – Frauen, die außergewöhnliche Inspirationsquellen sind.

Anna Badora
Dreizehn Leben
ISBN: 978-3-8000-7791-5
Hardcover mit Schutzumschlag